高等院校土木与建筑专业改革创新教材

工程管理导论

刘学应　张飞燕　王瑜玲　陈云舟　编　著

清华大学出版社
北京

内 容 简 介

本书介绍了工程的概念及分类,工程在国民经济和社会生活中的作用及工程的历史发展,现代工程系统的分类和结构,工程价值体系,工程管理的基本概念、历史发展和任务,工程管理的知识平台,工程管理理论和方法体系,详细介绍了工程管理专业教学体系、行业人才需求和职业资格制度,工程管理的最新发展动态。

本书可作为高等院校工程管理及土木工程相关专业的教科书,也可作为在实际工程中从事工程技术和工程管理工作的专业人员的参考用书。

本书封面贴有清华大学出版社防伪标签,无标签者不得销售。
版权所有,侵权必究。举报: 010-62782989, beiqinquan@tup.tsinghua.edu.cn。

图书在版编目(CIP)数据

工程管理导论/刘学应等编著. —北京:清华大学出版社,2021.5(2024.8重印)
高等院校土木与建筑专业改革创新教材
ISBN 978-7-302-57206-0

Ⅰ. ①工… Ⅱ. ①刘… Ⅲ. ①工程管理－高等学校－教材 Ⅳ. ①F40

中国版本图书馆 CIP 数据核字(2020)第 260202 号

责任编辑:杜　晓
封面设计:曹　来
责任校对:赵琳爽
责任印制:宋　林

出版发行:清华大学出版社
网　　址: https://www.tup.com.cn, https://www.wqxuetang.com
地　　址: 北京清华大学学研大厦 A 座　　　　邮　编: 100084
社 总 机: 010-83470000　　　　　　　　　　邮　购: 010-62786544
投稿与读者服务: 010-62776969, c-service@tup.tsinghua.edu.cn
质量反馈: 010-62772015, zhiliang@tup.tsinghua.edu.cn
课件下载: https://www.tup.com.cn, 010-83470410

印 装 者: 三河市铭诚印务有限公司
经　　销: 全国新华书店
开　　本: 185mm×260mm　　印　张: 12.5　　字　数: 299 千字
版　　次: 2021 年 5 月第 1 版　　　　　　　印　次: 2024 年 8 月第 4 次印刷
定　　价: 49.00 元

产品编号: 089470-01

前　言

为了适应建设工程项目大型化、项目大规模融资及分散项目风险等需求,建设工程项目管理呈现出集成化、国际化、信息化趋势。在工程管理理念方面,不仅注重项目的质量、进度和成本三大目标的系统性,更加强调项目的全寿命周期管理。工程管理在工程项目特别是大型和复杂性项目实施全过程中不可或缺的地位与作用得到了更为广泛的认可。现代工程管理不仅要求工程管理人才具备现代工程技术知识、管理知识、法律知识、经济知识、信息知识等,还必须具备运用已有知识结构分析、研究、解决建设工程实施过程中各类问题的专业能力,具备专业能力、综合能力和创新能力的复合型能力。

编著者从事工程管理领域教学、科研和工程实践三十余年,参与了许多重大工程建设项目,本书是在许多工程项目实践、教学和科研成果的基础上完成的。在教材编写过程中,以高等学校工程管理专业本科教育培养现代工程管理需要的高素质应用型人才为目标,紧密对接最新行业规范标准,重点介绍了工程系统、工程行业、工程过程、工程价值、工程管理、专业教育和相关问题等方面基础性认知及它们之间关系的构建,除此之外,还引入了未来工程的主要领域、绿色建筑、绿色施工、BIM技术、装配式建筑等工程管理的发展前沿,与建筑行业可持续发展理念保持一致。

本书由浙江水利水电学院刘学应,浙江广厦建设职业技术大学张飞燕、王瑜玲、陈云舟编著。具体分工如下:绪论、第1章、第2章、第3章、第4章由浙江广厦建设职业技术大学张飞燕编写;第5章、第6章、第9章由浙江水利水电学院刘学应编写;第7章由浙江广厦建设职业技术大学陈云舟编写;第8章由浙江广厦建设职业技术大学王瑜玲编写;全书由张飞燕最后统稿,由刘学应定稿。浙江圣立建设有限公司刘秀斌收集了本书部分案例。

本书引用了有关专业文献和资料,未在书中一一注明出处,在此对有关文献的作者表示感谢。限于编者的理论水平和实践经验,对新修订的规范学习理解不够,书中疏漏之处在所难免,恳请广大读者批评指正。

编著者
2021年1月

目 录

绪论 ·· 1
    思考题 ·· 4

第 1 章　工程概述 ·· 5
  1.1　工程的概念 ·· 5
      1.1.1　工程的定义 ·· 5
      1.1.2　工程的范围 ·· 6
      1.1.3　工程的内涵 ·· 6
      1.1.4　工程项目 ·· 7
  1.2　工程的分类 ·· 8
      1.2.1　按照工程所在产业分类 ·· 8
      1.2.2　按照工程所在的国民经济行业分类 ·· 8
      1.2.3　按照建设工程领域分类 ·· 9
      1.2.4　按照工程资本来源属性分类 ·· 10
      1.2.5　按照工程成果形态分类 ·· 10
  1.3　工程的作用 ·· 11
      1.3.1　概述 ·· 11
      1.3.2　工程是人类开发（征服）、改造自然的物质基础 ························ 11
      1.3.3　工程是人类文明传承的载体 ·· 13
      1.3.4　工程是科学技术发展的动力 ·· 17
      1.3.5　工程是社会和经济发展的动力 ·· 18
  1.4　工程的历史发展 ·· 20
      1.4.1　我国古代工程发展 ·· 20
      1.4.2　我国现代工程发展 ·· 28
    思考题 ·· 31

第 2 章　现代工程系统 ·· 32
  2.1　工程系统结构分析 ·· 32
      2.1.1　工程系统的结构 ·· 32
      2.1.2　建筑工程的主要专业工程系统的构成和作用 ···························· 33
      2.1.3　工程系统结构的协调性要求 ·· 36
  2.2　工程系统构成案例 ·· 37

2.2.1　杭州地铁工程系统 ·· 37
　　　2.2.2　沪杭高速公路工程系统 ·· 38
　2.3　工程相关领域 ··· 39
　　　2.3.1　建设工程投资领域 ·· 39
　　　2.3.2　房地产业 ·· 39
　　　2.3.3　建筑业 ·· 40
　思考题 ··· 42

第3章　工程的价值体系 ·· 43
　3.1　工程价值体系的概念 ·· 43
　　　3.1.1　价值的基本概念 ·· 43
　　　3.1.2　工程价值的内涵 ·· 43
　　　3.1.3　工程价值的特点 ·· 44
　　　3.1.4　工程价值体系的构成和实现保障 ································ 46
　3.2　工程的目的和使命 ·· 47
　　　3.2.1　工程的目的 ·· 47
　　　3.2.2　工程的使命 ·· 47
　　　3.2.3　工程的准则 ·· 47
　　　3.2.4　工程总目标 ·· 49
　3.3　科学的工程价值观 ·· 54
　　　3.3.1　概述 ·· 54
　　　3.3.2　工程基本价值的认知 ·· 55
　　　3.3.3　工程发展观 ·· 56
　　　3.3.4　工程文化观 ·· 57
　　　3.3.5　工程自然观 ·· 57
　思考题 ··· 57

第4章　工程管理概述 ·· 58
　4.1　工程管理的概念 ·· 58
　　　4.1.1　工程管理的定义 ·· 58
　　　4.1.2　工程管理的内涵 ·· 58
　　　4.1.3　工程管理的特性 ·· 59
　4.2　工程管理的历史发展 ·· 60
　　　4.2.1　古代工程管理 ·· 60
　　　4.2.2　近代工程管理 ·· 65
　　　4.2.3　现代工程管理 ·· 68
　4.3　工程管理的任务 ·· 71
　　　4.3.1　工程管理的主体及任务 ·· 71
　　　4.3.2　工程管理的相关职能 ·· 73

    4.3.3 工程管理的各阶段工作 …………………………………… 73
 思考题 ……………………………………………………………………… 73

第 5 章 工程管理的知识平台 …………………………………………… 74
 5.1 工程管理知识平台概述 ……………………………………………… 74
 5.2 技术平台 ……………………………………………………………… 75
   5.2.1 技术平台的必要性 …………………………………………… 75
   5.2.2 工程结构 ……………………………………………………… 75
   5.2.3 工程材料 ……………………………………………………… 76
   5.2.4 工程施工 ……………………………………………………… 78
   5.2.5 建筑技术发展的新趋势 ……………………………………… 82
   5.2.6 工程管理中的技术平台 ……………………………………… 84
 5.3 管理平台 ……………………………………………………………… 84
   5.3.1 管理平台的必要性 …………………………………………… 84
   5.3.2 管理的职能 …………………………………………………… 85
   5.3.3 工程实例分析 ………………………………………………… 87
 5.4 组织平台 ……………………………………………………………… 88
   5.4.1 组织的职能 …………………………………………………… 88
   5.4.2 建设工程项目组织的实施主体 ……………………………… 89
   5.4.3 协调职能 ……………………………………………………… 89
 5.5 经济平台 ……………………………………………………………… 90
   5.5.1 经济平台的必要性 …………………………………………… 90
   5.5.2 工程项目的经济效果评价 …………………………………… 91
   5.5.3 寿命周期成本分析 …………………………………………… 94
   5.5.4 价值工程 ……………………………………………………… 94
 5.6 法律平台 ……………………………………………………………… 95
   5.6.1 法律平台的必要性 …………………………………………… 95
   5.6.2 建设法律法规体系 …………………………………………… 96
 5.7 信息平台 ……………………………………………………………… 97
   5.7.1 信息平台的必要性 …………………………………………… 97
   5.7.2 信息平台总体设计 …………………………………………… 98
 思考题 ……………………………………………………………………… 100

第 6 章 工程管理理论和方法 ………………………………………………… 101
 6.1 工程管理基础理论和方法 …………………………………………… 101
   6.1.1 系统工程理论和方法 ………………………………………… 101
   6.1.2 控制理论和方法 ……………………………………………… 107
   6.1.3 信息理论和方法 ……………………………………………… 113
   6.1.4 最优化理论和方法 …………………………………………… 115

6.2 工程经济理论和方法 …… 116
6.2.1 概述 …… 116
6.2.2 工程经济学理论和方法应用的对象 …… 116
6.2.3 工程经济学的主要内容 …… 117
6.3 工程相关法律与合同管理理论和方法 …… 118
6.3.1 工程建设法规 …… 118
6.3.2 工程合同管理理论和方法 …… 120
6.4 工程信息管理理论和方法 …… 121
6.4.1 概述 …… 121
6.4.2 工程信息管理的基本问题 …… 121
6.4.3 工程信息管理的要求 …… 124
6.4.4 工程信息管理体系构建 …… 124
6.4.5 工程信息的标准化 …… 125
6.4.6 工程管理信息系统 …… 126
思考题 …… 128

第 7 章 工程管理专业教学体系 …… 129
7.1 工程管理专业的发展 …… 129
7.1.1 国外工程管理专业发展史 …… 129
7.1.2 国内工程管理专业发展史 …… 130
7.2 工程管理专业培养目标 …… 131
7.2.1 工程管理专业毕业生要求 …… 131
7.2.2 工程管理专业方向 …… 133
7.3 工程管理专业课程体系 …… 134
7.3.1 知识体系 …… 135
7.3.2 实践体系 …… 135
7.3.3 创新训练 …… 136
7.3.4 工程管理主要专业课程介绍 …… 136
思考题 …… 142

第 8 章 工程管理行业人才需求和职业资格制度 …… 143
8.1 工程管理行业人才需求 …… 143
8.1.1 我国工程管理从业人员现状 …… 143
8.1.2 工程管理人才需求 …… 144
8.2 工程管理行业职业资格制度 …… 145
8.2.1 国内工程管理界的执业资质制度 …… 145
8.2.2 国际工程管理界的执业资质制度和人员培训 …… 151
8.3 工程管理行业就业导向 …… 153
8.3.1 施工企业相关职位 …… 153

  8.3.2 房地产企业相关职位 ·· 158
  8.3.3 咨询和监理单位相关职位 ·· 159
  8.3.4 其他机构相关职位 ·· 161
 思考题 ·· 161

第9章 工程管理发展前沿 ··· 162
 9.1 未来工程的主要领域 ··· 162
  9.1.1 我国未来工程的主要领域 ·· 162
  9.1.2 工程和工程管理的未来展望 ·· 164
 9.2 绿色建筑 ··· 165
  9.2.1 绿色建筑的概念 ·· 165
  9.2.2 绿色建筑设计的意义和运用 ·· 165
  9.2.3 绿色建筑案例分析 ·· 167
 9.3 绿色施工 ··· 170
  9.3.1 绿色施工的概念 ·· 170
  9.3.2 绿色施工的要求与原则 ·· 170
  9.3.3 绿色施工措施与途径 ··· 173
  9.3.4 绿色施工案例分析 ·· 173
 9.4 BIM 技术 ·· 175
  9.4.1 BIM 技术的概述 ··· 175
  9.4.2 BIM 技术的特点 ··· 176
  9.4.3 BIM 技术的优势 ··· 177
  9.4.4 BIM 技术运用的相关案例 ·· 179
 9.5 装配式建筑 ··· 181
  9.5.1 装配式建筑的概念 ·· 181
  9.5.2 装配式建筑的内涵与发展历程 ·· 182
  9.5.3 装配式建筑的分类和作用 ·· 183
  9.5.4 装配式建筑的案例分析 ·· 185
 思考题 ·· 188

参考文献 ··· 189

绪 论

学习目标

通过对本章的学习,掌握工程管理导论的课程性质和地位,了解工程管理导论的教学目的,了解工程管理专业的特点和学习方法与技巧。

1. 工程管理导论课程的性质和地位

工程管理导论是工程管理专业的一门技术基础课,也是一门专业思想教育课。作为引导和帮助工程管理专业学生专业入门的重点课程,工程管理导论在整个工程管理专业教学课程体系中具有极为重要的地位。

本课程将对工程和工程管理进行总体讲解,使学生对现代工程体系和工程管理专业有一个宏观的了解,同时不会涉及过多具体专业问题,以避免与后续其他专业课程存在过多交叉。本课程教学将以长镜头透视的视角介绍和传递工程与工程管理的发展历史及其重要作用,引导学生打开专业之门,进而培养学生解决工程经济、工程技术和工程管理等问题的基本能力,同时提升到人文、价值观乃至哲学的高度来审视现代工程管理中的可持续发展观及以人为本等理念。

2. 工程管理导论课程的教学目标

（1）本课程使学生能宏观地了解工程系统、工程全寿命周期过程和工程管理体系,把握专业前景和发展趋势,熟悉专业特色和学科特点。

（2）本课程将实际案例分析与重要知识体系介绍相结合,重点培养学生掌握独立思考和运用知识解决实际工程管理问题的方法与能力。

（3）本课程帮助学生接受新的工程理念,树立工程的全寿命周期意识、环境意识、经济管理意识和法律意识。

（4）本课程引导学生建立工程的社会责任感和历史责任感,产生强烈的求知欲,增强学习的主动性,有意识地培养自己的工程管理能力和素质。

3. 工程管理导论课程的教学目的

通过工程管理导论课程的学习,使学生认识到土木工程在我国社会主义建设中的地位和作用,当前工程管理的概貌和未来工程管理的发展,了解本专业的培养目标和教学内容；让学生认识到要想成为工程管理人才需要学习哪些知识,获得哪些方法,培养哪些能力,树立正确的学习观和工程意识,激发学习潜能,打下良好的思想和方法基础,开阔视野,从而懂得工程管理专业的学习原理,激发持久的学习动力。

4. 工程管理学科的特点

工程管理专业主要研究工程活动,其区别于其他管理类学科的特征,主要表现为以下3个方面。

第一,工程管理学科的研究对象具有一定的行业特征。工程管理学科的研究对象是基于工程技术的管理规律和工程技术活动的管理问题,研究过程中需要解决两个方面的问题:一是工程技术活动所遵循的工程规律,二是工程技术活动所涉及的管理规律。因为工程涉及各行各业,如水利、交通、机械、化工等,工程技术内容包罗万象,因此,工程管理学科研究问题时,需要考虑其研究对象所在的行业特征。

第二,工程管理学科的研究方法是工程技术与管理理论的集成。工程建设不同于一般的商品生产,其具有很强的计划性、法制性、程序性,对经济、社会、环境具有较大的影响,且影响具有滞后性。工程施工规律有别于一般生产规律,这些决定了其研究问题时需要综合研究对象所处行业的工程技术及相应的管理理论。工程管理专业教育强调技术课程的学习,其技术课程在全部课程中占有相当高的比例。同时,学生还必须参加配合技术课程教学而设置的各种实验、实习活动,以更好地了解工程对象,理解课堂所学的知识。在管理类课程中除开设基本平台课程外,主要开设与工程管理密切相关并带有极强专业技术性的交叉科目,如工程项目管理、建筑企业管理、国际工程索赔、工程估价与成本核算等。

第三,工程管理学科具有与时俱进的必然要求。由于外部环境的变化和科学技术的飞速发展,工程管理学科面临的问题及解决问题所依赖的方法将处于不断变化之中。由于其突出的工程技术背景特征,工程管理所具有的共性知识与所在的行业技术特征的结合是当前工程管理发展的重要趋势。根据环境变化适时调整其研究对象,致力于解决现实工程技术活动中的管理问题,是工程管理学科的责任和使命。

第四,工程管理学科依赖于理论与实践的紧密结合。工程管理学科从一开始就是为了解决管理工程技术活动的现实问题而诞生的。工程管理是为了解决工程建设中的时间、成本、质量等实际问题,其理论与方法可以直接为控制项目进度、降低建设成本、确保工程质量提供理论支持与策略指导。

5. 工程管理学习方法的建议

为适应工程管理系统性、综合性、严谨性等特点,同时在毕业后能顺利通过严谨、完善的执业资格认证考试(测试)而成为工程管理从业人员,学生在大学阶段必须掌握良好的基础理论知识和技术方法,形成运用所学知识和方法分析、解决工程管理实践问题的能力。认真学好基础及专业课程,注重知识的融会贯通和加强实践技能培养,是学生努力学好工程管理相关知识和技术方法的基本要求。

第一,认真学好基础课程。工程管理专业本科基础课程包括公共基础课与专业基础课两部分。公共基础课和专业基础课是高等教育的"基石",极其重要,不可或缺,必须予以充分的重视。"拓宽专业,加强基础"是我国高等教育深化教学内容、教学方式改革的两个侧重点,世界上许多教育发达的国家都认为"宽口径、厚基础"是大学教育比较成功的模式。如果将一个人取得的成就比作宝塔上的明珠,那么专业知识则是宝塔的塔身,而基础知识则是宝塔的塔基。充分重视基础课程的学习,不仅能使我们获得丰富的基础知识,还可逐步培养探索精神和勤于学习、善于学习的习惯,使我们能够多视角地认识自身和周边世界,从而至少能在一个知识领域中进行专门、集中和持续学习并取得良好的成效,能够享受到终生学习的乐趣并形成适应环境变化的能力。

第二,注重知识融会贯通。工程管理专业是新兴工程技术与管理等学科交叉复合而成的学科,其目标是培养适应21世纪国内外经济建设发展需求,具备工程技术、管理学、经济学及法律知识的应用型、复合型人才。建立在技术、管理、经济和法律4个知识平台之上的工程管理专业教学和课程体系，为工程管理行业应用型、复合型人才的培养奠定了基础。然而，目前工程管理专业课仍存在条块分割、知识融合度不够的现象，犹如缺乏搅拌和融合的砂石、水泥和钢筋，未能形成紧密结合、强度倍增的"基石"，难以达到支撑高楼大厦的技术要求。砂、石、水泥和钢筋虽然各有用途，但只有通过砂、石、水泥加水搅拌后，以钢筋为骨架浇筑成型，硬化成为坚固的整体，才能支撑起一栋栋摩天大楼。工程管理专业教学应该借鉴钢筋混凝土的形成机理，通过"物理搅拌＋化学融合"式的学习方法，帮助学生在学习过程中将各个不同类别的主干课程要点适当串联、汇集，将相关知识、技术有机组合，达到知识的融会贯通，学为所用，逐步成为能胜任现代工程管理工作的复合型人才。没有一项工作仅依靠单门学科就可以完成，比如"对一栋房子造价进行计算"这一工作过程，需要综合应用"工程制图与识图""工程结构""工程材料""房屋建筑学""工程施工""工程估价"等技术课程的知识，只有对知识点融会贯通，才能完美地完成工作任务。

第三，强化实践技能。工程管理以具体的工程项目为对象，具有鲜明的务实性和精确性。工程管理人员扮演着"外科医生"的角色，需要他们来解决工程项目实施过程中发生的诸如进度拖延、质量缺陷、投资超支等各种"疾病"。工程管理行业需要具有专业技术功底和实际操作能力的管理者。因此，我们在掌握扎实基础理论的同时，还必须注重通过各种形式的实践活动，培养和锻炼自身的实践技能，做到理论知识与工作实践的良好结合，不断提高解决工程实际问题的能力。为帮助学生更好、更快地掌握专业技术和方法，通过实验和实习加深对理论知识的理解，促进学生对所学课程知识的消化和吸收，工程管理专业教育十分重视实践教学环节。目前，实践教学环节主要有认识实习、课程实习、生产实习（见图0-1）、毕业实习、实验、课程设计、毕业设计、毕业论文等。另外，学校会安排一定数量的学时，聘请工程界、实业界有关专家进行专题讲座（见图0-2）或与学生进行专题研讨，以增强学生对相关专业实际发展状况的了解。

图 0-1　施工现场生产实习

图 0-2　企业专家来校讲座

工程管理专业实践教学环节学习方法及内容要求详见表 0-1。

表 0-1 实践教学环节学习方法与内容要求

活动阶段	学习要求	实验课	设计阶段	实习课	课外科技活动
实践课前	复习已学理论	基本概念、基本原理、基本方法			
	弄清学习目的	实验目的（验证、观察、研究或其他）	设计目标和设计阶段（方案设计或施工图设计）	对现象、过程和工具的认识与操作	课题内涵及其目标
实践课初	搜集信息资料	以往的实验报告，与本实验有关的资料，与本实验有关的仪器设备	社会需求，自然环境条件，材料、技术、制作条件，经济市场条件，以往的设计资料	以往的实习报告，操作规程，岗位职责，现场生产的一般情况	阅读有关文献，参阅相近的研究报告，材料、设备、资金情况
	自拟方案	实验方案、计划、仪器和设备	设计方案、计划	个人实习计划	科技活动方案、计划
	完成技能训练	熟悉仪器设备，掌握实验技能	查阅技术标准，掌握设计技能	操作技能，处理技术问题	调查研究，实验，统计分析等
实践课间	勤观察、多思考	观察实验现象，了解事物本质	从综合比较分析中寻找最佳方案	观察思考过程中的技术和管理问题	科学技术事实及其概况，直觉，灵感与科学发现
	锻炼创新能力	创新的思想意识，认知风格，处置方法，工作态度			
	解决实际问题	描述实验现象，统计分析实验数据，得到实验结论	按照设计目标完成设计任务，满足各项指标	记录实际生产过程，解决若干生产中的实际问题	完成课题
实践课末	做好文字总结	实验报告	设计说明书，计算书	实习报告	科技小论文

思 考 题

1. 工程管理导论课程的教学目的是什么？
2. 简述工程管理学科的特点。
3. 如何学习工程管理专业课程？

第 1 章 工程概述

学习目标

通过本章的学习,掌握工程、工程项目的概念;明确工程的范围、内涵、分类和作用;了解我国古代工程发展历史和现代工程发展趋势。

1.1 工程的概念

1.1.1 工程的定义

什么是"工程(Engineering)"?人们从不同的角度对它有不同解释,下面是对工程的几种比较典型的定义。

(1)《朗文当代高级英语辞典》对工程的定义:一项重要且精心设计的工作,其目的是为了建造或制造一些新的事物,或解决某个问题。

(2)《新牛津英语词典》对工程的定义:一项精心计划和设计以实现一个特定目标的单独进行或联合实施的工作。

(3)《剑桥国际英语词典》对工程的定义:一项有计划的要通过一段时间完成并且要实现一个特定目标的工作或者活动。

(4)《不列颠百科全书》对工程的定义:应用科学原理使自然资源最佳地转化为结构、机械、产品、系统和过程,以造福人类的专门技术。

(5)《中国百科大辞典》对工程的定义:将自然科学原理应用到工农业生产部门中而形成的各学科的总称。

(6)《现代汉语大词典》对工程的定义:①指土木建筑及生产、制造部门用比较大而复杂的设备来进行的工作;②泛指某项需要投入巨大人力、物力的工作。

(7)《辞海》对工程的定义:①将自然科学的原理应用到工农业生产部门中去而形成的各学科的总称,是应用数学、物理学、化学、生物学等基础科学的原理,结合在科学实验与生产实践中所积累的经验而发展起来的;②指具体的基本建设项目。

(8)中国工程院咨询课题《我国工程管理科学发展现状研究——工程管理科学专业领域范畴界定及工程管理案例》研究报告中对有关工程的界定:工程是人类为了特定的目的,依据自然规律,有组织地改造客观世界的活动。一般来说,工程具有产业依附性、技术集合性、经济社会的可取性和组织协调性等特点。

(9)美国工程院(MAE)对工程的定义:工程的定义有很多种,可以被视为科学应用,也可以被视为在有限条件下的设计。

1.1.2 工程的范围

1. 广义的工程

在现代社会,工程是一个十分广泛的概念,符合工程定义的事物非常普遍。只要是人们为了某种目的进行设计和计划、解决某些问题、改进某些事物等,都是工程。

传统意义上的工程包括建造房屋、大坝、铁路、桥梁、制造设备、船舶,开发新的武器,进行技术革新等;新的工程领域包括航天工程、空间探索工程、基因工程、微电子工程等;社会领域的工程包括扶贫工程、211 工程、阳光工程、333 工程、民心工程、人口或经济普查工程、菜篮子工程等。

2. 狭义的工程

工程的定义虽然非常广泛,但是工程管理专业所研究的对象还是比较传统的工程,是狭义的工程范围。工程管理的理论和方法应用较成熟的就是建设工程、水利工程和军事工程领域。工程管理专业学生主要在建设工程和水利工程领域就业。因此,工程管理专业所指的工程,主要是针对建设工程,是狭义工程的概念,无特别说明,本书中的工程一词就是指狭义的工程概念。

1.1.3 工程的内涵

在我国工程界和工程管理专业领域,工程一词主要包含了工程技术系统、工程活动和工程科学 3 个方面的内涵,如图 1-1 所示。

图 1-1　工程 3 个方面的内涵

1. 工程技术系统

工程是人类为了实现认识自然、利用自然、改造自然的目的,应用科学技术创造的、具有一定使用功能或价值要求的技术系统。工程的产品或带来的成果都必须具有使用功能或经济价值,如一幢建筑物、一条公路、一个工厂等;但也有一些工程的产品具有一定的文化价值,如埃及的金字塔、天安门广场的人民英雄纪念碑等。工程技术系统通常可以用一定的功能(如产品的产量或服务能力)要求、实物工程量、质量、技术标准等指标表达,例如以下工程。

(1) 一定生产能力(产量)的某种产品的生产流水线、车间或工厂。

(2) 一定长度和等级的公路。

(3) 一定发电量的火力发电站或核电站。

(4) 具有某种功能的新产品。

(5) 某种新型号的武器系统。

(6) 一定规模的医院。
(7) 一定规模学生容量的大学校区。
(8) 一定规模的住宅小区。

在这个意义上,工程技术系统是一个人造的技术系统,是解决问题、实现目标的依托,是工程最核心的内容。一般人们所用的工程一词,主要是指这个技术系统。如人们到一个建成的工厂,说"这个工程运行得很好"或"这个工程设计标准很高""这个工程被炸了",主要就是指这个工程技术系统(设施)。

2. 工程活动

工程活动是人们为了达到一定的目的,应用相关科学技术和知识,利用自然资源所进行的物质建造活动(或工作、过程)。这些活动通常包括:可行性研究与决策、规划、勘察与设计、施工、运行和维护,还包括新产品、新工艺、装备和软件的开发、制造和生产过程,以及技术创新、技术革新、更新改造、产品或产业转型过程等,这符合"工程"最原始的定义。又如人们到一个施工工地说"这个工程中断了"或"这个工程进行得很顺利",则主要是指工程的建设活动。

3. 工程科学

工程科学是人们在各种不同种类的工程建设和运行过程中总结提炼出来,并吸收有关科学技术成果而逐渐形成的科学门类,包括相关工程所应用的材料、设备生产,以及所进行的勘察设计、施工、制造、维修相关的专业技术知识和管理知识体系。按照工程的类别和相关的专业知识体系,工程科学可分为许多工程学科门类,如材料学、力学、土木工程、水利工程、海洋工程、冶金工程、机电工程、环境工程、化学工程、遗传工程、系统工程、交通工程、纺织工程、食品工程、生物工程等。

1.1.4 工程项目

工程项目是工程3个方面之一,工程和工程项目既有联系又有区别。

1. 项目的定义

项目的定义很多,最为典型的是国际标准《质量管理——项目管理质量指南(ISO 10006)》中的定义:"由一组有起止时间的、相互协调的受控活动所组成的特定过程,该过程要达到符合规定要求的目标,包括时间、成本和资源的约束条件。"按照这个定义,项目具有如下特征。

(1) 项目是在一定的时间内完成的一项具体的任务。
(2) 任务是在一定的约束条件下完成的。约束条件可能是时间的限制(在一定时间内完成),成本和经济性的要求,劳动力、资金、设备、材料等资源消耗的限制。
(3) 项目是由各种各样的活动构成的,这些活动之间互相关联,具有一定的逻辑关系。所以,项目是行为系统。

2. 工程项目的概念

工程项目是以完成一定的工程技术系统为任务的项目,是一个工程的建设(或建造)过程。例如,为完成一项工程的建设任务,人们需要完成立项、设计、计划、施工、验收等活动,最终交付一个工程系统。从定义可以看出,工程项目是工程技术系统的建造任务和过程,是工程的一个方面,而工程技术系统是工程项目的交付成果,即工程项目的产出结果。人们使用工程一词更多的是指这个技术系统。

1.2 工程的分类

1.2.1 按照工程所在产业分类

按照所属大的产业分类,工程可以分为以下几类。
（1）第一产业工程,包括农业、林业、畜牧业、渔业方面的工程。
（2）第二产业工程,包括采矿业、制造业、电力、燃气及水生产和供应、建筑业等方面的工程。
（3）第三产业工程,包括交通运输业、批发和零售业、电子商务业、房地产业、金融业、医学卫生业、IT（信息、计算机服务和软件等）业、旅游业、住宿和餐饮业、邮政业、教科文体和娱乐业、社会保障和福利业、租赁业、仓储和物流业、科学研究和技术服务业等方面的工程。

涉及这些产业的工程建设,如新型产品与装备的开发、制造和生产与技术创新,重大技术革新、改造、转型,产业、工程、重大技术布局与战略发展研究等,都属于该产业的工程。

1.2.2 按照工程所在的国民经济行业分类

行业是建立在各类专业技术、各类工程系统基础上的专业生产、社会服务系统。国民经济行业分类是对全社会经济活动按照获得收入的主要方式进行的标准分类,例如,建筑施工活动按照工程结算价款获得收入,交通运输活动按照交通运营业务获得收入,批发零售活动按照商品销售获得收入等。我国《国民经济行业分类》(GB/T 4754—2017)中确定了国民经济行业分类和代码,具体见表1-1。

表1-1 国民经济行业分类

代码	行业名称	代码	行业名称
A	农、林、牧、渔业	K	房地产业
B	采矿业	L	租赁和商务服务业
C	制造业	M	科学研究和技术服务业
D	电力、热力、燃气及水生产和供应业	N	水利、环境和公共设施管理业
E	建筑业	O	居民服务、修理和其他服务业
F	批发和零售业	P	教育
G	交通运输、仓储和邮政业	Q	卫生和社会工作
H	住宿和餐饮业	R	文化、体育和娱乐业
I	信息传输、软件和信息技术服务业	S	公共管理、社会保障和社会组织
J	金融业	T	国际组织

由于工程具有多样性特点,其分布于国民经济的各个领域,所以工程建设与国民经济的各个行业（领域）都相关,在相应的行业中,工程具有相应的行业特点。我国建造业的行业分

类也与此相关,使我国的工程建设受国民经济宏观管理和国家投资管理体制的影响很大。

1.2.3 按照建设工程领域分类

建设工程是为人类生活、生产提供物质技术基础[如各类建(构)筑物和设施等]的工程活动。在建设工程领域,为了企业资质管理和建筑市场监管、法规和政策制定、标准制定和专业划分、国民经济行业分类和统计、部门职能设置等的需要,对工程有多种分类方法,其结果和表现形式也不尽相同。其中,最常见的是按照自然属性和使用功能两种方法进行分类。

1. 按自然属性划分

《建设工程分类标准》(GB/T 50841—2013)将建设工程按照自然属性分为建筑工程、土木工程和机电工程三大类。这是工程管理最基本的对象。

1) 建筑工程

建筑工程是指人们进行生产、生活或其他活动的房屋或场所,按照使用性质可分为民用建筑工程、工业建筑工程、构筑物工程及其他建筑工程等。

(1) 民用建筑工程,可分为居住建筑、办公建筑、旅馆酒店建筑、商业建筑、居民服务建筑、文化建筑、教育建筑、体育建筑、卫生建筑、交通建筑、广播电影电视建筑等工程。

(2) 工业建筑工程,包括各种厂房(机房)和仓库。

(3) 构筑物工程,可分为工业构筑物、民用构筑物、水工构筑物等工程。

(4) 其他建筑工程。

2) 土木工程

土木工程是指建造在地上或地下、陆上或水中,直接或间接为人类生活、生产、科研等服务的各类工程。

(1) 道路工程,可分为公路工程、城市道路工程、机场场道工程,以及其他道路工程。

(2) 轨道交通工程,可分为铁路工程、城市轨道交通工程和其他轨道工程。

(3) 桥涵工程,可分为桥梁工程和涵洞工程。

(4) 隧道工程,可分为洞身工程、洞门工程、辅助坑道工程及隧道其他工程。

(5) 水工工程,可分为水利水电工程、港口工程、航道工程及其他水工工程。

(6) 矿山工程,可分为煤炭、黑色金属、有色金属、稀有金属、非金属和化工等矿山工程。

(7) 架线与管沟工程,可分为架线工程和管沟工程。

(8) 其他土木工程。

3) 机电工程

机电工程是指涉及工程中的机械、电气设备、智能系统等工程。

(1) 机械设备工程,可分为通用设备工程、起重设备工程、电梯工程、锅炉设备工程、专用设备工程等。

(2) 静置设备与工艺金属结构工程,可分为静置设备工程、气柜工程、氧舱工程、工艺金属结构工程、设备安装工程等。

(3) 电气工程,可分为工业电气工程、建筑电气工程。

(4) 自动化控制仪表工程,可分为过程检测仪表工程、过程控制仪表工程、集中检测装置工程、集中监视与控制仪表工程、工业计算机工程等。

（5）建筑智能化工程，可分为智能化集成系统工程、信息设施系统工程、信息化应用系统工程、设备管理系统工程、公共安全系统工程、机房工程、环境工程等。

（6）管道工程，可分为长输油气管道、公用管道、工业管道、动力管道等工程。

（7）消防工程，包括火灾自动报警系统、消防给水系统、消火栓系统、各种形式的水灭火系统、防排烟系统工程，以及防火门窗等消防设施工程。

（8）净化工程，可分为净化工作台、风淋室、洁净室、净化空调、净化设备等工程。

（9）通风与空调工程。

（10）其他机电工程，如设备及管道防腐蚀与绝热工程、工业炉工程、电子与通信及广电工程等。

2. 按使用功能划分

按照使用功能，建设工程可以分为房屋建筑工程、铁路工程、公路工程、水利工程、市政工程、煤炭矿山工程、水运工程、海洋工程、民航工程、商业与物资工程、农业工程、林业工程、粮食工程、石油天然气工程、海洋石油工程、火电工程、水电工程、核工业工程、建材工程、冶金工程、有色金属工程、石化工程、化工工程、医药工程、机械工程、航天与航空工程、兵器与船舶工程、轻工工程、纺织工程、电子与通信工程、广播电影电视工程等。

由于这些工程的专业特点相异，因此，设计、建筑材料和设备、施工设备、专业施工也不同，由此决定建设工程企业的分类。

1.2.4 按照工程资本来源属性分类

工程资本来源通常有两类，即私有资本和公共资本。按照它们的组合，工程可以分为以下三类。

1. 私有资本工程

私有资本工程是由私有资本投资建设的工程，如私人投资建造的私有房屋、工业工程等。许多外资工程也属于这一类。

2. 公共资本工程

公共资本工程主要是国家投资的公共事业工程和城市基础设施工程，以及国家垄断领域的工程。它主要是由政府投资建造的，为社会公共服务。

3. 公私联合投资工程

私有资本和公共资本通过联合、联营、集资、入股等方式联合投资工程，最典型的是采用PPP融资模式建设的工程。

近几年，国家在进行投资体制的改革，私有资本与公共资本联合的模式会越来越多。

1.2.5 按照工程成果形态分类

1. 有形工程

有形工程是有实体形态的以硬件为主体交付成果的工程，如制造业工程、房地产、道路工程、化工工程等。

2. 无形工程

无形工程的交付成果是非实体形态的，如金融工程、系统工程、物流工程、现代服务业工程、研究或咨询工程等。

现在，很多工程是有形工程和无形工程的综合体。

1.3 工程的作用

1.3.1 概述

工程的作用是推动工程发展的原动力，对工程价值体系、工程管理理论和方法体系有决定性的影响。工程作用分析有许多视角，由此导致人们对工程和工程管理认知的多样性和复杂性。

（1）按照工程作用的影响范围分类。

① 工程的基本作用。工程的基本作用体现在它的使用功能上，即所提供的产品和服务直接作用和影响，这是工程的基本禀赋，也是它最重要的价值体现，例如，住宅小区提供居住功能。

② 工程的副作用。这是由工程的建造和运行所产生的其他方面影响，例如，拉动经济、带动其他产业发展、消耗资源、污染环境、影响社会等。

（2）按照工程作用的属性，可以分为功能作用（提供产品或服务）、经济作用、文化作用、社会作用、生态作用等。

（3）工程作用还有其他分类，例如，微观作用和宏观作用、现实作用和历史作用、正面作用和负面作用等。

1.3.2 工程是人类开发（征服）、改造自然的物质基础

工程是为了解决一定的社会、经济和生活问题而建造的、有一定功能或一定价值的技术系统，如三峡工程是为解决我国长江上游的防洪、发电、航运问题而建造的。

（1）人们通过工程改善自己的生存环境，提高物质生活水平。

> **案例**
> 建设成就惠及社会，为保障和改善人民生活发挥了重要作用。随着国家建设的步伐加快，建筑业进行了一系列关系国计民生的重大基础建设工程，极大地改善了居民的住房、出行、通信、教育、医疗条件。据统计，2018年，城镇居民人均住房建筑面积39m^2，比1978年增加32.3m^2；农村居民人均住房建筑面积47.3m^2，比1978年增加39.2m^2。2018年，我国铁路营业里程达到13.1万km，是1978年的2.5倍，其中，高速铁路运营里程达2.9万km以上。全国光缆线路总长度达4358万km，移动通信基站648万个。全国建成普通高等学校2663所，是1978年的4.5倍。医疗卫生机构99.7万个，是1978年的5.9倍。如中国第一高楼上海中心大厦，是上海的标志性建筑之一，如图1-2所示；"两山论"发祥地安

吉天荒坪镇余村,如图1-3所示;世界等级最高的高铁——京沪高铁,如图1-4所示;火神山医院、雷神山医院是武汉抗击疫情前线医院,是全国人民团结一心、抗击疫情的重要标志之一,如图1-5所示。

图1-2　中国第一高楼上海中心大厦

图1-3　"两山论"发祥地安吉天荒坪镇余村

图1-4　京沪高铁

图1-5　火神山医院、雷神山医院

(2)人们通过工程改造自然,改变自然的特性,使之有利于自己,降低自然的负面影响。

20世纪以来,长江流域先后有三次特大洪水的记录,分别是1931年、1954年和1998年,这种全流域性的水灾,给受灾地区的人们带来了深重的苦难,大量人员伤亡,良田被毁,房屋倒塌,交通中断。而三峡工程的兴建,不仅有效地防止了这些自然灾害,还可以蓄水发电、改善航运。三峡大坝如图1-6所示,三峡水电站如图1-7所示。

图1-6　三峡大坝

图1-7　三峡水电站

（3）工程为人们提供社会文化和精神生活所需要的场所，丰富了人类的精神文化生活。

案例

在人类历史上最早建造的各种庙宇、祭坛、教堂等，其基本功能是为了"沟通神灵"。现代人们建造的纪念碑、纪念馆、大会堂、图书馆、剧院、博物馆、运动场、园林等都是文化活动场所，这些多是为了满足人们精神文化生活的需求。如拙政园是苏州最大、最著名的园林，也是中国四大名园之首，如图1-8所示；新中国为纪念在中国近代史上壮烈牺牲的人民英雄而修建的人民英雄纪念碑，如图1-9所示；为举办奥运会而建造的奥运场馆工程之一——中国国家体育场"鸟巢"，如图1-10所示；位于中国北京天安门广场东侧，历史与艺术并重的中国国家博物馆，是世界上最大的博物馆之一，如图1-11所示。

图1-8　拙政园

图1-9　人民英雄纪念碑

图1-10　中国国家体育场"鸟巢"

图1-11　中国国家博物馆

近十几年来，我国接受大学教育的人数逐渐增加，高等院校在校大学生从1978年约228万人至2020年约4183万人，人数增长了18倍，而为了满足招生需求，我国的许多城市开始兴建大学城。

1.3.3　工程是人类文明传承的载体

（1）工程是人类认识自然和改造自然能力传承的载体。

人类的科学技术和知识的大量内容是通过工程传承的。任何时代，重大工程都是所有已经取得科学技术的结晶，同时大量科学技术研究和探索又都是在工程基础上进行的。

> **案例**
>
> 现代科学家进行基本粒子研究所用的仪器和设施就代表人类已经获得的基本粒子科学知识的全部;人们所进行的航天工程中,就用到人类所积累的所有天文学、数学、物理学、化学、材料科学、空气动力学等各方面的尖端科学知识。

(2) 工程是科学技术发展和传承的载体。

工程是人类运用自己所掌握的科学技术知识开发自然和改造自然的产物,是人类生存、发展历史过程中的基本实践活动,又是人类在地球上生活、进行科学研究和探索留下的重要痕迹。它标志着一定社会的科学技术发展水平和文明程度,同时又是历史的见证,记载了历史上大量的经济、文化、科学技术信息。不同时代、不同地区的工程体现和承载着不同的人类文明,反映出不同的生活生产方式,并呈现出不同的文化、艺术特征。

> **案例**
>
> 人们通过对大量古建筑遗址或古代陵墓的考察和研究,可以了解当时的政治、经济、军事状况,科学技术发展水平和人们的社会生活情形。因此,通过对历史工程的建筑、工程材料、工程结构等分析和研究,我们可以清晰地了解到科学技术发展的轨迹和人类文明进程。

在旧石器时代,人类祖先居住在天然洞穴里,并不需要建筑材料,如图 1-12 所示。距今约 1 万年前的新石器时代,人们学会了用土和木料来搭建房子,如西安半坡氏族的圆形房子和河姆渡干栏式房屋,用木头作为房子的基础、柱和梁;用黏土和草来砌筑成墙,如图 1-13 所示。

图 1-12　天然洞穴

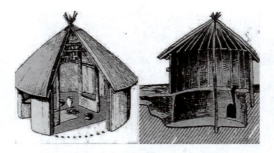

图 1-13　西安半坡氏族的圆形房子

到了距今约 5000 年前,人类社会进入了青铜器时代。青铜出现后,农业和手工业的生产力水平提高,物质生活条件也渐渐丰富。石材作为工程材料开始出现,公元前 2700 年修建的左塞尔阶梯金字塔是世界上最早用石块修建的陵墓,如图 1-14 所示。我国公元 605 年至 616 年间建成的赵州桥,桥体全部用石料建成,净跨 37m,宽 9m,拱矢高度 7.23m,是当今世界上现存最早、保存最完整的古代单孔敞肩石拱桥,如图 1-15 所示。

铁器时代是人类发展史中极为重要的一个时代,随着铁器的大规模使用,生产力得到了快速的提升。这时,砖和瓦也出现了。考古发现,我国西周时期的墓穴中已经开始使用砖块砌筑,著名的万里长城也是用大量青砖砌筑而成,如图 1-16 所示。又有西汉"都司空"瓦当,瓦当是用于覆盖建筑檐头筒瓦前端的遮挡,特指西汉和东汉时期,用于装饰美化和蔽护建筑物檐头的建筑附件,如图 1-17 所示。

图 1-14　左塞尔阶梯金字塔

图 1-15　赵州桥

图 1-16　长城

图 1-17　西汉"都司空"瓦当

从 18 世纪 60 年代开始,历史逐渐进入了工业时代。工业时代在建材上取得的成就主要以钢铁和混凝土的大规模使用为主。建于 1779 年的英国塞文河铁桥是世界上第一座铁桥,如图 1-18 所示。铁在建筑上的使用,则是 1786 年建设的法兰西剧院的铁屋顶,如图 1-19 所示。大家所熟知的埃菲尔铁塔,塔高 328m,重约 7000t,由 18000 多个钢铁部件和 250 万个铆钉拼接而成,如图 1-20 所示。1875 年,法国园艺师莫尼埃建成了世界上第一座钢筋混凝土桥,即苏格兰连芬南德混凝土高架桥。1903 年建成的美国辛辛那提市的英格尔斯大楼,是世界上第一幢钢筋混凝土高层建筑,如图 1-21 所示。

图 1-18　英国塞文河铁桥

图 1-19　法兰西剧院

图 1-20　埃菲尔铁塔　　　　　图 1-21　英格尔斯大楼

当前,人类社会已进入了科技时代,土木工程材料进一步轻质化、高强化,并向智能化方向发展。这些材料的出现催生了超高层建筑和大跨径桥梁。目前,世界上最高的楼——迪拜"哈利法塔"大楼,高度达 828m,如图 1-22 所示;世界上最长的桥——丹昆特大桥,即京沪高速铁路丹阳至昆山段特大铁路桥,全长 164.851km,如图 1-23 所示。

图 1-22　哈利法塔　　　　　　　　图 1-23　丹昆特大桥

(3) 工程是文化艺术传承的载体。

工程是文化艺术的一部分,是人类文化和文明传承的载体。在人类历史发展的长河里,工程始终和艺术融为一体。早期的人类穴居,现在发现的许多原始人留下的岩石壁画,就是久远的室内装潢艺术。人类开始建造房屋(构木为巢)时就开始艺术创作,早期的人们在房屋木结构上雕刻,通过建筑工程表现美感、技巧、精神和思想。

经过长期的发展,建筑工程已成为凝固的音乐、永恒的诗歌。一座优美的建筑带给人们的不仅是使用功能,还有视觉上的审美享受,同时也可从中看到所处时代的印记和所属民族的特质。所以不同国度(民族)的建筑,一个国家不同时期的建筑,就表现不同国度(民族)、不同时期人们的文化素养、智慧和精神。

我国历史上建筑工程与金石书画、礼乐文章并列,是文化艺术的一部分。我国传统建筑(无论是单个房屋建筑、建筑群,还是一个城市;无论是一般民居、一个村落,还是县府、都城)一向都包含有我们民族的精神、道德观念、素质、性格、智慧和美感,体现当时的政治制度、经济、国防、宗教、思想、艺术、文化传统、风俗习惯、礼仪、工艺、知识、趣味等。

（4）工程是国家实力的载体和强盛的标志。

中华民族勤劳、勇敢和智慧的历史证明之一,就是前人留下的大量规模宏大、工艺精美的建筑工程。我国的长城、都江堰、秦始皇兵马俑、大运河、苏州园林、北京故宫等伟大工程,蕴含着中华民族文化与精神的底蕴,使中华民族在世界民族之林中更加璀璨夺目。

现代,"两弹一星"工程、三峡水利枢纽工程、大飞机制造工程、航天工程和登月工程等,是我国现代国民经济和科学技术发展水平的集中表现。

1.3.4　工程是科学技术发展的动力

工程科学是科学技术的重要组成部分。工程建设和工程科学的发展为整个科学技术的发展提供了强大的动力。

（1）科学家通过工程获得大量的科学知识。

科学家要发现问题,解释自然现象,获得科学技术。人们遇到许多新的问题,发现新的现象,研究解决问题的新方法或解决新问题的方法,就获得了新的科学知识。工程是人们生产和生活的一部分,是社会实践。有时工程应用是先于科学知识的,如都江堰、赵州桥、埃及的金字塔,都是在数学知识和几何知识不甚发达时期修建的。

（2）科学家依托工程所提供的条件进行科学研究。

科学家经常需要设计新的实验设备或模拟装置,它们本身就是工程。我国完全自行设计、自主研制集成的首台大型反场箍缩磁约束聚变实验装置"Keda Torus eXperiment"（KTX,中文简称"科大一环"）是科技部"国家磁约束核聚变能发展研究专项"支持的大型装置,为国内外从事等离子体物理研究的科研人员提供了一个全新的大型实验平台,它本身就是一个非常复杂的工程系统,如图1-24所示。

图1-24　反场箍缩磁约束聚变实验装置

（3）科学家为大型工程提供可靠性和适用性的模拟。

在大型结构的应用中,需要首先制作模型并在实验室里进行模拟试验,如力学试验、荷载试验、风洞试验、地震试验等。现在几乎所有复杂的高科技项目都有这个过程。上海中心大厦利用 BIM 技术模拟多专业协调施工，如图 1-25 所示。

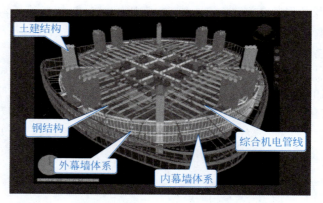

图 1-25　上海中心大厦利用 BIM 模拟多专业协调施工

1.3.5　工程是社会和经济发展的动力

在人类历史进程中，工程是直接生产力，是人类生存、发展过程中的基本实践活动。工程又是社会经济和文化发展的物质基础和动力，是现代社会存在和发展的基础，是国家现代化建设程度的标志。

（1）工程建设促进了城市化的发展。

城市化是社会经济变化过程，包括农业人口非农业化，城市人口规模不断扩张，城市用地不断向郊区扩展，城市数量不断增加以及城市社会、经济、技术变革进入乡村的过程。我国的城市化进程不断加快，20 世纪 70 年代末城镇化率仅为 14%，1986 年达到 26%，2000 年达到 36%，2010 年达到 47.5%，2020 年我国城镇化率已超过 60%。现在我国处于城市化高速发展时期，预计 2050 年达到 70% 以上。在我国城市化的进程中，需要建设大量的房屋工程、城市基础设施工程等。

（2）工程是社会经济、文化发展的依托。

工程为工业、农业、国防、教育、交通等各行各业发展提供物质条件，国民经济的各个部门都需要基础设施。国民经济的发展、科学的进步、国防力量的提升、人民物质和文化生活水平的提高都依赖工程所提供的平台。

信息产业的发展需要工厂、网络设施；交通业的发展需要高速公路、铁路、机场、码头；食品工业和第三产业的发展需要工厂和相关设施；高等教育扩大招生规模需要新建校园、大学城；国防力量的提升需要大量的国防设施，需要进行国防科学技术研究基地建设；房地产业发展需要多建房……这些都离不开工程。

（3）建筑业是国民经济的重要行业。

工程建设是由工程相关产业，主要是建筑业完成的。建筑业直接通过工程建设完成建筑业产值，获取利润，提供税收，对国民经济发展做出了很大的贡献。我国社会各领域投资的增加促进了建筑业的发展,它已成为国民经济的支柱产业之一。按照《中国统计年鉴2019》,2019年全年国内生产总值990865亿元,比上年增长6.1%。全年全社会建筑业实现增加值70904亿元,比上年增长5.6%,增速低于国内生产总值增速0.5个百分点。2010—2019年国内生产总值、建筑业增加值及增速,如图1-26所示。

图1-26　2010—2019年国内生产总值、建筑业增加值及增速

(4)工程相关产业是解决劳动力就业的重要途径。

建筑业历来是劳动密集型产业,吸纳了大量的劳动力。2019年底,全社会就业人员总数77471万人,其中,建筑业从业人数5427.37万人,比上年末减少135.93万人,减少2.44%。建筑业从业人数占全社会就业人员总数的7.01%,比上年降低0.16个百分点。2010—2019年全社会就业人员总数、建筑业从业人数增长情况如图1-27所示。建筑业在吸纳农村转移人口就业、推进新型城镇化建设和维护社会稳定等方面继续发挥重要作用。

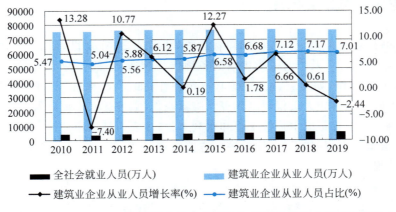

图1-27　2010—2019年全社会就业人员总数、建筑业从业人数增长情况

(5)工程建设拉动了我国国民经济快速增长。

工程建设需要消耗大量的自然和社会资源,消耗相关部门的产品,拉动整个国民经济的发展,在整个国民经济的资源配置中发挥着重要的枢纽作用,带动国民经济各个行业的发展。受工程建设影响的行业主要有建筑业、制造业(机械设备、施工设备、家电业、家具)、建筑材料(钢铁、水泥、木材、玻璃、铝、装饰材料、卫生洁具)、纺织业、服务业、石油化工、能源、环境工程、金融业、运输业等。

>
> 由于工程建设的发展,带动建材业发展。2019年,我国粗钢产量为9.96亿t,同比增长8.3%;钢材产量为12.05亿t,同比增长9.0%;全国熟料产量约15.3亿t,同比增长9.2%;水泥产量约23.1亿t,同比增长4.5%;平板玻璃产量9.3亿重量箱,同比增长6.6%;全国陶瓷砖产量为101.61亿m²,比去年增长12.8%。

近三十年来,我国经济高速发展,国家繁荣,一个重要的特征就是我们建设了和正在建设着大量的工程。工程建设投资是我国拉动经济的"三驾马车"之一。

1.4 工程的历史发展

工程发展和演化的动力,是人类为了改变自己的生活环境和探索未知世界的理想和追求,是人类的物质需求、创新需求和文化(精神)需求。

人类来于自然,长于自然。纯自然的状态对人类来说是简陋的。早期的人类,没有房屋居住,没有出行工具和道路,频繁遭受自然灾害,过着风餐露宿、茹毛饮血的生活。随着人类社会的发展,人们在长期的劳动实践中积累了科学知识,并利用科学知识进行生产活动,达到了开发自然、改造自然的目的。社会的各方面,如政治、经济、文化、宗教、生活、军事产生了造物的需要,同时当时社会生产力发展水平又能实现这些需要,这样就有了工程。因此,工程产生于实际需要,它的存在已有久远的历史。

1.4.1 我国古代工程发展

在周朝的《周礼·考工记》中就有"知者创物,巧者述之,守之世,谓之工","百工"为"国有六职"之一。"百工"涉及当时人类生活的各种器物制造,包括各种木制作(如车轮、房屋、弓、农具等)、五金制作(如刀剑、箭、钟等)、皮革制作(如皮衣、帐帏等)、绘画、纺织印染、编织、雕刻(如玉雕、石制作、天文仪器制作等)、陶器制作(如餐具)、房屋建筑、城市建设等。

历史上典型的工程是土木建筑工程和水利工程,主要包括城市建设、房屋工程(如皇宫、庙宇、住宅等)、水利工程(如运河、沟渠等)、道路桥梁工程、陵墓工程、军事工程(如城墙、兵站等)、园林工程等。

1. 房屋工程

早期人们采用的多为天然材料,如木材、石材等,搭建各种棚屋。"构木为巢"是最原始的"房屋建筑工程"。易经中有"上古穴居而野处,后世圣人易之以宫室,上栋下宇,以避风雨"。

我国2500多年前就形成了以木结构作为主要构架,以青砖作墙,以碧瓦作为上盖的"梁柱式房屋建筑"形式,如图1-28所示。这是我国房屋建筑的主要形式,是从古代人的"构木为巢"传承下来的。这种建筑结构取材容易,易于制作构件,易于雕刻和艺术化处理,可以雕梁画栋,"钩心斗角"。"梁柱式房屋及建筑"形式在我国古代木建筑中十分普遍,且建筑方式和工艺方面也达到很高的水平。

图 1-28 古代梁柱式木结构

但是木建筑存在着以下诸多问题。

（1）木建筑耐久性差，易被兵火殃及。由于不能长久，容易腐蚀和被大火焚毁，或被大水冲毁，但取材容易，所以我国历史上人们不注重保存旧建筑，而喜欢拆旧盖新。

（2）木建筑的广泛使用伤及山林和水土，如由于"阿房出"，导致"蜀山兀"。

（3）历代的大烧大建和大建又大烧导致我国现存的古代房屋建筑不多，也导致我国森林覆盖率的降低和环境的破坏。

2. 城市建设

新石器时代的后期，以农业作为主要生产方式，形成比较稳定的劳动集体，产生了固定的集聚地。《史记》记载，舜由于其德行高尚，人们都愿意居住在他的周围，所以"一年所居成聚，二年成邑，三年成都"。

在我国古代，"城"是以武装保护的土地，要有防御性的构筑物，而"市"是交易场所。

《诗经·绵》中记载，周文王的祖父古公亶父之前周朝的人们穴居，不建房屋（"陶复陶穴，未有家室"），他率领他的子民来到岐山，选择城址，进行建设规划，任命司空管理工程，任命司徒管理土地和人口，建筑宫室、太庙、祭坛，由此形成周朝的都城。

《周礼·考工记》中记载周代王城建设的空间布局："匠人营国，方九里，旁三门。国中九经九纬，经途九轨。左祖右社，面朝后市。市朝一夫。"周朝兴建了丰镐两座京城，按照周礼规范的城市规划布局进行勘察、选址，有步骤地进行城市建设。周代王城空间布局具体如图 1-29 所示。

在我国古代，城市规划是政治制度的一部分，不同等级的城市（如都城、王城、诸侯城等）有不同的规则，如城市的位置、用地面积、道路宽度、城墙长度和高度、城门数目。超过规则，违背这个制度，就是违礼，常常以谋反罪论处，将严惩不贷。

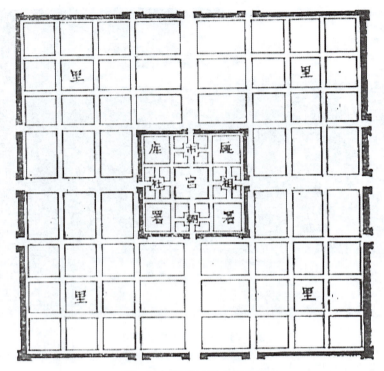

图 1-29　周代王城空间布局

在中国古代城市中,皇宫和官府衙门占主导,作为中心区,由此影响城市的布局。我国古代的城市,特别是首都的建设,都是集中全国的财力和物力,用集权化的强制手段完成。

在我国历史上,秦代的咸阳、汉代长安、唐代长安、宋代汴梁城(开封)、元大都(北京)、明清代的北京城都是当时世界上最大的、最先进的城市。汉代长安遗址复原平面图如图 1-30 所示。

社会的发展使城市的功能发生变化,城市不仅作为人们的集聚地,提供居住条件、生活服务设施和公共建筑,而且成为社会的政治中心、经济中心、金融中心和交通中心。

3. 军事工程

早期的人们出于保护自己领土的目的,修建了防御工事。在居住点、城市,甚至国境线上建设壕沟、城墙。墨子认为,国有七大患,第一就是"城郭沟池不可守而治宫室",即国防工程没有做好,就建造华丽的皇宫,这样的国家是要灭亡的。

我国长城修筑的历史可上溯到公元前 9 世纪的西周时期,周王朝为了防御北方游牧民族的袭击,曾建筑连续排列的城堡"列城"用作防御工事。

公元前七八世纪的春秋战国时期,齐、韩、魏、赵、燕、秦、中山等大小诸侯国家都相继修筑长城以自卫。

公元前 221 年,秦始皇在原来燕、赵、秦部分北方长城的基础上,增筑扩建了很多部分,筑起"蜿蜒一万余里"的长城。

自秦始皇以后,汉、晋、魏、北齐、北周、隋、唐、宋、辽、金、元、明、清等十多个朝代,都不同规模地修筑过长城,其中以汉、金、明三个朝代的长城规模最大,都达到了 5000~10000km。

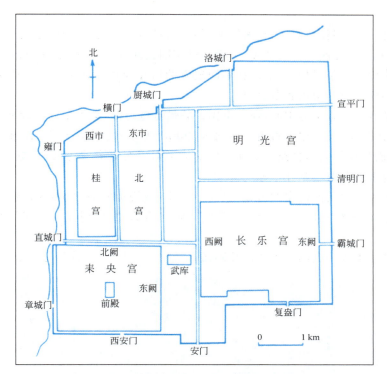

图 1-30　汉代长安遗址复原平面图

清朝康熙年间,停止了大规模的长城修筑。

长城是中国,也是世界历史上修建时间最长、工程量最大、施工最为艰难的国防工程,如图 1-31 所示。据历史文献记载:秦代修长城除动用三十至五十万军队外,还征用民夫四五十万人,多时达到一百五十万人。北齐为修长城,一次征发民夫一百八十万人。隋史中也有多次征发民夫数万、数十万乃至百万人修长城的记载。明代修筑长城用砖石 5000 万 m^3,土方 1.5 亿 m^3,其用来铺筑宽 10m、厚 35cm 的道路长度,可以绕地球赤道两周有余。

图 1-31　古代最大的军事工程——万里长城

4. 交通工程

古代，人们一般都临河而居，扎木筏或"刳木为舟"，作为交通工具，这也是最早的造船工程。后来，随着陆上交通需要的增加，人们经过长期实践，修建了道路，也就开始有了道路工程。这些道路像一条条纽带，把散落在不同地方的居住地连接在了一起。历史上著名的道路工程——秦朝建设的驰道和秦直道。

驰道和秦直道以咸阳为中心，通向全国。凭借这些道路，秦始皇周游天下。秦直道是中国最早的"高速公路"。在原秦直道上约每隔30km就有一个宫殿建筑，在整个秦直道上共有26座。它们与现代高速公路上的休息区功能类似。秦直道遗迹，路面宽在20～40m，路基处理工艺与现代公路地基几乎相同。

秦始皇为了沟通渭河两岸的宫室，兴建了一座68跨咸阳渭河桥，这是世界上最早和跨度最大的木结构桥梁，如图1-32所示。秦朝（《阿房宫赋》"复道行空，不霁何虹"）是现代立交桥的雏形。

隋代修建了世界著名的空腹式单孔圆弧石拱桥——赵州桥，净跨达37.02m。

图 1-32　咸阳渭河桥遗址

5. 水利工程

我国是农业大国，水利工程历来就是人们抵御洪水、解决农业灌溉问题和发展运输的重要设施，中国远古时代就流传着"大禹治水"的故事，述说"全国性"水利工程。几千年来，我国历代都有许多水利工程建设项目。

公元前5世纪至公元前4世纪，在河北的临漳，西门豹主持修筑了引漳灌邺工程。

公元前3世纪，战国时期的秦国蜀郡太守李冰及其子在四川主持修建了都江堰，解决了围堰、防洪、灌溉及水陆交通问题，该工程被誉为世界上最早的综合性大型水利工程。

公元前237年，秦始皇采纳韩国水利专家郑国的建议开凿郑国渠，灌溉面积达18万公顷，成为我国古代最大的一条灌溉渠道。

在我国历史上，都江堰和大运河工程是最著名的两个水利工程。

（1）都江堰——最"长寿"、最具有"可持续发展"能力、最符合科学发展观的工程。

都江堰建于公元前3世纪,位于四川成都平原西部的岷江上,如图1-33所示。

图1-33 都江堰水利工程

在都江堰建成以前,岷江江水奔腾而下,从灌县进入成都平原,由于河道狭窄,经常引起洪灾,洪水一退,又是沙石千里。灌县岷江东岸的玉垒山又阻碍江水东流,造成东旱西涝。秦昭襄王五十一年(公元前256年),李冰任蜀郡太守,率领当地人民修建了都江堰水利工程,将岷江水流分成两条,其中一条水流引入成都平原,这样既可以分洪减灾,又达到了引水灌田、变害为利的目的。

都江堰以独特的水利工程规划艺术创造了工程与自然和谐共存的典范。它充分利用当地西北高、东南低的地理条件,根据江河出山口处特殊的地形、水脉、水势,乘势利导,利用高低落差,无坝引水,自流灌溉,使堤防、分水、泄洪、排沙、控流相互依存,共为体系,保证了防洪、灌溉、水运和生活用水综合效益的充分发挥。

都江堰建成后,成都平原沃野千里,成为"天府之国"。直到现在,都江堰灌溉面积达到60万公顷以上,为四川50多个大、中城市提供了工业和生活用水,而且集防洪、灌溉、运输、发电、水产养殖、旅游及城乡工业、生活用水于一体,是世界上水资源利用的最佳典范。

都江堰工程2000多年来持续发展,是全世界迄今为止,年代最久、唯一仍发挥作用的宏大水利工程。其建设所采用的"深淘滩、低作堰""乘势利导、因时制宜""遇湾截角、逢正抽心"等治水方略,至今仍是治水的基本方法。它所蕴含的系统工程学、流体力学等科学方法,在今天仍然是处在科学技术前沿的课题。

都江堰是既经典又"时髦"的工程——既有前瞻性,又具有耐久性。2000多年以来人们对它有许多评价,有大量的赞美之词,从各方面看,它都是完美的,是千古绝唱。

(2)大运河——世界上最长的运河。

大运河北起北京,南达杭州,流经北京、天津、河北、山东、江苏、浙江六个省市,沟通了海河、黄河、淮河、长江、钱塘江五大水系,全长1794km,是巴拿马运河的21倍,是苏伊士运河的10倍,具体如图1-34所示。

大运河从公元前486年始凿,完成于隋代,繁荣于唐宋,取直于元代,疏通于明清,在我国历史上作为南北的交通大动脉,曾起过巨大作用。今天,大运河作为南水北调东线的主要通道,重新焕发出青春活力。

6. 园林工程

我国园林是具有丰富文化和艺术内涵的工程,苏州古典园林是其代表,如图1-35所示。

图 1-34　大运河水利工程

图 1-35　苏州古典园林

苏州古典园林的历史可上溯至公元前 6 世纪春秋时期吴王的园囿,私家园林最早见于现存文字记载的是东晋(4 世纪)的辟疆园,当时号称"吴中第一"。以后历代造园兴盛,名园逐渐增多,至明代建园之风尤盛,清末时城内外有园林 170 多处,苏州赢得了"园林之城"的称号。明清时期,苏州成为中国最繁华的地区之一,私家园林遍布古城内外。在 16—18 世纪的全盛时期,苏州有园林 200 余处,保存尚好的有数十处,并使苏州素有"人间天堂"的美誉。

苏州古典园林宅园合一,可赏、可游、可居。这种建筑形态的形成,是在人口密集和缺乏自然风光的城市中,人类依恋自然、追求与自然和谐相处、美化和完善自身居住环境的一种创造。苏州古典园林所蕴含的中华哲学、历史、人文习俗是江南人文历史传统、地方风俗的一种象征和浓缩,展现了中国文化的精华,在世界造园史上具有独特的历史地位和重大的艺术价值。以拙政园、留园为代表的苏州古典园林被誉为"咫尺之内再造乾坤",是中华园林文化的翘楚和骄傲。

7. 其他工程

1) 宗教工程

在人类的历史上,宗教和工程的关系非常紧密。如中国古代宗教建筑工程(祭坛、庙宇、佛洞、塔、石刻等)和宗教相关物品(如祭祀用的玉器、青铜器等)的制造工程,以及国外的神殿、露天剧场、金字塔、方尖碑、教堂等。

在我国历史上,许多宗教工程都是标志性的,具有丰富的艺术内涵。在许多远古时代的遗址中都发现有祭坛建筑遗存。在西周有社稷祭坛,以及青铜器和玉做礼器等。

从魏晋到隋唐时代,有大量的寺庙、佛塔和雕刻。如北魏孝文帝期间,京城洛阳有1367所寺院,凿石窟3万多穴。洛阳石窟和云冈石窟现在仍然是著名的古代建筑,洛阳龙门石窟如图1-36所示,云冈石窟如图1-37所示。

图1-36　洛阳龙门石窟

图1-37　云冈石窟

在南北朝时期,对南京有"南朝四百八十寺,多少楼台烟雨中"的描述。明末清初,《儒林外史》描述则有:"到如今,何止四千八百寺!"宗教工程的特点是:人们心怀虔诚和敬畏工作,投入比较大,不惜工本,具有高超的艺术性和建造质量,很少焚烧和拆除宗教建筑,因此,宗教建筑是我国古建筑中保持最好的工程。

梁思成先生所撰写的《中国建筑史》中所介绍的古代建筑遗存照片约230幅,其中宗教建筑(包括庙宇、石窟、塔等)照片为175幅以上,占比超过3/4。

2)陵墓工程

从远古时代起,我国历朝历代都将帝王陵墓工程作为国家级重点工程,投入巨大,如秦公大墓、秦始皇陵、汉朝历代帝王陵、唐朝历代帝王陵、明孝陵、十三陵等。秦公一号大墓如图1-38所示,秦始皇陵如图1-39所示。帝王陵墓工程不仅规模宏大,规制严格,经常伴随大量的随葬品,而且由于深埋地下,如果没有被盗挖,就能非常丰富地保留当时工程技术和文化的印迹。

图1-38　秦公一号大墓

图1-39　秦始皇陵

1.4.2 我国现代工程发展

1. 我国现代工程建设概况

近几十年来,我国经济高速发展,是我国历史上最大规模的工程建设时期。我国是建筑工程大国,各个领域都有许多大型和特大型工程。

(1)钢铁工业。宝山钢铁厂是我国改革开放以后第一个规模较大的建设工程。宝山钢铁厂于1978年12月23日动工兴建,第一期工程于1986年9月建成投产,第二期工程于1991年6月建成投产。宝山钢铁厂是中国最具竞争力的钢铁企业,年产钢能力2000万t左右,赢利水平居世界领先地位,产品畅销国内外市场。居2019年《财富》杂志中国500强第28位。

(2)水利工程。近几十年来有葛洲坝工程、鲁布革水电站、小浪底工程、二滩水电站、三峡水利工程、南水北调工程,以及在大渡河、澜沧江、金沙江上的梯级水电站工程等。

(3)核电工程。目前已经运行的有大亚湾核电站、秦山核电站、岭澳核电站、宁德核电站、阳江核电站、红沿河核电站、田湾核电站等。在建的有福建福清核电站、浙江方家山核电站、浙江三门核电站、广东台山核电站一期、山东海阳核电站、山东石岛湾核电站、海南昌江核电站等。

(4)铁路工程。铁路工程有京九铁路、青藏铁路、宜万铁路、京沪高速铁路等工程。十几年来,随着高速铁路的大规模建设,我国高速铁路的里程和技术已经居世界第一。

(5)桥梁工程。近十几年来,我国桥梁建设在规模、技术水准、建造难度等方面都走在世界的前列,不断刷新世界纪录。如在长江上兴建许多大桥,港珠澳大桥、杭州湾跨海大桥等。

(6)城市地铁工程。我国已建及在建城市轨道交通工程的有北京、上海、广州、深圳、南京、武汉、重庆、大连、哈尔滨、长春、青岛、成都、沈阳、苏州、西安、杭州、郑州、无锡等几十个城市。

(7)高速公路工程。我国高速公路从20世纪80年代起步,经过近40年的建设,2019年末,全国公路总里程达到501.25万km,是1984年的5.2倍。其中,高速公路达到14.26万km,里程规模居世界第一。

(8)化工工程。我国投资建设有仪征化纤、扬子石化、扬子巴斯夫石化工程、广东茂名石油化工工程、福建石油化工工程等。

(9)能源工程。能源工程包括石油开采工程、发电厂工程、风电工程、长距离输变电工程、长距离天然气输送工程,如西气东输工程、西电东输工程等。

(10)科技工程。随着我国经济和科技的发展,国家投入科技工程的资金越来越多,工程规模也越来越大,最典型的是FAST工程,即500m口径球面射电望远镜,如图1-40所示。

图1-40　FAST工程

2. 现代工程的特点

1) 高科技应用于现代工程

近50年来,科学技术高速发展,不断被应用于工程领域,推动了工程技术的发展。现代科学技术已渗透到了工程的各个方面。

(1) 工程材料朝着轻质化、高强化发展。高强合金、高分子材料(如碳纤维材料)、智能材料及其他新型材料在工程中广泛应用。过去,人们使用C20~C40混凝土,而现在通过掺硅粉、外加剂等各种技术措施,C50~C75混凝土已得到了广泛应用。2016年6月,北京金隅集团的880m超高层泵送盘管实验取得成功(见图1-41),实现了将C130混凝土泵送到880m高度的探索,其混凝土强度和泵送距离在国内尚属首次,技术水平达到国际领先。

(2) 新型的大跨结构形式。如苏通大桥最大主跨为1088m,混凝土塔高300.4m,最长拉索长达577m等,这些指标在当今世界斜拉桥中名列前茅,如图1-42所示。

图 1-41　880m超高层泵送盘管实验

图 1-42　苏通大桥

(3) 工程智能化。智能工程是现代通信技术、计算机技术、自动控制技术、图形显示技术、微电子技术、网络技术在工程中的综合应用,使工程具有一定的"生命"特征,能够为人们提供更加人性化、舒适、高效、节能、符合生态要求的生活和工作环境。现代智能工程最典型的有智能学校、智能住宅小区、智能图书馆、智能医院、智能工厂、智能车站、智能飞机场、智能电网、智能物流中心、智能港口等,最终集成为智慧城市。

(4) 建筑工程呈现工业化、装配化。将工业化的生产方式应用于工程建设中,在工厂中成批地生成房屋、桥梁的各种构配件、组合体等,然后运到现场装配,完全改变了传统的施工作业方式,加快了施工速度。

在发达国家,建筑工业化程度已经很高,2015年,欧美建筑工业化达75%,瑞典更是高达80%,日本也达到70%,而我国建筑工业化程度仅为3%~5%,这意味着与欧美等相比还有很大的差距。

(5) 工程向新的科技领域发展。人们在积极地探索和建设特殊环境下的工程,如深海油田工程、航天工程、极地工程、严寒地带的高铁工程、月球和火星上的建筑工程等。

2) 现代工程规模大,技术难度高

近几十年来,我国大型、特大型、复杂、高科技工程越来越多,例如,航天工程、大型化工工程、大型水利工程、城市铁路工程、长距离输送管道工程、特高压输电线路工程、桥梁工程等,许多工程都不断创造本工程领域的世界之最。

最典型的是三峡工程,它的许多指标都突破了我国甚至世界水利工程的纪录。三峡工

程是世界上水库移民最多、工作最为艰巨的建设工程;是世界上最大的水电站;是世界上建筑规模最大的水利工程;是世界上级数最多、总水头最高的内河船闸等。

3)具有高度的复杂性、专业化和综合性

现代工程是一个复杂的、多功能、多专业综合的系统。

(1) 现代工程功能的多样化。住宅建筑已不再是徒具四壁的房屋了,而要求提供采暖、通风、给水、排水、供电、供热、供气、收视、通信、计算机联网、报警等功能,需要将其与材料、电子、通信、能源、信息等高科技紧密结合起来。

(2) 工程的功能要求高。例如,工业建筑物往往要求恒温、恒湿、防微振、防腐蚀、防辐射、防火、防爆、防磁、防尘、抗震、耐高(低)温,并向大跨度、超重型、灵活空间方向发展。

(3) 技术具有高度的复杂性。多种高科技技术应用,要面临很多前所未见的技术难题,由于功能多样化,面临着多专业的有机集成,这些都是技术上面临的复杂性。现代工程不仅包括传统意义上实体化的工程技术系统,而且包括软件系统(智能化系统、控制系统)、运行程序、维护和操作规程等,这方面有更大的难度和复杂性。

(4) 工程建设过程的多单位参与。工程的组织系统十分复杂,包括建设单位、政府部门、社会团体、金融机构、科研机构、工程管理公司、材料和设备供应商、工程承包商、设计单位、劳务供应单位等。例如,三峡工程在施工高峰期有上万人在工程上工作,人员之间的沟通十分困难。

(5) 现代工程项目的资本组成方式(资本结构)、管理模式、组织形式、承包方式、合同形式是丰富多彩的。

(6) 风险大。现代工程技术风险,特别是施工技术的风险相对减小,而金融风险、安全风险、市场运营风险加大。在工程中各方面利益冲突加剧,会涉及公共利益、政府(国家、地区、城市)、投资者、承包商、周边居民等各方面的利益平衡问题。

4)投资大、消耗的自然和社会资源多

由于现代工程规模很大,投资总额通常达几十亿、几百亿、几千亿,集中全国、全省或全市的财力,它会影响国计民生,影响国民经济、社会和经济发展目标。例如,三峡工程总投资约2000亿元人民币,西气东输工程总投资1400多亿元人民币,杭州地铁一号线的总投资额约220亿元人民币。我国社会固定资产投资一半以上用于工程建设。这些工程需要大量的建筑材料和能源,我国整个钢产量、水泥产量、玻璃产量、能源的大部分用于工程建设。

5)对自然、社会、历史的影响大

国民经济的发展、社会的进步、地区的繁荣、企业的兴旺已越来越依赖于工程项目的实施与成功。工程是人类改造自然和征服自然的产物,是在自然界的人造系统,对自然产生巨大的永久性影响。任何工程的建设必然占有一定的空间,一经建成,就会导致永久性占用土地,破坏植被和水源,原有的生态状况不复存在,而且将来也很难回到原生态。对自然生态而言,工程的建设过程是不可逆的。例如,由于钢筋混凝土高楼太多,过于集中,会形成热岛效应;永久性地占用土地,破坏植被、水源,工程在拆除后,无法生态复原;大量地拆迁,会对周围居民生活、社会文化、社会经济环境产生影响等。

6)工程的国际化

工程要素的国际化是现代工程重要的标志之一,即一个工程建设和运营所必需的产品市场、资金、原材料、技术(专利)、土地(包括厂房)、劳动力、工程任务承担者(承包商、设计单位、供应商)等,经常来自不同的国度。

在当今世界上,国际合作项目越来越多。通过国际工程能够实现各方面核心竞争力的优势组合,取得高效率和效益。我国已经加入世界贸易组织(WTO),我国建筑工程承包市场对外全面开放,已是国际工程承包市场的一部分。现在不仅一些大型工程,甚至一些中小型工程的参加单位、设备、材料、管理服务、资金都呈国际化趋势。我国许多工程的建设都有外国的公司参加,如鲁布革工程、小浪底工程等。我国的许多工程承包商、设计单位、供应商也到国外承接工程,截至目前,我国工程承包商已遍及全世界180多个国家和地区,基本形成了以亚洲为主,在非洲、中东、欧美和南太平洋全面发展的多元化市场格局。承包工程范围遍布国民经济各个领域,特别是在房屋建筑、交通运输、水利、电力、石油化工、通信、矿山建设等领域有较强的竞争力。

思 考 题

1. 人们常用的"工程"一词的含义有哪些?
2. 什么是项目?项目的特征有哪些?
3. 列举所遇到的工程,并说明其所属类别。
4. 简述工程的作用,并举例说明工程与人们生活的关系。
5. 我国历史上最典型和最主要的工程有哪些?
6. 简述现代工程的特点。

第 2 章 现代工程系统

学习目标

通过本章的学习,熟悉工程系统结构的定义、分解、联系及发展过程;掌握建筑工程主要专业工程系统的构成和作用;了解工程系统构成的案例;了解工程相关的学科专业结构和工程相关行业。

2.1 工程系统结构分析

2.1.1 工程系统的结构

1. 工程系统结构的定义

工程作为一个整体系统,通常由许多分部组合而成,是具有一定功能的和一定系统结构形式的综合体。

2. 工程系统结构分解

任何工程都可以按照系统方法进行结构分解,得到工程系统分解结构 EBS(engineering breakdown structure),工程系统的结构如图 2-1 所示。

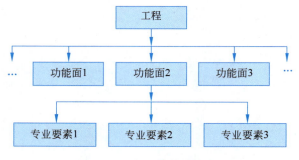

图 2-1　工程系统的结构(EBS)

(1) 功能面:工程是有许多分部组合起来的综合体,这些分部也有一定的作用,提供一定的功能,通常被称为功能面。

一个工程可以分解为许多功能面,例如,一个工厂由各个车间、办公楼、仓库、生活区等构成;一个校区由教学楼、图书馆、宿舍楼、实验楼、体育馆、办公楼等单体建筑物组成。每个单体建筑可以是一个工程,也可以分解为许多子功能面。例如,一栋教学楼可以分解为上课教室、教员休息室、通道(楼梯间、电梯间)、卫生间等。

(2)专业工程系统：每个功能面是由许多具有一定专业特点的专业工程系统构成的。

例如，一个教学楼，包括建筑、结构、给水排水、电力系统、消防、通风系统、通信、智能化、控制系统等许多专业工程要素，它们共同组成教学楼的功能。

专业工程系统有不同的形态，有的是实体系统，如结构、给水排水系统、电力系统等；有的是软件系统，如智能化系统、控制系统等。

3. 工程系统结构的联系

(1) 服务功能的同一性。一个工程系统虽然由各分部工程组成，但都为工程的最终总体功能服务，构成总体功能的一部分。为社会提供产品或服务，建筑必须体现整体的观念，做到整体结构和功能的和谐、各专业的平衡。这种平衡具有广泛的意义，包括功能上不冗余，质量上平衡，使用寿命的平衡。

(2) 系统的相关性和协调性。工程自身是一个有机的综合系统，同时也是城市大系统中的一个子系统，这个系统在其内部及同外界环境之间均需协调一致，才能正常良好地运转。建设中包含运营所需的各种功能，需要许多专业相互结合。

(3) 互相制约和依存。工程系统是各个独立的专业工程系统紧密结合，相互配合、相互依存的体系。

4. 工程系统的发展过程

工程所包含的专业工程系统与人们对工程的需求、科学技术的发展，以及工程技术的发展有关。

在我国古代，工程比较简单，按现代的专业分类，主要包括建筑学、结构工程、工程材料、排水、装饰工程、园林工程等专业系统。

到 20 世纪初，工程系统就比较复杂了，不仅包括上述专业工程系统，还增加了电力、电梯、电话、给水、消防、卫生、暖通等系统。

在 20 世纪末，工程系统中又增加了信号系统、网络系统、中水处理系统、智能化系统、太阳能系统、闭路电视系统、运行维护和健康监测系统等。

现在还出现了结构化综合布线系统、结构化综合网络系统、智能楼宇综合信息管理自动化系统(某智能楼宇综合管理系统见图 2-2)、智能家居控制系统、除霾新风系统、中央净水系统、外墙保温隔热系统、卫星接收系统等，均为现代化的系统。

随着科学技术的发展和工程要求的提高，还会有新的专业工程系统出现。

2.1.2 建筑工程的主要专业工程系统的构成和作用

工程系统由许多专业工程系统构成，一个工程的建设和运行过程必须有许多专业工程参与，各个专业学科在工程中承担不同的角色。

1. 城市规划

人们所建设的大量工程都是城市的一部分，都要服从城市规划的布局。城市规划是指以发展眼光、科学论证、专家决策为前提，对城市经济结构、空间结构、社会结构发展进行规划。经合理布局的城市空间既要满足美学要求和技术要求，也要符合经济、政治、人口等社会发展要求。

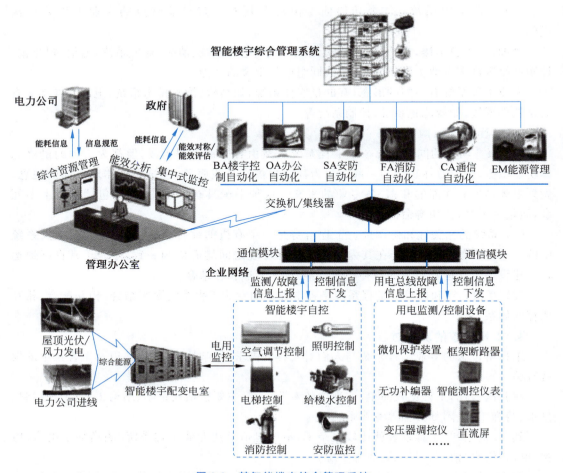

图 2-2　某智能楼宇综合管理系统

城市规划是城市建设和管理、城市内各种工程的系统规划和设计的依据。

2. 建筑学

建筑学所要解决的问题,包括建筑物与周围环境、与各种外部条件的协调配合,建筑物外表和内部的表现形式和艺术效果,建筑物内部各种使用功能和使用空间的合理安排,各个细部的构造方式,建筑与结构、各种设备等相关技术的综合协调,以及如何以更少的投入和更短的时间实现上述各种要求,其最终目的是使建筑物做到实用、经济、坚固、美观。

3. 结构工程

建筑结构用来承受自重、外部荷载作用及环境作用等,是建筑工程的"骨骼"和"肢体"。

一般建筑的基本构件有基础、框架(包括梁、柱)、墙、楼板、屋面、桁架、网架、拱、壳体、薄膜等。

按层数多少,建筑结构可分为低层、多层、高层和超高层建筑。

按所用的材料,建筑可以分为木结构、砌体结构、混凝土结构、钢结构和混合结构等。

4．工程材料

工程材料是构成工程实体的物质基础，工程实体的质量和耐久性常常是由其材料决定的。工程材料种类繁多，传统的建筑工程材料有木材、砖瓦、砂、石、灰、钢材、水泥、混凝土、玻璃、沥青等；新型工程材料，如高性能混凝土（HPC）、高掺量粉煤灰混凝土、纤维混凝土（钢纤维、碳纤维、玻璃纤维、芳香族聚酰胺纤维、聚丙烯纤维）、纤维增强复合材料（FRP）、新型节能墙体材料、智能材料等。

材料作为工程的物质基础，对建筑工程的发展起着关键作用。新的优良材料的产生会催生出新的、经济的、美观的工程结构形式，带动建筑、结构等专业设计理念和施工技术的发展，是现代工程科学的重要领域之一。现代工程的许多重大问题，如工程能耗的降低、生态绿色工程、智能化工程、低碳工程、工程废弃物的循环利用等问题，在很大程度上都需要通过材料科学解决。

5．给水排水工程

给水排水工程为在建筑中生活和工作的人们提供用水，并将废水排出去，或按照规定进行废水处理。给水排水工程有以下两大系统。

1）城市给水排水系统

城市给水系统主要给城市中的建筑物和设施所需的生活、生产、市政和消防提供用水，是城市基础设施的重要组成部分。

城市排水系统主要由城市中的生活污水、工业废水、雨水等的收集、处理、处置设施组成。

完善的给水排水系统能保障城市人民的生活水平和工业生产的发展。

2）建筑给水排水系统

建筑给水系统从城市给水系统引入，为建筑中人们的生活、生产，以及设施的运行、消防提供用水，通常包括引入管、水表节点、给水管道、配水装置和用水设备、给水附件、增压和贮水设备等。

建筑排水系统通过排水管道将污水、废水排出建筑物，并通过城市排水系统引向污水处理厂。某教学楼的给水排水系统见图2-3。

6．建筑电气

建筑电气是为工程提供照明、动力，以及为一切用电设备提供能源的系统，通常由变电装置、配电装置、电路、用电设施等构成。

7．其他建筑设备

建筑设备是为建筑物使用者提供生活和工作服务的各种设施和设备系统的总称。建筑设备种类繁多，按专业划分，除了上述的给水排水系统和建筑电气系统外，还包括以下几种。

(1) 建筑通风空调，为建筑物提供暖气、冷气，或为室内换气的设备系统。

(2) 通信系统（如电话、电视、信息网络系统，电梯保安报警系统等）。

(3) 建筑交通设施，如电梯等。

8．园林绿化（景观）系统

园林绿化（景观）系统包括住宅小区中的假山、亭阁、水池、绿化、灯光等。

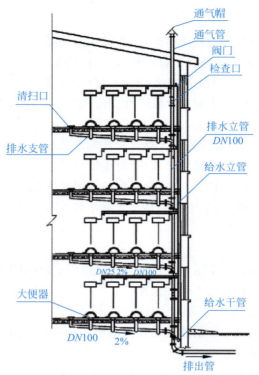

图 2-3 某教学楼的给水排水系统

2.1.3 工程系统结构的协调性要求

一个工程系统虽然由不同分部组成,但都是为工程的总体功能服务的。工程的总体目标是为社会提供预定的产品或服务,它是工程各个功能面和各个专业工程系统共同作用的结果,因此,工程各个功能面和工程专业子系统必须有系统相关性和协调性。这种协调性具有广泛的意义,主要体现在以下几点。

(1) 功能上的均衡性,既不残缺,也不冗余。一个工程的各个功能面大小的分配应该均衡,各个专业工程系统搭配是合理的。

例如,在一个图书馆建成后,预定规模的人群能够有效地使用各个功能区,既不出现功能的缺少,也没有功能的不足(如某些功能面设置不够,造成使用过程中出现拥堵),又不出现某些功能的冗余(即功能闲置,没有发挥作用)。

(2) 工程的设计质量应是均衡的,最好各个功能区和专业工程系统能够均衡地达到预定的使用寿命。

(3) 功能面之间、专业工程系统界面之间无障碍,能够形成高效率运行的整体。

(4) 工程与周边环境的协调。工程同时也是城市大系统中的一个子系统。它的功能面和专业工程系统发挥作用需要外界提供条件,如需要外界提供水、电、交通,并向外排出垃圾、废水等。所以工程的许多功能面和专业工程系统与环境系统存在界面和接口。工程系统必须同外界环境相关子系统之间协调一致。

只有实现这种协调与平衡,才能保证工程安全、稳定、高效率地运行。

2.2 工程系统构成案例

2.2.1 杭州地铁工程系统

杭州地铁一号线工程是浙江省的首条地铁线路(见图2-4),于2007年动工,2012年正式运营。它的系统结构如下。

1. 功能区的划分

(1) 车站:江陵路站、近江站、婺江路站、城站站、定安路站、龙翔桥站、凤起路站、武林广场站、西湖文化广场站、打铁关站、闸弄口站、火车东站站、彭埠站、七堡站、九和路站、九堡站、客运中心站等。

各个车站还会划分为不同的子功能区,如出入口通道、地下大厅、票务、服务中心和洗手间等。

(2) 区间段:为两车站之间的隧道或高架桥。

(3) 车辆段基地。

(4) 总控制中心。

(5) 办公行政大楼。

(6) 变电所等。

图2-4 杭州地铁一号线线路

2. 地铁的专业工程系统

上述功能区是由一些专业工程系统组合而成的,将专业工程提取出来,主要有建筑、土建结构工程、给水排水工程、照明、空气调节工程、装饰工程、综合布线工程、隧道工程、轨道工程、电梯工程、动力工程、消防工程、设备安装工程、供电系统、机车工程、自动检售票系统(AFC)、环境监控系统、各种防灾报警系统(FAS)、各种信号系统(ATS、ATP、ATO等)、各种通信系统(有线、无线)、广播系统、报时系统、闭路电视系统等。

大家一走进地铁就会看到各个系统的运作,体会到各个功能面和各个工程专业子系统的作用。

2.2.2 沪杭高速公路工程系统

沪杭高速公路是 1993 年 2 月国家计委批复同意建设的高速公路,是沪(上海)杭(杭州)甬(宁波)高速公路的重要组成部分。沪杭高速公路于 1995 年 9 月正式开工,分为上海段和浙江段,1998 年 12 月 29 日,沪杭高速公路上海段、浙江段同步建成并通车,它的工程系统结构分解如下。

1. 功能区的划分

(1) 各路段道路、桥梁(包括互通式立交、匝道)。
(2) 管理和监控中心:设高速公路指挥中心。
(3) 服务区:枫泾服务区、嘉兴服务区、长安服务区,共 3 个服务区。
(4) 收费站:全线设莘庄、枫泾和大云 3 个主线收费站(见图 2-5)。
(5) 出入口:设 23 个互通出入口和枢纽。
(6) 救助中心、气象监测站等。

图 2-5 沪杭高速主线收费站

2. 高速路的专业工程系统

上述功能区是由一些专业工程系统组合而成的,包括:公路路网规划、道路工程(路基工程、路面工程等)、交通工程、桥梁工程(桩基础工程、下部结构工程、上部结构工程等)、建筑、土建结构工程、给水排水工程及污水处理系统、绿化工程、机电系统、环境监控系统、交通安全设施工程(标志、标线、护栏、隔离栅、防眩晕、防落物网、防反光等设施)、供配电工程、照明工程、各种通信工程(光纤数字传输系统、光纤视频传输系统、程控数字交换系统、指令电话系统、紧急电话系统、交通、安全、气象等信息提示系统等)、监控系统工程、通道涵洞系统、装饰工程、服务设施(加油、汽修、停车、洗车、客房、购物、餐饮等)、收计费系统、事故排障系统、路外防护工程、气象检测系统、运行维护系统等。

2.3 工程相关领域

2.3.1 建设工程投资领域

随着我国国民经济和社会发展,各主要工程领域建设欣欣向荣,为人们提供各种产品和服务;同时,这些建设投资又极大地促进了我国国民经济和社会的发展。

2020年,全年全社会固定资产投资527270亿元,比上年增长2.7%。其中,固定资产投资(不含农户)518907亿元,增长2.9%。分区域看,东部地区投资比上年增长3.8%,中部地区投资增长0.7%,西部地区投资增长4.4%,东北地区投资增长4.3%。2016—2020年,我国固定资产投资额和增长率见表2-1。

表2-1　2016—2020年我国固定资产投资额和增长率

年份	2015年	2016年	2017年	2018年	2019年	2020年
投资额/亿元	562000	606466	641238	645675	560874	527270
比上一年增长	9.8%	7.9%	7.0%	5.9%	5.1%	2.7%

备注:根据第四次全国经济普查、统计执法检查和统计调查制度规定,对2018和2019年固定资产投资数据进行修订,2020年增速按可比口径计算。

资料来源:中华人民共和国国家统计局统计公报。

2.3.2 房地产业

从近5年主要领域固定资产投资额可见,在我国整个社会的固定资产投资中,房地产业是仅次于制造业的第二大投资领域。

1. 房地产的概念

房地产是指房产和地产的总称,包括土地和土地上永久建筑物及其所衍生的权利。房地产属于国民经济第三产业大类。主要包括如下产业活动。

(1) 土地开发和再开发。

(2) 房屋开发和建设。

(3) 地产经营,包括土地使用权的出让、转让、租赁和抵押。

(4) 房地产经营,包括房产(含土地使用权)买卖、租赁、抵押等。

(5) 房地产中介服务,包括信息、咨询、估价、测量、律师、经纪和公证等。

(6) 房地产物业管理服务,包括家居服务、房屋及配套设施和公共场所的维修养护、安全管理、绿地养护、保洁、车辆管理等。

(7) 房地产金融服务,包括信贷、保险和房地产金融资产投资等。各个专业学科在工程中承担不同的角色。

2. 我国房地产业的发展

我国房地产业的发展始于1984年,国家颁布了《国民经济行业分类》标准和代码,第一次将房地产业列为独立的行业。

1998年以后,伴随着住房制度改革的不断深化及房地产金融信贷政策的调整,房地产业重新进入平稳、快速发展的时期,取得了举世瞩目的成就。自2015年以来,我国房地产年完成投资额依然保持稳定增长趋势,由2015年的95979亿元增长到2020年的141443亿元(见图2-6),年完成投资额平均增速基本保持在9%以上,房地产依然是国民经济的支柱产业之一。

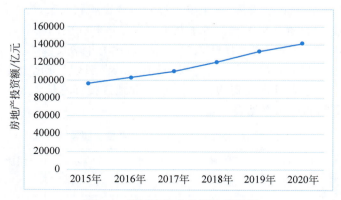

图2-6 我国房地产业投资的发展

2.3.3 建筑业

1. 建筑业的概念

与工程建设关系最密切的行业是建筑业。

(1)广义的建筑业,不仅包括房屋建筑、桥梁、堤坝、港口、道路等建筑(构筑)物建造施工,线路、管道、设备安装及建筑物装饰装修,还包括相关的建设规划、勘察、设计、技术、管理、咨询等服务活动,以及建筑构配件、建材生产、建筑环境设施的运行、相关的教育科研培训等活动。

(2)狭义的建筑业,是按照标准《国民经济行业产业分类》(GB/T 4754—2017)确定的范围,包括房屋建筑工程和土木工程的建造、设备、线路、管道安装、装饰装修等(见表2-2)。

表2-2 建筑业(门类:E)的产业内容一览表

代 码		名 称
47		房屋建筑业
48		土木工程建筑业
481		铁路、道路、隧道和桥梁工程建筑
	4811	铁路工程建筑
	4812	公路工程建筑
	4813	市政道路工程建筑
	4819	其他道路、隧道和桥梁工程建筑

续表

代　　码		名　　称
482		水利和内河港口工程建筑
	4821	水源及供水设施工程建筑
	4822	河湖治理及防洪设施工程建筑
	4823	港口及航运设施工程建筑
483	4830	海洋工程建筑
484	4840	工矿工程建筑
485		架线和管道工程建筑
	4851	架线及设备工程建筑
	4852	管道工程建筑
489	4890	其他土木工程建筑
49		建筑安装业
50		建筑装饰和其他建筑业

2. 我国建筑业企业状况

根据第四次经济普查结果，截至2018年年底，全国共有建筑业企业法人单位121.8万个，较2013年增长250.5%，其中，内资企业占99.8%，为121.6万个；港、澳、台商投资企业和外商投资企业合计占0.2%，共有0.28万个。从业人员5808.9万人，较2013年增长9.2%，其中，内资企业占99.6%，为5785.1万人；港、澳、台商投资企业和外商投资企业合计占0.4%，共有23.8万人。2018年建筑业企业法人单位和从业人员情况见表2-3。

表2-3　2018年建筑业企业法人单位和从业人员情况（按登记注册类划分）

企业性质	企业法人单位/万个	从业人员/万人
内资企业	121.6	5785.1
国有企业	0.3	96.1
集体企业	0.5	113.7
股份合作企业	0.05	9.3
联营企业	0.01	1.3
有限责任公司	17.8	2059
股份有限公司	1.2	278.4
私营企业	101.6	3226.6
其他企业	0.02	0.8
港、澳、台商投资企业	0.2	16.2
外商投资企业	0.08	7.6

备注：数据来源于国家统计局。

建筑业企业法人单位中，房屋建筑业占21.4%，为26.1万个；土木工程建筑业占20.6%，为25.1万个；建筑安装业占15.0%，为18.2万个；建筑装饰、装修和其他建筑业占43.0%，为52.4万个。

建筑业企业法人单位从业人员中，房屋建筑业占61.8%，为3591.2万人；土木工程建筑业占18.9%，为1095.3万人；建筑安装业占6.6%，为383.4万人；建筑装饰、装修和其他建筑业占12.7%，为739万人。2018年建筑业企业法人单位及从业人员情况见表2-4。

表 2-4　2018 年建筑业企业法人单位及从业人员情况（按行业种类划分）

	企业法人单位/万个	从业人员/万人
房屋建筑业	26.1	3591.2
土木工程建筑业	25.1	1095.3
建筑安装业	18.2	383.4
建筑装饰、装修和其他建筑业	52.4	739

备注：数据来源于国家统计局。

2018 年，建筑业企业法人单位资产总计 342355.6 亿元，比 2013 年增长 104.2％，负债合计 223073.8 亿元，全年实现营业收入 256277.9 亿元。2018 年建筑业企业细分产业经济情况见表 2-5。

表 2-5　2018 年建筑业企业细分产业经济情况　　　　　　　　　　单位：亿元

	资产总计	负债合计	营业收入
房屋建筑业	144265	92030.9	137640.9
土木工程建筑业	140336.8	93453.8	74793.7
建筑安装业	21127.7	19410.2	18285.9
建筑装饰、装修和其他建筑业	36626	18179	25557.4

备注：数据来源于国家统计局。

思 考 题

1. 简述工程系统结构的联系。
2. 查阅本校所设置的工程类专业，了解该专业在工程中的作用。
3. 列举所遇到的工程，并说明其所属类别。
4. 以家里新房装修的工程为例，列举该工程所包含的专业工程系统。
5. 列举一些你所知道的与工程建设相关的企业。

第 3 章 工程的价值体系

学习目标

通过本章的学习,了解价值和工程价值的概念;熟悉工程价值体系包括工程的目的和使命、工程准则,以及工程总目标;掌握在工程中对价值体系指标的选择和定位由人们的工程观决定。

3.1 工程价值体系的概念

工程的价值体系是工程和工程管理的灵魂。

3.1.1 价值的基本概念

(1) 价值是揭示外部客观世界对于满足人的需要关系,是具有特定属性的客体满足主体需要的效用关系。价值是客体所具有的能满足主体多方面需要(包括物质的、精神的)的属性,有其客观性。价值必须在客体的属性与主体的需求之间实现统一。

(2) 按照马克思的劳动价值论,一切商品具有使用价值和价值双重属性,商品的价值都是由人的劳动创造的,其价值量由生产商品的社会必要劳动时间决定。

在市场上,价值由价格来衡量,价格形成的依据是生产这一商品所需的社会必要劳动时间。

(3) 在工程界,人们将价值定义为功能与成本之比,即:

$$V = F/C$$

式中: F ——功能(包括产出、作用、收益等);

C ——成本(包括投入、代价、付出等)。

这种定义更适合于工程的价值体系构建、价值分析、价值工程和价值管理等方面。

3.1.2 工程价值的内涵

将价值的概念延伸到"工程",工程价值的内涵如下。

(1) 工程价值是工程产品和服务对社会需要的满足关系和满足程度,是工程对社会所具有的作用,如具有提供产品或服务的能力,而人们(社会、市场)又需要这种产品或服务。

(2) 工程价值是凝结在工程中的社会必要劳动时间的总和。工程(如工业工程、住宅工程、制造业工程等)也是商品,具有一切商品的属性,也符合价值规律。其社会必要劳动时间包括了在工程中的各种资源(材料、设备、劳动力、技术)和资金的投入,实际上就是工程的建造费用(生产成本)和应得利润,它决定了工程价值的最初禀赋。但工程是特殊商品,其价值除了凝结在工程中的社会必要劳动时间以外,还有环境和城市的转移价值。

(3) 工程价值是功能和成本之比。

① 工程的功能,即工程的作用,是使用功能、经济功能、社会功能、环境功能和文化功能等的融合。

- 工程为社会提供产品或服务的能力,即工程的基本功能。
- 工程的经济作用。通过工程的建设和运行,获得经济收益,它大于工程的经济投入,实现增值。
- 工程的社会作用。通过工程建设促进各行各业的发展,提高人们的物质和文化生活水平,提供更多的就业机会和发展机遇。
- 工程的生态作用。如通过生态建设改善生态环境,采用措施净化污水和空气,保护濒危野生动植物,保持水土稳定。
- 工程的文化作用。如教堂、庙宇、祭坛、大礼堂、图书馆、博物馆、纪念堂等都是具有文化功能的工程。如建筑艺术提升城市文化品位;工程推动科技发展,对科技成果的检验功能等。

② 广义的工程成本——代价。

- 工程投入一般指工程全寿命期中所消耗的物质资料、自然资源和社会资源的总和,如土地、材料、能源、资金、劳动力、技术等。它反映了工程在全寿命期中,直接或间接耗费的全部的物质、能量和信息。
- 在工程全寿命期中产生的负面的产品,如废气、污染物,需要花费环境成本进行处理。
- 工程对其他方面的负面影响,如拆迁带来的社会影响,对身体健康和安全的影响,需要支出社会成本等。

由于工程的作用和代价都是多方面的,构成非常复杂,因此,工程价值构成要素就更为复杂,从而带来工程价值体系的复杂性。

3.1.3 工程价值的特点

(1) 工程价值随工程全寿命期过程产生、发挥作用和灭失,具有与工程系统相似的过程,有自身发展和变化的规律性,如图 3-1 所示。

图 3-1 工程价值的演变过程

① 前期决策阶段是工程的"价值规划"阶段。
② 工程建设阶段是"价值形成"阶段。
③ 工程运行阶段是"价值实现"阶段。在运行阶段,还会通过工程的更新改造使工程增值。

④ 拆除阶段是"价值灭失"阶段。

（2）工程的价值是有形价值与无形价值的统一。

① 有形价值反映工程本身作为一个技术系统的实体性，能够生产产品和提供服务，发挥功能作用。

② 无形价值在于它的社会价值、文化价值等，包括它所产生的声誉、影响。如图3-2所示的长城，图3-3所示的都江堰工程，许多工程都有很大的无形价值。

图3-2　万里长城

图3-3　都江堰工程

（3）工程价值是工程本身价值与自然环境、文化教育、经济、社会诸方面价值的统一。

工程本身价值体现在对投资者可以提供资金增值，对用户提供产品或服务，承包商直接通过工程获得营业额和利润等。同时，通过工程的建设和运行可以改善自然环境，促进文化繁荣，促进科学技术的发展，促进国民经济的发展，提升国家、地区、城市的形象等。

（4）工程价值是现实价值、未来预期价值与历史价值的统一。

① 现实价值是通过工程建设和提供产品或服务实现的价值，是工程立项的出发点和最主要的依据。

② 未来预期价值，就是工程能够带来预期收益，或将来有贡献，或为了将来发展的需要。由于社会变化，产生新的问题、新的环境状态，会使工程未来的价值发生很大的变化。

③ 工程的历史价值，即能够长远地服务于当地经济和社会，或作为国家和民族的历史印证，反映建筑文化和建筑技术等。我国许多古镇、古代建筑体现了它的历史价值。由于工程价值实现在时间上和空间上是分层次的，常常很难统一；有些工程"弊在当代，利在千秋"，如郑国渠，就是历史上工程价值祸福相依的典型案例，如图3-4所示；但有些工程却相反，还有一些化工厂遗址的生态复原需要很多年时间和很大的投入，如图3-5所示。

（5）工程的作用和影响的多样性，带来工程价值的多元性，使工程价值体系具有综合性的特点。

（6）工程价值是个体价值和群体价值的统一。

各个工程相关者参与工程，有不同的利益追求和利益关系；工程有总体价值，是相关者各个体价值综合平衡的结果。由于工程相关者众多，存在复杂的利益矛盾和冲突，使工程价值体系构建和评价十分困难。

图 3-4　郑国渠

图 3-5　长乐源工业遗址

(7) 工程价值是客观性和主观性的统一。

工程价值的最终实现是客观的,不以人们的意志为转移的。有什么样的价值追求,就会有什么样的工程。具体工程价值体系的设立反映人们的价值追求,具有主观性;价值规划过程是主观的,但各类价值指标能否实现又是客观的,如指标定得太高、不切实际,就很难实现。

3.1.4　工程价值体系的构成和实现保障

1. 工程价值体系的构成

工程价值体系是人们对工程价值追求的总和,是对工程总体作用、影响和相关者各方利益追求的综合和抽象,反映工程的整体特性,如图 3-6 所示。

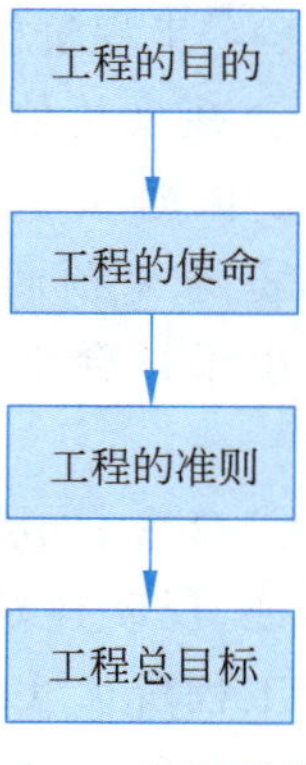

2. 工程价值体系的实现保障

(1) 工程的价值体系(总目标)是通过工程的实施工作实现的。这些工作构成工程各个阶段的实施过程。它们涉及各个专业工程的设计、制造、施工(安装)、运行维护工作,以及相关的研究、创新和系统集成工作等,其中也包括工程管理工作。

(2) 工程实施工作的主体(承担者)构成工程组织系统,包括投资者、业主、设计单位、承包商、供应商、运行单位、技术咨询单位、工程管理单位等。工程总目标的实现需要工程参与者的共同努力,他们应有共同的价值追求。

图 3-6　工程价值体系

(3) 各个专业工程理论和方法。工程组织成员要完成各自工作,必须有先进和科学的专业工程理论、技术和方法。它们构成整个工程的理论和方法体系。

(4) 每个工程专业有各自的实现手段和工具,这构成工程的手段和工具体系。目前,在我国工程中并不缺少实现手段和工具,许多专业工程的设计和施工技术在国际上都是一流的,计算机和信息工程硬件和软件基本上与国外同步。

工程价值体系必须落实在工程和工程管理的各方面,指导工程领域中各个工程专业和工程管理专业的创新。由于各工程专业都是为工程整体服务的,所以工程价值体系的统一性和整体性决定了工程专业体系的相关性。

3.2　工程的目的和使命

3.2.1　工程的目的

目的是工程的初始命题，是"公理"，是引导出其他命题的基本命题。工程起源于一个具体的目的，如通过建成后的工程运行，为社会提供符合要求的产品或服务，以解决人类社会经济和文化生活的问题，满足或实现人们的某种需要，可能是战略的、社会发展的、企业经营的、科研的、军事的要求，例如：改善居住、交通、能源应用等物质条件，提高物质生活水平；丰富人们的社会文化生活，特别是精神生活的需要；进行科学研究，探索外层宇宙空间，探索未知世界。科学、健康而理性的目的是一个工程良好的出发点，是工程的"原动力"，对工程的各方面都会产生影响。

3.2.2　工程的使命

使命是指重大的责任，由于现代工程投资大，消耗的社会资源和自然资源多，对社会的影响大，工程建成后的运行期长，所以工程承担很大的社会责任和历史责任。

（1）提供符合要求的产品或服务，满足业主、用户或工程的上层系统（如国家、地区、城市、企业）的要求。

（2）承担社会责任。工程必须为社会做出贡献，不造成社会负担，降低社会成本。工程必须不污染自然环境，不破坏社会环境，考虑社会各方面的利益，赢得各方面的支持和信任。

（3）承担历史责任。工程不仅要满足当代人的需求，而且要能够持续地符合将来人们对工程的需求，承担历史责任，实现它的历史价值。

3.2.3　工程的准则

工程的准则是在工程过程中做决策、计划和控制，解决一些重大问题所依照的基本原则。这些重大问题主要包括工程与自然、当代与后代、工程与人、工程与社会的关系，如图 3-7 所示。工程准则应体现在工程总目标中，作为评价工程成功的尺度，同时作为人们的道德准则，约束人们的工程行为。

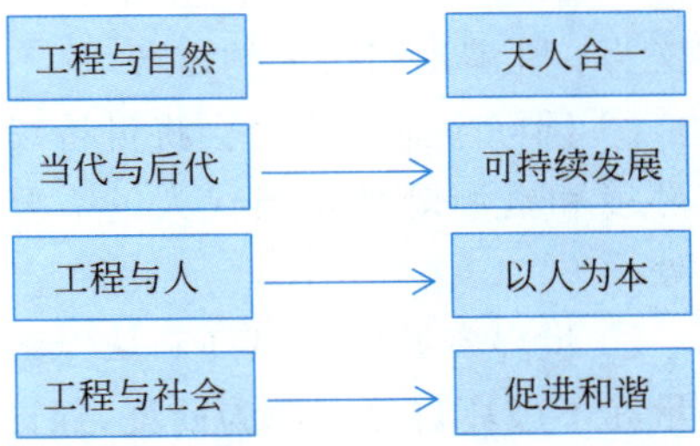

1. 敬畏自然

工程活动要遵循自然规律和法则，与大自然和平共处，做环境友好型工程。

（1）现代工程解决与自然关系的基本理论。

① 生态平衡论。以原生态状况为标杆，保证在一定时间和一定区域范围内，生物资源量相对稳定，从而使该生态系统的结构和功能也能处于相对稳定的状态，维护自然界的整体性和生物多样性。

图 3-7　工程重大关系与准则

② 环境友好论。追求经济、生态、社会平衡发展，节约资源、保护环境和减少对生态环境的污染，以达到人与自然、人与社会和谐发展的目标。

(2) 环境友好型工程的要求。

总体要求：应用绿色经济和循环经济的理论与方法，通过有益于环境，或与环境无对抗的工程行为，使工程与环境协调，实现工程目标，建立人与环境良性互动的工程关系。

① 工程活动影响不超过生态环境的承载能力，追求工程与自然生态环境的和谐。减少对环境的影响，保护生态平衡，减少污染，降低排放，建设低碳消耗、绿色工程。

② 在达到工程功能和质量目标的前提下，节约使用自然资源，特别是不可再生资源，如能源、水、木材、钢材、土地等。在资源使用上体现循环经济三原则：

- 减量化原则；
- 再使用原则；
- 再循环原则。

③ 工程要有环境保护系统，有完整的环境保障体系，如绿化工程、三废处理的设施、环保和清洁技术等。

(3) 环境是许多工程的热点，如近年陆续推出了"绿色建筑""生态小区""节能小区""低碳城市"等。如图 3-8 所示，奥运工程就以"绿色奥运"作为口号。如图 3-9 所示，青藏铁路建设也是环境友好型工程的典范。

图 3-8　北京奥运工程——鸟巢

图 3-9　青藏铁路

2. 可持续发展

(1) 可持续发展的概念。

① 1987 年，联合国世界环境与发展委员会报告《我们共同的未来》中，"可持续发展"被定义为：既满足当代人的需要，又不对后代满足其需要的能力构成威胁的发展。

② 国际生态学联合会将可持续发展定义为：保护和加强环境系统的生产和更新能力，使环境和资源既满足当代人的需要，又不对后代的发展构成威胁，做到人与环境持续和谐相处。

③ 世界资源中心(WRI)从经济属性出发定义可持续发展：经济发展应以不降低环境质量和不破坏自然资源为前提，保证代际公平、社会公正、境外责任原则。

④ 我国可持续发展战略核心是：在资源可持续利用和良好的生态环境基础上，保持经济增长的速度和质量，谋求社会的可持续发展。

(2) 可持续发展准则体现了工程的历史责任,涉及工程的社会、经济、环境、资源等各个方面。

① 工程建设不应只顾眼前的经济利益,更应充分考虑对于环境产生的长期影响,节约资源,为后代留下进一步发展的自然资源、土地和空间。

② 工程应能够促进国家、地区的社会、经济健康和可持续发展,促进地区经济的繁荣与稳定。应持续地符合将来社会对它的要求,要经得住时间的考验。

③ 工程自身有可持续能力,能够长期、健康、稳定、高效率地运行,能够"健康长寿",使工程本身能够实现可持续发展。

3. 以人为本

(1) 工程是为人服务的,人是工程最终服务的对象。

现代工程及工程所创造出来的产品或服务,如果人没有办法享用,甚至由于没有考虑人的特点与限制而造成使用时的困扰,就完全失去了工程的意义。

(2) 以人为本需要人性化设计和人性化管理。

通过完备的人性化设计,使工程产品能更体贴和善解人意,充分考虑用户的便利,为用户提供更加安全、稳定、快捷、高效、方便、舒适的服务,建设符合人性化要求的工程,以促进生活质量的提升。在工程运行中,保护操作人员的健康和安全;使维护人员能够方便地进行工程维修;同时减少对周边居民的干扰。如为老人、儿童、残障人士设计特殊设施。保证施工期间施工人员和周边人员的安全、健康,保护基层施工人员和生产人员的切身利益。

4. 促进社会和谐

(1) 工程不仅要考虑业主、政府、投资者、用户的需求、目标和利益,而且要充分考虑原址上的居民和周边居民的利益和要求,使各方面满意,使社会更加和谐。

(2) 工程要关注大众,重视社会基层和乡村,应有助于社会的转型和文化的发展。

(3) 让社会各方面介入重大工程的决策过程,让公众更好地理解工程,加强工程与社会公众之间的交流。

(4) 在可行性研究和计划制订中,要论证工程的社会价值与应用前景,预测可能的社会影响。在工程施工中,及时发现和解决各类偏离违背社会目标的问题。在工程运行中,系统评价工程的结果、产出与社会影响,分析其预期社会价值目标的实现情况。

3.2.4 工程总目标

1. 概述

(1) 总目标是人们预先设立工程所达到的结果状态的总体描述,是具体化的工程价值追求。它体现现代工程的作用、工程系统结构、全寿命期过程的特殊性;体现工程的目的和使命,反映工程准则。工程总目标体系如图 3-10 所示。

(2) 目标是工程管理的基本"命题",具体决定专业工作和管理工作内容。工程管理的许多职能、流程和方法等都由目标决定的,或由目标引申出来的,如建设工程项目的内涵:早期由三大目标(质量、工期、成本)产生三大管理,后来又提出 HSE(健康、安全、环境)目标,就有了 HSE 管理。

（3）工程目的和目标的差异。目的是概念性的、理念性的，总体的大框架，具有超前性，对工程具有指导作用。目标是具体的，有指标，能够比较具体地定量或定性描述，可以进行考核和评价，对工程活动和各方面行为有更直接的决定作用。

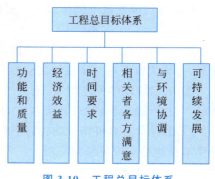

图 3-10　工程总目标体系

2. 功能和质量

工程质量是反映工程满足规定和潜在需要能力的特性总和，它包括许多方面的要求。

1）功能要求

能够提供符合预定功能要求的产品或服务，实现工程的使用价值，包括满足预定的产品特性、使用功能、质量要求、技术标准等。例如：汽车厂生产的汽车，以及相应的售后服务符合质量要求；地铁能为乘客提供安全、舒适、人性化的服务；学校为学生提供学习活动场所。

2）工程质量

（1）工程的技术系统符合预定的质量要求，达到设计寿命。如汽车制造厂的厂房、所用材料、设备、各功能区（单体建筑）和专业工程系统、整个工程都达到预定的质量要求。

（2）工程系统运行和服务有高的可靠性。工程运行的可靠性高、平均维修间隔时间长、故障少、失败概率小、系统耐久性好。

（3）工程系统运行有高的安全性，不能出现人员伤亡、设备损害、财产损失等问题。

（4）工程系统的运行和服务符合人性化的要求，人们可以方便、舒适地使用工程。

（5）工程具有可维修性。能够方便、迅速、低成本地进行工程维修，使维修可达、可视、经济，维修时间短，维修安全，检测诊断准确，有较好的维修和保障计划。

3）工程建设和运行过程中的工作质量

（1）工程规划和设计质量。

① 工程系统规划的科学性。

② 设计标准、技术标准的选择。

③ 设计工作质量，如设计图纸清晰、正确、简洁。

④ 设计方案的质量，如具有可施工性。

（2）工程施工质量。工程施工过程是工程实体的形成过程，施工质量是工程实体质量的保证，在施工中建立严格的质量控制程序，对工程的材料、设备、人员、工艺、环境进行全面控制，发现工程质量问题要认真处理。

（3）工程管理工作的质量。通过科学的决策、计划和控制过程，保证工程和工作质量。

（4）工程运行维护工作的质量。如持续地进行健康监测，及时维护，定期维修保养等。

3. 经济效益

1）工程全寿命期费用目标

工程全寿命期费用的节约和优化，是指追求在全寿命期中生产每单位产品（或提供单位服务）平均费用最低。涉及：①建设总投资目标，包括工程建成、交付使用前的所有投入的费用，通常由土地费用、工程勘察费用、规划、设计、施工、采购、管理等费用构成；②工程的运行维护、产品和服务的生产费用目标。

上述两种费用存在一定的关系：提高工程质量（或技术标准），增加工程建设总投资，在使用过程中运行维护费用（如维修费、能耗、材料消耗、劳动力消耗）就会降低。降低工程质量标准，减少建设总投资，就会增加工程运行费用。

2）工程的其他社会成本目标

工程的其他社会成本指工程全寿命期中由于工程的建设和运行导致社会其他方面支出的增加。例如，在建造或维修一条高速公路期间，有许多车辆绕路所多消耗的燃料和车辆的磨损开支；在招标投标过程中，许多未中标投标人的投标开支；使用低价劣质、污染严重的材料，尽管工程建设投资减少，但导致工程使用者健康受损，使社会医疗费用支出增加；许多工程为了节约投资，减少环境治理设施的投入，使工程产生的三废（废水、废气、废渣）的排放得不到有效治理，导致河流污染，国家再投资更多的钱治理环境污染。

如在 20 世纪 90 年代，我国太湖的污染严重，其中重要的原因就是由于几十年来周边工程建设和运行直接向太湖排污而造成的，国家不得不花费大量的资金进行水环境综合治理。这些治理资金就是过去在太湖周边的工程建设和运行的社会成本。

3）取得高的运营收益

工程是通过向产品和服务的使用者出售产品、提供服务而取得收益的。工程的运营收益有许多指标，如产品或服务的价格、工程的年产值、年利润、年净资产收益、总净资产收益、投资回报率等。

4．时间目标

（1）工程的设计寿命期限和工程的实际服务寿命。

（2）在预定的工程建设期内完成。它有两个重要方面：①工程建设的持续时间目标，即必须在限定时间内完成；②工程建设的历史阶段范围，如 2017 年 1 月至 2020 年 12 月内进行。因此，工程建设的时间限制通常由工程开始时间、持续时间、结束时间等构成。

（3）投资回收期。投资回收期用来反映工程建设投资需要多久才能通过运营收入收回，达到工程投资和收益的平衡。

（4）工程产品（或服务）的市场周期。例如，南京地铁一号线预定建设期 5 年，运行初期 8 年，达到设计运行能力的时间为 15 年，而设计年限为 100 年。

5．相关者各方满意

1）重要性

在现代企业管理和工程管理中，相关者满意已经作为衡量组织成功的尺度，是工程顺利实施的必要条件，是工程成功最重要的因素。要使工程相关者满意，必须在工程中照顾到各方面的利益。工程总目标应包容各个相关者的目标和期望，体现各方面利益的平衡。所以在工程中，必须研究：谁与本工程利害相关？他们有什么目标？期望从工程中得到什么？如何才能使他们满意？在工程全寿命期中关注他们的利益，注意与他们沟通。

2）工程相关者各方面的期望

工程相关者参与工程过程有不同的动机和目标（期望和需求）。他们的利益存在矛盾和冲突。在现代社会，工程的技术难度在相对减小，而工程相关者利益的平衡是非常困难的。工程主要相关者的目标或期望如表 3-1 所示。

表 3-1 工程主要相关者的目标或期望

工程相关者	目标或期望
用户	产品或服务的价格、安全性、人性化
投资者	投资额、投资回报率、降低投资风险
业主	工程的整体目标
承包商和供应商	工程价格、工期、企业形象、关系(信誉)
政府	繁荣与发展经济、增加地方财力、改善地方形象、就业和其他社会问题
运行单位	工作环境(安全、舒适、人性化)、工作待遇、工作的稳定性
工程周边组织	保护环境、保护文物和景观、工作安置、拆迁安置或赔偿、对工程的使用要求

6. 与环境协调

(1) 工程的环境目标越来越具体化、定量化,对工程费用、工期、功能和质量的影响也越来越大。从工程管理的角度来看,环境是多方面的,包括自然和生态环境、政治环境、经济环境、市场环境、法律环境、社会环境等。工程与环境协调涉及工程全寿命期,包括工程的建设过程、运行过程、最终拆除,以及将来的土地生态复原。由于工程全寿命期很长,环境又是变化的,必须动态地看待工程系统与环境的关系,注重工程与环境的交互作用。工程环境问题不仅仅是指工程红线内环境,而是大环境的概念。

(2) 工程与环境协调目标的主要内容。

① 工程与生态环境的协调。这涉及以下几点。

- 在建设、运行(产品的生产或服务过程)、产品的使用、最终工程报废过程中影响环境的废渣、废气、废水排放或噪声污染等,应控制在法律规定的范围内。
- 工程的建设和运行过程尽量减少对植被的破坏,避免水土流失、动植物灭绝、土壤被毒化、水源被污染等,保障健康的生态环境,保持生物多样性。
- 采用生态工法,减少施工过程的污染,在建设和运行过程中使用环保材料等。
- 工程方案要尽量减少土地的占用,节约能源、水和不可再生的矿物资源等,尽可能保证资源的可持续利用和循环使用。
- 建筑造型、空间布置与环境整体和谐。

② 继承民族优秀建筑文化。

不损害已有的文化古迹,在建筑上应体现对民族传统文化的继承性,具有较高的文化品位,丰富的历史内涵,符合或体现社会文化、历史、艺术、传统、价值观念对工程的整体要求。

③ 工程与上层系统有良好的协调性。如在能源供应、原材料的供应、产品的销售等方面与当地的环境能力相匹配。

④ 避免工程的负面社会影响,避免产生社会动荡,不破坏当地的社会文化、风俗习惯、宗教信仰和风气等。

⑤ 在工程的建设和运行过程中符合法律法规要求,不带来承担法律责任的后果等。

7. 可持续发展能力

工程可持续发展是社会可持续发展最重要和最具体的部分。工程的可持续发展要求人们既关注工程建设的现状,又要有对历史负责的精神,注重工程未来发展的活力,体现人与自然的协调,符合科学发展观。

1) 对地区和城市发展有持续贡献的能力

工程必须符合城市或地区的可持续发展的总体要求,推动该城市或地区的可持续发展。这是体现工程对城市或地区的宏观影响的指标。我国近几十年来提出的城市建设和发展概念,如国家卫生城市、国家园林城市、国家历史文化名城、国家环境保护模范城市、全国绿化模范城市、国家低碳示范市、国家森林城市、国家新能源示范城市、海绵城市、智慧城市、特色小镇等,几乎都是通过工程建设实现的。

城市或地区的可持续发展能力,通常包括四大类指标,每大类指标又由许多小指标构成。工程建设和运行会引起一些指标的变化,就是工程对地区和城市可持续发展的影响。

（1）社会发展指标,可以细分为以下几点。

① 人口:总人口、人口增长率、人口年龄构成、人口密度、平均寿命、城市化水平、绝对贫困人口的比例等。

② 就业结构:劳动力总量、就业率、失业率、就业结构等。

③ 教育:居民受教育程度、学校数量、成年文盲率、社会犯罪率等。

④ 基础设施:每千人拥有公共交通设施数量和增长率、人均住房面积、供水增长率、人均消耗水平、残疾人设施等。

⑤ 社会服务和保障:服务保障体系、每千人拥有医生的数量等。

⑥ 其他,如促进社会福利、社会治理、公共参与、社会各层次的交融和开放、鼓励创新等。

（2）经济发展指标。可以细分为以下几点。

① 国民生产总值（GDP）。包括 GDP 年变化率、产业结构、各生产部门占 GDP 的比重、人均 GDP 等。

② 地方经济。如地方经济效益、财政收入增长率、地方产值等。

③ 工业化程度等。工程建设和运行会促进经济发展指标的提升,例如:增加建筑业产值,上缴税收,进而增加财政收入;增加钢材、水泥、燃料、电力的消耗,进而带动这些部门产品的需求,扩大生产,增加 GDP,提升工业化程度等。

（3）环境指标。可以细分为以下几点。

① 环境治理状况。包括三废的排放量及变化率、人均排放量、排放总量、三废处理率、城市噪声、大气悬浮微粒浓度等。

② 生态指标。如主要河流的水质情况、森林或绿地覆盖面及人均覆盖面积、水土流失面积及变化率、自然保护区面积、饮水合格程度、原物种、湿地与水体保护等。

③ 环保投资。包括环保治理投资、环保投资及占 GDP 的比重等。

在大多数情况下,工程对地区环境指标是有损害的,如要占用土地、破坏植被、污染水源、产生噪声。只有环保设施（如污水处理厂、垃圾焚化厂）建设工程,才会提高环境指标。

（4）资源指标。可以细分为以下几点。

① 资源存量。包括资源储量及变化率、资源的开发利用程度、资源破坏或退化程度等。

② 资源消耗指标。包括人均资源的占有量及消耗量、能源消耗增长率、每万元工业产值能耗、单位 GDP 的能耗与水耗、资源的输入量、资源的保证程度等。

工程的建设和运行通常会消耗大量的自然资源,导致资源指标的降低。对现有的工程设备或技术进行更新改造,使生产过程更为节能减排,才会提升这项指标。

2) 工程自身健康长寿

能长久地发挥效用,达到或超过设计寿命。

(1) 工程运行功能是持续稳定的,能长期地符合社会需求,善始善终。

(2) 工程系统有耐久性,使用寿命长。

(3) 工程有好的可维护性,能低成本运行。

(4) 工程要能方便更新和进一步开发,使更新和开发十分便捷、成本低且影响小。

① 工程功能和范围的扩展。如我国发电厂搞"小改大"。

② 工程功能的更新,使工程功能不断提高,方便进行产业结构的调整、产品转向和再开发。

③ 工程结构的更新,能够适应新的产品结构、生产过程的调整。

④ 工程物质的更新与加固。

⑤ 建筑文化的更新。要求工程造型、结构、空间布置有灵活性、实用性、可更新,具有发展余地。

(5) 具有防灾能力。

在工程全寿命期中,人为的或自然灾害是不可避免的,如地震、洪水、火灾、沉降、战争、爆炸、其他物体的冲击等。它们会在很大程度上影响工程寿命。工程具有防灾能力体现在以下几点。

① 有灾害监测预报和灾害防御能力。

② 在发生灾害时工程结构不易损坏,或灾害的损失小。

③ 应急反应快,灾后恢复重建方便。

这些必须通过工程的结构形式、监控系统、新材料等方面进行解决。

3) 工程拆除后仍然有可持续能力

(1) 能够方便地进行土地复原,方便地和低成本地复原到可以进行新工程建设的状态,或者还原成具有生态活力的土地。

(2) 工程拆除后废弃物的循环利用。

3.3 科学的工程价值观

3.3.1 概述

价值追求是人们进行工程的动因,决定了人们的工程行为。

(1) 工程价值体系的许多指标是互相矛盾、互相制约的,不可能都满足,或各指标都达到最好的水准。例如:工程的质量要求(安全性和可靠性)越高,则总投资就会越高;工程的设计寿命越长,总投资就越高;工期要求越短,工程的质量会越差;环境保护要求越高,总投资和全寿命期费用就会越高;建筑造型越新颖、越怪异、越不规则,工程的可施工性就会越差,材料和能源的消耗就会越大,投资就会越大;工程相关者各方面的利益存在直接冲突。这些矛盾在工程中普遍存在,工程中大量的矛盾、冲突、问题是由价值体系矛盾,以及人们对价值认知和追求的不一致引起的。

（2）在工程中，选择哪些价值指标，或以什么为重点，对某指标设置什么样的水准，常常由人们的工程观决定。工程观决定了人们对工程的价值追求，进而支配人们的工程行为。现代社会，科学技术越发达，人类认识自然和改造自然的能力就越强，工程能力越来越强，大型工程在技术层面上都能实现。如果人们的工程价值追求迷失，就会造成越来越大的负面影响和破坏性作用。我国目前工程界存在大量问题，如质量、工期、安全、环境污染事故等，其根源并不是技术的先进性问题，也不是管理能力问题，而是工程观的错乱导致工程价值体系的迷失。

（3）工程观是人们对工程的总体看法，是对工程基本属性、价值判断和追求的认知，对工程发展、文化，以及工程与自然、社会关系的根本观点和态度。

（4）工程观的特点。

① 工程观带有主观性，每个人都有自己的工程观。

- 人们社会地位不同，观察问题角度不同，因此就有不同的工程观。
- 工程观受人们与工程的利益关系的影响，具有鲜明的利益相关性。
- 工程观受制于人们的价值观，受人们对工程的理想、信念、使命感、历史和社会责任感的影响。
- 工程观具有时代性，受社会风气和社会道德的制约，随着时代、环境条件的变化而不断变化。

② 工程观是在工程实践中产生的，并应用于工程实践。

③ 工程观影响人们的工程行为，有什么样的工程观，就有什么样的工程行为，也就有什么样的工程。

（5）科学与理性工程观的内涵。

① 科学，即要尊重工程自身的客观规律，遵循科学的建设程序，在目标设置、决策、设计、计划和控制过程中应有科学精神，按照科学规律办事。

② 理性，即有理性思维、有逻辑性，作出合理的评价和决策，不能盲目乐观，也不能有"掩耳盗铃"的行为。科学和理性的价值选择，要算大账，算长远账，不仅算经济账，还要算"政治账"（如声誉、社会影响），如保护环境实质上就是保护人类自己，不尊重自然，人们将会受到自然的惩罚；只有利益相关者之间实现利益均衡，工程才会处于较高的和谐状态，才能够成功；保护文化古迹，不仅保护了文化传统，而且它们的价值也会越来越大；污染得不到治理的工程，其社会成本将是最高的；农民工问题、野蛮拆迁问题、环境污染问题等不能合理解决，会影响我们国家的形象。

3.3.2 工程基本价值的认知

工程的基本价值就是提供产品和服务，就是为了"用"，其次才是为了"看"。在实际工程中，还存在许多"潜在"的或隐含的价值追求，如单纯为拉动经济而投资建设工程；为提升城市或地区的形象而建设工程；某些部门或人员将工程作为显示政绩的工具，希望通过工程使自己在历史上留名等；有些工程技术出身的决策者，将工程作为展示自己技术能力或组织能力的平台，所以希望搞大工程、搞高难度的工程。这些价值追求对工程的影响很大，会扭曲工程的方向。

工程价值具有"双重性"。

（1）任何工程都存在着两面性：通过工程建设和运行创造和获得价值，但工程利弊同时存在，必须要付出相应的"代价"。一旦工程目标、实施方式、外部条件等确定后，工程代价已经确定，难以避免，不受人们评价标准或认识能力变化的影响，如需要投入土地、资金、资源和能源、技术、劳动力等；会产生一定的生态环境的破坏；需要进行大规模征地拆迁、移民等；会导致工程所在地风俗、传统习惯、地方语言、文物、非物质文化遗存等的灭失；使国民经济对工程建设投资产生"依赖症"，使国民经济结构失衡，发展方向迷失，发展没有后劲，甚至会产生破坏作用等。

如建设和运行一定规模的化工厂，对物质资源的消耗和生态环境的破坏都是一定的，需要占用多少土地，消耗多少原材料，排放多少有毒废水、废气、废渣，影响环境范围，都是客观的。

（2）工程代价伴随工程寿命期始终，有自身的规律性，有些影响甚至超出了工程活动的时间与空间范围。有些代价是隐性的，有些代价的显现需要一定的过程。如对生态的破坏有一个过程，对文化的影响也需要一些时间。

（3）工程对社会、生态、文化等外部环境系统的负面影响是长期的、历史性的、不可逆的，常常更为严重，所以更值得关注。由于科学技术的进步，工程能力越来越强，如果工程价值体系迷失，工程造成代价的影响和破坏力就会越大。

（4）可以通过工程目标优化、技术革新、环境保护等措施，减少、控制或改变工程的代价。在工程的决策中，要对工程的代价有科学和理性的认知。

3.3.3　工程发展观

工程自身具有矛盾性：工程决策是基于社会问题或经济发展现实的和近期的需求，但工程建成后却要运行50年甚至100年，有深远的历史性影响。

工程应该体现和服从国家的总体发展战略，坚持科学发展观。我国人口众多，土地和自然资源贫乏，环境脆弱，社会财富不丰富，社会发展水平并不高，对工程立项应非常慎重，对工程规模和技术方案的决策应有理性思维：对于社会问题、经济发展问题，能通过非工程建设手段解决的，最好不要建设工程；能少建就少建；能用旧的工程，最好用旧的工程；在满足功能要求的前提下，应尽量简朴，不要追求不必要的规模和奢华，也没有必要追求高难度的结构形式和怪异的建筑式样。

对建筑工程技术在科学领域中的地位要有理性认知。在100年前，建筑工程技术确实是科学技术的前沿，美国建设了世界第一高楼，就是科学技术发达的表现，是国力的象征，让美国炫耀了许多年。而由于现代科学技术的发展，在地球上建设一个工程已经不是科学前沿问题，其技术难度相对降低，世界第一高楼、第一大跨度或长度桥梁、第一大坝，在技术层面上的实现已非难事。

现代工程界应注重解决涉及整个自然界、社会和历史影响的问题，如符合保护环境的要求，降低污染，降低排放，建设低碳、绿色、生态的工程，建设和谐的、各方面满意的工程，建设全寿命期经济性良好的工程，建设符合人性化要求的工程等。

工程应着眼于工程全寿命期，摒弃近视和短视的工程行为，追求工程的健康长寿，要求工程不仅有耐久性、安全性、稳定性，而且有可维护性、可扩展性、全寿命期费用的优化等。

3.3.4 工程文化观

工程所具有的式样、艺术风格,以及所代表的艺术和文化特色,是工程的"血统",是工程所具有的基本禀赋,具有与工程实体相同的永恒性。工程的价值,随着时间的延伸,由它所蕴含的文化决定。建筑文化常常是由建筑设计决定的。一个传承于世的经典建筑是建筑师的丰碑,是它所代表的民族和时代文化的丰碑。

近几十年来,我国的许多标志性建筑,如国家大剧院、国家体育馆(鸟巢)、中央电视台主楼,都由国外的设计师设计,采用国外的设计方案,代表着国外的建筑文化,都不能作为我们这代人所做的反映我国文化的建筑。工程的艺术风格是由人决定(设计和选择)的。所以要建设富有文化和高品位的工程,应戒除浮躁心理,摒弃低俗的美学,避免急功近利的作风,不能只考虑近期需求、眼前利益、炒作和经济的满足。

工程文化在于其艺术内涵,而不是规模宏大、形式怪异、构造奇特、富丽堂皇。这样的追求常常展现社会的浮躁、虚荣和病态,对整个社会风气产生恶劣的影响,会引导人们追求奢华,不珍惜自然资源和社会财富。作为中国人,需要强化对中国文化的认知和自信,努力坚持传统的有中国特色和时代特色的工程文化,就像我们要用汉字、说汉语一样。

3.3.5 工程自然观

我国人口众多,土地资源匮乏。如果自然环境被破坏,会贻害子孙后代。工程需要大片土地,需要填河砍树、拆房移民等,同时需要消耗大量的自然资源和社会资源,应该以应有的慎重和敬畏进行工程。要有健康的自然观,敬畏自然,追求工程与自然的和谐;工程建设应因地制宜,追求生态平衡和保持生物多样性;在满足功能要求的情况下,应爱惜自然资源,追求节俭,珍惜财富;使工程低能耗和低碳,尽可能使工程资源能够循环使用。工程具有生物特性。要尊重工程自身的客观规律,遵循科学的建设程序,科学和理性地决策时间、设计时间。

思 考 题

1. 工程的目的是什么?它与业主的目的、承包商的目的有什么联系与区别?
2. 工程准则有哪些内涵?它们之间有什么相关性?
3. 讨论:工程总目标有哪些矛盾性?工程相关者各方面的需求如何在价值体系中得到平衡?
4. 在您所熟悉的工程领域中,哪些研究是处理工程与环境关系的?
5. 工程可持续发展能力有哪些内涵?以都江堰工程为例说明实现工程健康长寿的意义。
6. 讨论:在现代工程建设过程中有哪些保护生态环境的措施?

第 4 章　工程管理概述

学习目标

通过本章的学习,掌握工程管理的基本概念、工程管理的特征;明确从投资者、业主、工程管理公司、承包商、政府等不同角度的工程管理任务;了解我国工程管理的历史发展,包括古代、近代、现代工程管理的发展。

4.1　工程管理的概念

4.1.1　工程管理的定义

工程管理是指对工程策划、建设和运营过程的管理。在国外,工程管理有不同的表述。

(1) 美国大学教育:工程管理是集工程技术问题解决技能,组织、领导、规划管理能力于一身,以达到监督复杂工程从概念构想到实现的一项工作。

(2) 美国工程管理学会(ASEM):工程管理是对具有技术成分的活动进行计划、组织、资源分配,以及指导和控制的科学和艺术。

(3) 美国电气电子工程师协会(IEEE)工程管理学会:工程管理是关于各种技术及其相互关系的战略和战术决策的制定及实施的学科。

(4) 中国工程院咨询项目《我国工程管理科学发展现状研究》报告:工程管理是指为实现预期目标,有效地利用资源,对工程所进行的决策、计划、组织、指挥、协调与控制。

4.1.2　工程管理的内涵

工程管理内涵非常丰富,可以从许多角度进行描述,主要有以下几点。

(1) "工程管理"就是以工程过程为对象的管理,即通过对工程的决策、计划、组织、指挥、协调与控制等职能,使工程参加者高效率地完成工程任务,实现工程总目标。这些职能构成工程管理活动的主要内容。

(2) 工程管理是对工程全寿命周期的管理,包括对工程前期决策的管理、设计和计划的管理、施工管理、运行维护管理等,其目的是提高工程的价值。

(3) 工程管理就是以工程系统和工程过程为对象的系统管理方法,通过一个临时性的、专门的柔性组织,对工程建设和运行进行高效率的计划、组织、指导和控制,以实现工程的质量、费用、工期、职业健康安全、环境保护等目标。

(4) 工程管理就是运用科学的管理理论、方法和手段,通过合理的组织和配置人、财、物等因素,使工程的各种技术有序集成,各个组成部分有机整合、各个工程子系统相互协调、各种资源的有效性利用,以实现工程整体目标。

(5) 按照中国工程院的界定,工程管理包括如下内容。

① 对重大建设工程的规划与论证、决策、工程勘察与设计、工程施工与运行的管理。这构成工程的全寿命期管理。

② 对新产品、设备、装备在开发、制造、生产过程的管理。

③ 对工程相关的技术创新、技术改造、转型、转轨的管理。

④ 对产业、工程和科技的发展布局与战略的研究与管理等。

4.1.3 工程管理的特性

工程管理的特性是由工程系统、工程过程、工程实施方式、工程市场交易方式等特殊性决定的。对工程管理学科、工程管理理论和方法体系都有很大的影响。

(1) 工程管理是工程技术、工程科学和管理科学交叉融合的学科,与其他工程技术类和管理类学科不同,有独特的思维方式。

① 工程管理具有"工程技术"的专业特性。它需要相关的"工程师",需要严谨的技术性思维,有与工程技术专业相似的理论、方法、技术和工具。

② 承担工程的计划、组织、资源(材料、资金、人力、土地、环境、信息等)配置、指挥与控制等工作,解决相关的经济(包括融资)问题、管理问题、组织问题、合同(法律)问题等,具有"经济管理"专业的软科学特性。

③ 需要从人文、价值观、艺术、哲学的高度来研究和分析工程问题,具有人文社会科学特性。

工程管理属于工学和管理学的交叉学科,具有"工(工程科学)""管(经济管理科学)""文(社会科学)"的综合属性。它的科学研究既不同于数学、物理学、天文学,又不同于土木工程、系统工程等学科,有其特殊性。其思维方式既具有严谨性和系统性,又是发散性和非结构性的。人才的知识结构复杂,需要特殊的专业能力,要懂技术、懂财务、懂计算机、懂经济、懂管理。

(2) 工程管理有明确的价值导向。工程管理具有多元的价值追求,不仅要追求技术效果、高的效率和经济效益,还要协调与平衡"人—工程—环境"的关系,降低对生态环境的影响,还要维护社会公平和正义,促进可持续性,体现工程的历史责任和社会责任。

这种多元的价值追求带来工程管理的矛盾性和复杂性,同时又使工程管理丰富多彩。

(3) 工程管理的多样性。

① 工程前期决策、产业规划等方面的工作偏向于经济管理属性。

② 而设计和施工阶段工作偏向于工程技术属性。

③ 高层工程管理者的工作偏向于经济管理属性,如政府高层进行工程领域的产业规划和布局,进行重大工程的决策,主要从国民经济计划、社会发展战略和社会需求出发。

④ 企业进行工程投资决策,要考虑企业经营战略、发展战略和产品市场等方面。

⑤ 工程实施层,特别是现场的工程管理工作,偏向于工程技术。

⑥ 工程管理专业面很宽,专业方向多,各种职能型工作的属性也有很大差异。

如现场的技术管理、质量管理偏向于工程技术；经济分析、成本管理等更偏向于经济管理；合同管理又偏向法律。而它们之间的工作又是高度交叉的，需要运用多学科的知识才能胜任。

(4) 超专业特性。工程管理的职责是管理各种专业工程的设计、施工、采购和运行，对各专业工程系统进行集成和过程集成，负责协调各个工程专业，是涉及整个工程系统的综合性工作。所以它是不同工程专业之间沟通的桥梁和纽带，具有超专业特点。

(5) 导向性。工程管理负责可行性研究，提出工程的指导思想、方针、原则、评价指标，具有决策、评价、组织、激励的功能，对整个工程系统的价值、精神具有导向作用，承担引领整个工程界的责任。工程管理是国家发展战略与工程技术之间，以及整个工程界的桥梁，承担很大的社会责任和历史责任。工程管理要承担这样的使命，必须从更高的角度、更广的视野和更长的时间跨度思考、处理和解决工程问题，具有高层次的理性和哲学的思维。

(6) 实践性。
① 工程管理是为了解决工程技术活动管理问题，注重理论研究与应用相结合。
② 工程管理的研究应是"问题导向型"的研究，不仅要关注实际工程管理存在的问题，解释工程和工程管理现象，探索机理和规律性，而且要提出解决工程管理问题的对策，提出（设计）干预措施，使工程实践更为科学和理性，研究成果的科学性必须通过实践检验，有实用性。
③ 工程管理理论应该从实践中来，又要引领实践，是应用型理论。

(7) 社会性和民族性。必须立足于中国的传统文化背景、现代中国的投资管理体制、现代中国人的行为心理研究中国的工程管理问题，必须有中国的工程管理理论。

4.2　工程管理的历史发展

我国工程管理伴随人类文明经历了漫长的发展历程。古代工程管理带有经验属性，将好的做法进行经验化推广应用；近代工程管理受西方建设生产方式影响，通过引进吸收、模仿探索，人们将其以工具的形态所掌握；新中国成立后，我国进行大量基础设施建设，探索具有中国特色的工程管理理论、方法与模式等；进入21世纪，随着工程内涵的扩大，工程管理内容的扩充及相关理论方法的融合，工程管理进入了一个科学发展的阶段，呈现多元创新的趋势。

4.2.1　古代工程管理

每一个历史时期，工程的组织和实施方式在很大程度上反映了当时生产力发展水平、社会的政治和经济体制。

民间工程建设通常规模较小，其建造过程与管理很简单，采用业主自营方式进行。

大型工程（如皇家宫殿、官府建筑、水利工程、陵墓工程、城墙）都是由国家或官府建设的，费用由国库开支。它的组织和实施方式涉及国家的管理制度，有一套独立的运作系统和规则。

1. 我国古代工程的组织与实施方式

1) 我国古代政府工程的实施组织

我国古代政府工程的实施组织分为工官、工匠、民役三个层次，如图4-1所示。

图 4-1 古代政府工程的实施组织

（1）工官。在殷周时就设置"司空""司工"之职专门管理官营工程。

秦代设"将作少府"专门管理宫廷、官府营造等事务。

从汉代开始设"将作大匠"，隋朝以后称为"将作监"。

隋代开始设"工部"作为六部之一，用以掌管全国的土木建筑工程和屯田、水利、山泽、舟车、仪仗、军械等各种工务。

唐代工部尚书只负责城池的建设，另外专门设有"少府监"和"将作"管理土木工程。

宋代工部尚书职掌内容有所扩大。

明清两朝均在工部设"营缮司"，负责朝廷各项工程的营建。

到了清朝工官制度更加完善。工官集制定建筑法令法规、规划设计、征集工匠、采办材料、组织施工于一身。与中央政府工部对应，各府州县均设工房主管营建，职掌建筑设计、工料估算、工程做法等事宜。

（2）工匠（工官匠人，即专业技术人员）。工官匠人是专门为皇室及政府服务的建筑工匠，既负责设计，又负责施工和现场管理，他既是管理者又是工程技术人员。

早期工匠都是被政府用"户籍"固定下来的。大部分工匠平常都是以务农为主，以建筑施工或制造技艺（手艺）为辅。工匠在工程中要受工官严格管理和监督。

到了清代，工程专业化程度很高，工匠分工很细，例如在工程中常用的就有石匠、木匠、锯匠、瓦匠、窑匠、画匠等 25 种。

（3）民役（这些人通常在工程上做粗活）。在古代通过派徭役的形式将农民或城市居民强行征集到工程上。

在我国古代，经常征调囚徒进行一些大型工程的施工。例如秦始皇建造始皇陵和阿房宫就调集"隐宫、徒刑者"70 余万。

2) 我国古代政府工程的实施管理模式

我国古代工程的实施一般都采用集权管理方式，有一套严密的军事化或准军事化的管理组织形式，能保证规模巨大、用工繁多、技术复杂的大型建筑工程在较短的工期内完成，而且质量十分精湛。

大型工程一般都由国家组织实施，由朝廷派员或由各级政府领导人负责工程建设，成立临时管理机构，工程完工后即撤销。例如都江堰工程由太守李冰负责建造，秦代万里长城和秦直道的建设由大将蒙恬和蒙毅负责，汉长安城的建设由丞相萧何总负责。

在新中国成立后到 20 世纪 80 年代中期，我国大型基本建设工程都由军队指挥员负责管理，许多大型国家工程和城市建设工程仍然由政府领导人承担管理者（如工程建设总指挥）。这种模式能够方便协调周边组织，有效调动资源，高效率完成工程。

3) 实施程序

古代，工程建设的规划、设计和施工，有一套独特的程序。

《春秋左氏传》中便有记载东周修建都城的过程。清代建筑工程建设程序十分完备，包括选址、勘察地形、设计、勘估(工程量和费用预算)、施工及竣工后保修流程。

有计划、设计、成本管理(估价、预算、成本控制、事后审计等)、施工质量管理、竣工验收、保修等管理工作。

2. 我国古代工程的标准化

古代对工程的建造标准不仅要保证工程质量、控制成本,还要使工程符合礼制。

1)《周礼·考工记》

《周礼·考工记》里有古代各种器物(包括木制作、五金制作、皮革制作、绘画、纺织印染、编织、雕刻制作、陶器制作等)的制作方式、尺寸、工艺、用料,原材料的出产地,各种不同用途的合金配合比要求,还包括城市建设工程规划标准、壕沟、仓储、城墙、房屋的施工要求等。在秦朝,兵器制作的标准化程度就已经非常高了。

2)《营造法式》

北宋李诫编制的《营造法式》是一部由官方制定并颁布的建造标准。它是我国第一部内容最完整的建筑设计、施工与施工管理典籍,与现代的工程规范很相似。《营造法式》对建筑的各种设计标准、规范和有关材料、施工定额、指标等进行了严格规制。

3)《工程做法则例》

清雍正十二年(1734年)由清工部颁布《工程做法则例》,全书74卷。《工程做法则例》是作为房屋营造工程定式"条例"颁布的,目的在于统一房屋营造标准,加强工程管理制度,同时又是主管部门审查工程做法、验收工程、核销工料经费的依据,能够达到限定用工、用料,便于制定预算、检查质量、控制开支的目的。

3. 我国古代工程的管理控制

1)计划管理

《春秋左氏传》中记载东周修建都城的过程,"计丈数,揣高卑,度厚薄,仞沟洫,物土方,议远迩,量事期,计徒庸,虑材用,书糇粮",都属于工程计划的内容。

孙子兵法中有"庙算多者胜",当时国家进行大的工程也必然有"庙算",即为工程的计划;在那些规模宏大的工程建设中必然有"运筹帷幄",有时间(工期)上的计划和控制;对各工程活动之间必然有统筹的安排。

例如,北宋皇宫在遭大火焚毁后,由丁谓负责重新建造。建设过程遇到几个问题:烧砖头需要的泥土从何而来;大量的建筑材料(如石材、木材)的运输方式如何选择;建筑完成后建筑垃圾如何处理等。他计划和组织的建造过程为:先在皇宫中开河引水,通过人工运河运输建筑材料;同时用开河挖出的土烧砖;工程建成后再用建筑垃圾填河,最终该皇宫建设工程节约了大量投资。

2)质量管理

古代对工程必有预定的质量要求,有质量检查和控制的过程和方法,这样才能保证工程质量。

(1)《周礼·考工记》中有"天有时,地有气,材有美,工有巧,合此四者,然后可以为良"。这与现代质量管理五大要素,即材料、设备、工艺、环境、人员(4M1E)是一致的。

各种物品制作的标准化程度很高,尺寸和工艺、材料来源、材料配比,甚至取材时间("斩三材必以其时")都有说明。

(2)"物勒工名"制度。《吕氏春秋·孟冬纪》云:"物勒工名,以考其诚。工有不当,必行其罪,以究其情。"我国古代建筑遗址(如秦兵马俑)中就刻有生产者的名字,如图 4-2 所示。明代南京城墙的建设,在城墙砖上刻有生产者的名字,如图 4-3 所示。这种质量管理责任制形式,与现在规定设计人员必须在设计图上签字一样。

图 4-2　秦兵马俑

图 4-3　南京城墙

（3）到了清代工程质量管理体系已经十分完备。例如宫殿内的岁修工程,均限保固三年;其余新、改扩建工程,按建设规模、性质,保固期分别为三年、五年、六年、十年四种期限。

工程如在保固期限内坍塌,监修官员负责赔修并交内务府处理,如在工程保固期内发生渗漏,由监修官员负责赔修。

3）工程估价和费用(成本、投资)管理

中国历史上历代帝王都大兴土木,资源消耗量大,官方很重视材料消耗的计算,形成一些计算工料消耗和费用的方法。

（1）2500 多年前筑墙工程中"物土方,议远迩,量事期,计徒庸,虑材用,书糇粮"也都属于与估价相关的工作。

（2）北宋时期,李诫编修的《营造法式》对控制工料消耗做了规定,可以说是工料计算方面的巨著,如图 4-4 所示。

《儒林外史》第四十回中描写萧云仙在平定少数民族叛乱后修青枫城城墙,修复工程结束后,萧云仙将本工程的花费清单上报工部。工部对他花费清单进行全面审计,认为清单中有多估冒算,经"工部核算：……该抚题销本内：砖、灰、工匠,共开销 19360 两 1 钱 2 分 15 毫……核减 7525 两"。

（3）清朝工部颁布的《工程做法则例》是一部优秀的算工算料的著作,有许多说明工料计算的方法,如图 4-5 所示。

清朝还制定了详细的料例规范《营造算例》,成立了专门负责工程估工算料和负责编制预算的部门——算房。它的职责是根据所提供的工程设计,计算出工料所需费用。

按照清代工程的程序,算房在勘察阶段、设计阶段、勘估阶段、施工阶段、工程完工阶段

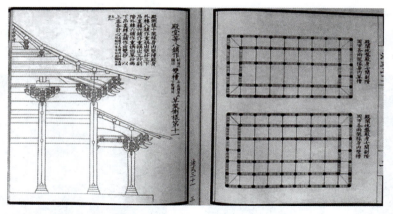

图 4-4 《营造法式》

图 4-5 《工程做法则例》

都要参与工程的工料测算(量),进行全过程费用控制,有一整套的计算规则。

4) 我国古代工程的运行维护制度

通过颁布各种法则法规,建立定期维修制度,设置专门官员和机构进行日常维护,明确各级官员对工程设施的日常管理与维护责任,以及奖励措施。

(1) 公元228年,诸葛亮颁布都江堰运行维护的政令,设置专职的堰官进行日常性维护管理,还具体规定了每年清淤工作的日期、掏挖深度,设置清淤维护的石标尺。

(2) 在宋元明,大型公共水利工程都设有岁修和抢修制度,许多维修加固工程不绝于史书。

(3) 到了清代,皇家工程的运行维护制度就已经非常完备了。

4.2.2 近代工程管理

鸦片战争以后,工官制度逐渐衰败,1906年工部正式撤销,工官制度消亡。第一次鸦片战争以后,近代资本主义工程建设方式进入中国。上海是近代帝国主义在东方的经济中心,其建筑管理及其制度成为中国各地的范例,当时的工程管理组织设置和建筑法规的起草都参照上海租界的情况进行。

1. 管理体制

1) 成立城市管理机构——工部局

1854年7月,租界上选举产生了由七名董事组成的行政委员会,不久即改为市政委员会,中文名为工部局。工部局下设工务处,负责租界内一切市政基本建设、建造管理等工作。

工务处下设的具体职能部门有行政部、土地查勘部、营造部、建筑查勘部、沟渠部、道路工程师部、工场部、公园及空地部、会计九个部门,管理日常事务,如图4-6所示。

图4-6 工务处下设的具体职能部门

2) 工部局的三大权力

工部局掌握城市建筑工程管理的三大权力。

(1) 制订与修改有关建筑章程,如《华式建筑章程》和《西式建筑章程》。

(2) 建筑设计图纸的审批,建筑许可证的核发。所有房屋建筑活动均须向工务处建筑查勘部申请建筑许可证,且以设计图纸通过审批为前提。

(3) 负责审查营造厂、建筑师开业,审查工程开工营造,公共工程管理(批准预算、招标、监工、验收、付款等),以及对违章建筑的管理。英租界工部局如图4-7所示,上海公共租界工部局印章如图4-8所示。

图4-7 1890年的英租界工部局(戈登堂)

图4-8 上海公共租界工部局印章

2. 工程建造行业的专业化分工

1）承包企业

在我国,传统的工匠制度被废除后,近代资本主义建造经营方式也引入我国。1880年,成立中国第一家营造厂——杨瑞泰营造厂。营造厂的开业有严格的法律程序和担保制度,由工部局进行资质审核,最后向工商管理部门登记注册。

与现代企业一样,营造厂商被明确地分为甲、乙、丙、丁四等。各级企业有一定量的资本金要求,代表人的资历、学历要求,经营范围和承接工程的规模规定。

2）建筑师

直到19世纪中期,我国才有现代意义上的专业建筑师。

建筑师事务所专门从事设计和工程监理工作,与承担施工的营造厂相配合,以满足新式工程建造方式的需要。设计(建筑师)、业主和施工三者都是独立的。

3）工程管理

我国在19世纪末出现了工程管理(监督)专业化和社会化发展。工程管理人员可分为以下三种。

（1）由业主方聘请、委派,代表业主利益,一般称为"工程顾问""顾问工程师",其主要职能是负责审核设计和监理工程。

（2）由设计方委派监督工程施工,保证设计意图的实现,被称为"监工""监造"。

（3）施工方委派,多称"看工"或"监工"。相当于现在的工地技术员、工程师,专门负责看施工图。

20世纪,工程承包方式出现多元化发展趋向。专业化分工更细致,导致设计和施工进一步专业化分工。工程管理又分投资咨询、工程监理、招标代理、造价咨询等。同时又向综合化方向发展,如工程总承包、项目管理承包等。

3. 工程招标投标的发展

1864年西方工程招标承包模式引入我国,由西方营造厂在建造法国领事馆(见图4-9)时首次引进,但当时人们还不适应。

1903年的德华银行、1904年的爱俪园、1906年的德国总会和汇中饭店(见图4-10)、1916年的天祥洋行大楼等,已都由本地营造厂中标承建。

图4-9 法国领事馆

图4-10 汇中饭店

在 20 世纪 20—30 年代上海建成的 33 幢 10 层以上建筑的主体结构全部由中国营造商承包建造。

20 世纪初，工程招标投标程序就已经十分完备。其招标公告、招标文件、合同条款的内容，标前会议、澄清会议、评标方式（商务标和技术标的评审）、合同的签订，投标保证金、履约保证金等与现代工程是一样的，或者相似的。

到 20 世纪 30 年代建筑工程合同条款就已相当完备，与现在的工程承包合同差异很小。

4. 学习吸收西方近代建筑技术

我国学习吸收西方近代工程新技术、新结构、新材料、新设备，建筑业与发达国家的差异逐渐缩小。

电梯是 1887 年在美国首次使用的，到 1906 年上海汇中饭店就已安装使用。1894 年巴黎的蒙马特尔教堂首次使用钢筋混凝土框架结构，到 1908 年，上海德律风公司就用上这一技术。1882 年上海电气公司最早使用钢结构。1883 年上海自来水厂最早使用水泥。1903 年建造的英国上海总会是上海第一幢使用钢筋混凝土的大楼。1923 年建成的汇丰银行最早采用冷气设备。

5. 工程融资模式

人们现在通常认为，国外工程中 PPP(BOT) 模式是在 20 世纪 70 年代土耳其总理首先提出的。而早在 100 多年前清光绪年间，我国台湾巡抚刘铭传建造台湾铁路工程时实质上就是采用了 PPP 模式。他给清政府奏折有如下内容。

(1) "基隆至台湾府城拟修车路六百余里，所有钢质铁路并火车、客车、货车及一路桥梁，统归商人承办。议定工本价银一百万两，分七年归还，利息按照周年六厘。每年归还数目，再行定议"。

(2) "台北至台南，沿途所过地方，土沃民富，应用铁路地基，若由商买，民间势必居奇。所有地价，请由官发，其修筑工价，由商自给"。即工程土地采用划拨形式。

(3) "基隆至淡水，猫狸街至大甲，中隔山岭数重，台湾人工过贵，必须由官派勇帮同工作，以期迅速"。即困难的工程由军队施工，这样工期能保证。

(4) "车路所用枕木，为数过多，现在商船订购未到，须请先派官轮代运，免算水脚"。

(5) "车路造成之后，由官督办，由商经理。铁路火车一切用度，皆归商人自行开支。所收脚价，官收九成，偿还铁路本利，商得一成，并于搭客另收票费一成，以作铁路用度。除火车应用收票司事人等由官发给薪水外，其余不能支销公费"。

(6) "铁路经过城池街镇，如需停车之处，由官修造车房。所有站房码头，均由商自行修造"。

(7) "此项铁路现虽商人承办，将来即作官物。所用钢铁条每码须三十六磅。沿途桥梁必须工坚料实，由官派员督同修造"。即工程将来要转让给政府，在建造过程中政府必须严格控制。

(8) "此项铁路计需工本银一百万两，内有钢条、火车、铁桥等项约需银六十余万两。商人或在德厂，或在英商订购，其价也须分年归还。如奉旨准办，再与该厂议立合同，由官验明盖印以后，由商自行归还，官不过问。如商人另做别项生意，另借洋款，不能以铁路作抵"。即商人只有经营权，没有所有权。

经过刘铭传极力倡议，并提出详细计划鼓吹，终于在光绪十三年(1887 年)四月二十八日,奉准兴建台湾铁路。同年5月20日成立"全台铁路商务总局"。至于筑路经费,原预定由商人集资一百万两,专供建筑铁路及桥梁之用。为招募商款,发行了铁路股票,民间响应者甚多。这即是现在人们所说的工程项目资产证券化融资模式。

该工程开工后,虽然持续进行,但困难重重。由于缺乏经验,且资金不够;地形复杂,建造费用比初估多出许多;许多商人观望不前,融资困难;而且其推动者刘铭传卸任,最终工程中断。

本工程所提出的融资方式与现代PPP融资模式完全符合,而且是多种项目融资模式的综合应用。

4.2.3 现代工程管理

1. 发展起因

在20世纪50年代以后现代工程管理发展迅速,其起因有以下几点。

(1) 在20世纪40年代和50年代,由于现代战争的需求,同时社会生产力高速发展,大型及特大型工程越来越多,如航天工程、核武器研制、导弹研制、大型水利工程、交通工程等。现代工程管理理论和方法通常首先是在大型、特大型工程建设中研究和应用的。

(2) 现代科学技术的发展,产生了系统论、控制论、信息论、计算机技术、运筹学、预测技术、决策技术、现代信息技术,并日臻完善,给工程管理的发展提供了理论和方法基础。

(3) 计算机、网络技术的发展为工程项目的计划和控制提供了极为重要的技术支撑,为工程高效率实施提供了保障。

2. 发展历程

1) 20世纪50年代

国际上人们将系统方法和网络技术(CPM和PERT网络)应用于美国的军事工程的工期计划和控制中,取得了很大成功。

(1) 工程管理方法。我国学习苏联的工程管理方法,引入施工组织设计与计划,包括业主的工程建设实施计划和组织(建设工程施工组织总设计)及承包商的工程施工计划和组织(如单位工程施工组织设计、分部工程施工组织设计),对我国顺利完成国家重点工程建设具有重要作用。

(2) 大工程事例。20世纪50年代初的大工程,如苏联援建的156项工程,以及后来的原子弹和氢弹计划等,工程管理者(总指挥)主要为军人和政府官员担任,采用军事化和半军事化的管理方式。在对建筑工程劳动过程和效率研究的基础上,我国工程定额的测定和预算方法也趋于完善。

(3) 学术理论。20世纪50年代,钱学森出版了《工程控制论》,发表了《组织管理的技术——系统工程》《系统思想和系统工程》等文章,成为了我国系统科学发展的第一个里程碑,并在国防工程领域推广应用。

2) 20世纪60年代

国际上利用计算机进行网络计划的分析计算已经成熟,实现了工期、资源和成本的综合计划、优化和控制。

20世纪60年代初,华罗庚用最简单易懂的方法将双代号网络计划技术介绍到我国,将它称为"统筹法",并在纺织、冶金、建筑工程等领域中推广,如图4-11所示。

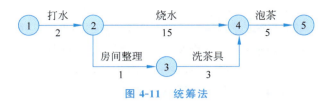

图 4-11　统筹法

网络技术的引入不仅给我国的工程施工组织设计中的工期计划、资源计划和优化增加了新的内涵,提供了现代化的方法和手段,而且在现代工程管理方法的研究和应用方面缩小了我国与国际上的差距。

在我国国防工程中,系统工程的理论和方法广泛应用,保证了许多重大国防工程的顺利实施,如"两弹一星"工程,如图4-12所示。

图 4-12　"两弹一星"工程

3) 20世纪70年代

(1) 20世纪70年代初。国际上人们将信息系统方法引入工程管理中,开始研究工程项目管理信息系统模型。同时,工程管理的职能在不断扩展,人们对工程管理过程和各种管理职能进行全面的系统地研究,如合同管理、安全管理等。

在工程的质量管理方面提出并普及了全面质量管理(TQM)或全面质量控制(TQC),TQC(TQM)所依据的PDCA循环模式逐渐成为工程管理中一种基本的工作方法。

(2) 20世纪70年代末、80年代初。在这段时间内,计算机得到普及。这使工程管理理论和方法的应用走向了更广阔的领域。使工程管理工作大为简化、高效,使寻常的工程承包企业和工程管理公司在中小型工程中都可以使用现代化的工程管理方法和手段,取得了很大的成功,收到了显著的经济和社会效果。

4) 20世纪80年代

20世纪80年代以来,工程管理的研究领域进一步扩大,如工程全寿命期费用的优化、合同管理、全寿命期管理、集成化管理、风险管理、不同文化的组织行为和沟通的研究和应用。

(1) 在计算机应用上则加强了决策支持系统、专家系统和互联网技术在工程管理中应用的研究和开发。

(2) 钱学森 1983 年出版的《论系统工程》中提出了系统思想和系统分析方法，并提出开放的复杂巨系统概念及其方法论——综合集成方法，这对于我国国防工程管理的发展有重大影响。

(3) 我国在建设工程领域进行工程管理体制改革，引进现代工程项目管理相关制度。

① 投资项目法人责任制。

② 监理制度。我国从 1988 年开始推行建设工程监理制度。

③ 施工企业推行项目法施工，推行项目经理责任制。

④ 推行工程招标投标制度和合同管理制度。

⑤ 在工程项目中出现许多新的融资方式（如 BOT、BT、PPP 等）、管理模式（如项目管理、代建制）、新的合同形式、新的组织形式。

⑥ 人们提出许多新的理念，如多赢，照顾各方面的利益；鼓励技术创新和管理创新；注重工程对社会和历史的责任等。

(4) 在工程的全寿命期评价和管理、集成化管理、工程项目管理知识体系、工程管理标准化、工程管理理论和方法、工程哲学等方面有许多研究、开发和应用成果。

3. 现代工程管理的特征

1) 工程管理理论、方法、手段的科学化

(1) 现代管理理论的应用是在系统论、信息论、控制论、行为科学等基础上产生和发展起来的，并在现代工程项目的实践中取得了惊人的成果。

(2) 现代管理方法的应用，如预测技术、决策技术、数学分析方法、数理统计方法、模糊数学、线性规划、网络技术、图论、排队论等，它们可以用于解决各种复杂的工程管理问题。

(3) 现代管理手段的应用，计算机和现代通信技术，包括现代图文处理技术、通信技术、精密仪器、数据采集技术、先进的测量定位技术、多媒体技术和互联网等的使用。

(4) 管理领域和制造业中许多新的理论和方法，如创新管理、以人为本、物流管理、学习型组织、变革管理、危机管理、集成化管理、知识管理、虚拟组织等在项目管理中应用。

2) 工程管理的社会化和专业化

按社会分工的要求，需要专业化的工程管理人员和企业，专门承接工程管理业务，为业主和投资者提供全过程专业化咨询和管理服务。我国有许多工程管理领域的执业资质，如建造师、造价工程师、监理工程师等。专业化的工程管理（包括咨询、工程监理等）公司已成为一个新兴产业。这是世界性的潮流，国内外已探索出许多比较成熟的工程项目管理模式。

近十几年来，工程管理教育也越来越引起人们的重视。它不仅是一门学科，而且已成为一个专业、一个社会职业。例如在许多工科型高校，甚至一些综合型、财经类高校中，都设有工程管理专业，并开展工程管理领域的硕士和博士教育。

3) 工程管理的标准化和规范化

工程管理技术性非常强，要符合社会化大生产的需要，工程管理必须标准化、规范化，这样才能逐渐摆脱经验型的管理状况，才能更加专业化、社会化，提高管理水平和经济效益。

工程管理的标准化和规范化体现在以下许多方面。

(1) 规范化的定义和名词解释。

(2) 规范化的工程管理工作流程。
(3) 统一的工程费用(投资、成本)的划分方法。
(4) 统一的工程计量方法和结算方法。
(5) 信息系统的标准化,如统一的建设工程项目信息编码体系,以及信息流程、数据格式、文档系统、信息表达形式。
(6) 工程网络表达形式的标准化,如我国《工程网络计划技术规程》(JGJ/T 121—2015)。
(7) 标准的合同条件、标准的招投标文件,如我国《建设工程施工合同(示范文本)》等。
(8) 2017 年我国修订颁布了国家标准《建设工程项目管理规范》(GB/T 50326—2017)。

4) 工程管理的国际化

(1) 现代工程要素国际化,即一个工程所必需的产品市场、资金、原材料、技术、厂房(土地)、劳动力、承包商等,来自不同国度。

(2) 工程管理国际化,即按国际惯例进行管理,要有一套国际通用的管理模式、程序、准则和方法,这样就使工程中的协调有一个统一的基础。

当今,国际合作工程越来越多,例如国际工程承包、国际咨询和管理业务、国际投资、国际采购等。

(3) 工程管理国际惯例通常有:
① 世界银行推行的工业项目可行性研究指南;
② 世界银行的采购条件;
③ 国际咨询工程师联合会颁布的 FIDIC 合同条件;
④ 国际上处理一些工程问题的惯例和通行的准则等;
⑤ 国际上通用的项目管理知识体系(PMBOK);
⑥ 国际标准《质量管理——项目管理质量指南(ISO 10006)》。

4.3 工程管理的任务

4.3.1 工程管理的主体及任务

在一个工程中,"工程管理"是多角度和多层次的,如图 4-13 所示。

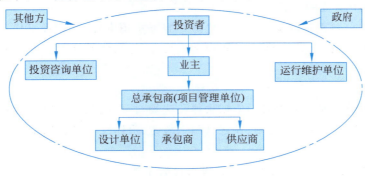

图 4-13 工程管理的主体关系

1. 投资者的工程管理

投资者的管理工作主要在工程前期策划阶段，战略决策和宏观控制工作，如投资方向、工程规模、地点。

在工程立项后，投资者通常不具体地管理工程，而委托业主或项目管理公司进行工程管理工作。

2. 业主的工程管理

业主主要承担项目的宏观管理及与项目有关的外部事务，具体包括以下几点。

(1) 工程重大的技术和实施方案的选择和批准，如确定生产规模、选择工艺方案。
(2) 作总体实施计划，确定项目组织战略，如承发包方式和管理模式。
(3) 选择工程的实施者（承包商、设计单位、供应单位），委托项目任务，以项目所有者的身份与他们签订合同。
(4) 批准工程设计和计划文件、批准实施计划等。
(5) 审定和选择工程项目所用材料、设备和工艺流程等。
(6) 各子项目实施次序的决定等。
(7) 对实施过程中重大问题决策；给项目管理层以持续的支持。
(8) 支付工程款和接受已完工程成果等。

在国外，业主不直接管理承包商、供应商和设计单位。

3. 项目管理公司的工程管理

项目管理公司（监理公司或咨询公司、代建制公司）承担项目实施过程具体的计划、协调、监督、控制等一系列工作，包括合同管理、投资管理、质量管理、进度控制、信息管理，协调与业主签订合同的各个设计单位、承包商、供应商的关系，并为业主承担项目中的事务性管理工作和决策咨询工作等。

项目管理公司受业主委托，提供项目管理服务，主要责任是实现业主的投资目的，保护业主利益，保证项目整体目标的实现。

4. 承包商的工程管理

承包商（施工单位、设计院、供应商）通过投标承接工程施工任务，承担工程施工工作，施工组织设计与计划，管理施工现场的质量、安全、环境和健康，完成规定的准备、施工、供应、竣工和保修任务，并为这些工作提供设备、劳务、管理人员，使承包项目在规定的工期和成本范围内满足合同所规定的功能和质量要求。

5. 运行维护单位的工程管理

运行维护单位对工程的运行或产品生产和服务承担责任，其管理工作包括对工程运行的计划、组织、实施、控制等，以保证工程设备或设施安全、健康、稳定、高效率地运行。

6. 政府的工程管理

1) 定义

政府的工程管理是指政府部门依据法律和法规对项目进行行政管理，提供服务和监督工作，涉及发改委、自然资源、规划、住建、应急、消防、招标投标中心等部门。

2) 任务

(1) 维护社会公共利益，使工程的建设符合法律规定。
(2) 维护城市规划和国家对工程建设的宏观控制要求。

(3) 对工程项目立项的审查和批准。
(4) 对工程项目建设过程中涉及建设用地许可、规划方案、建筑许可的审查和批准。
(5) 对工程项目涉及环境保护方面的审查批准。
(6) 涉及公共安全、消防、健康方面的审查和批准。
(7) 从社会角度对工程项目的质量进行监督和检查。
(8) 对工程项目过程中涉及的市场行为的监督。
(9) 对在建设过程中违反法律和法规的行为处理等。

7. 其他方的工程管理

其他方的工程管理包括保险机构的工程管理、行业协会的工程管理等。

4.3.2 工程管理的相关职能

在现代工程中,各项职能管理工作是专业化的,包括以下几点。
(1) 工程管理为保证工程目标实现的管理职能,如成本(费用、造价、投资)、质量、进度、HSE、利益相关者等管理。
(2) 工程管理是为了保证目标的实现,目标是工程管理的"命题",对管理内容有规定性。
(3) 与工程要素相关的管理职能,如组织、技术、资源(设备、材料、资金、劳务)、信息、现场(空间)等。
(4) 保障工程顺利实施相关的管理职能,如法律和合同、风险等方面的管理。

4.3.3 工程管理的各阶段工作

工程管理各阶段的管理工作包括以下几点。
(1) 工程前期策划阶段的管理。
(2) 工程设计和计划阶段的管理。
(3) 工程施工阶段的管理。
(4) 工程运行阶段的管理,如运行维护、健康管理、更新改造、扩建改建等。
(5) 工程拆除阶段的管理。

过于强调工程管理的阶段性,容易割裂工程各阶段的内在联系,导致工程实施中过程、主体和管理职能之间责任体系的障碍和信息流通的断裂,无法实现工程总目标。

思 考 题

1. 解释工程管理的内涵。
2. 简述现代工程管理发展的起因。
3. 工程管理有哪些特性?
4. 结合您所熟悉的工程,从对象体系、管理主体、管理职能等方面,阐述在工程各阶段中工程管理的内容。

第 5 章 工程管理的知识平台

学习目标

通过本章的学习,了解工程管理的知识平台,重点掌握工程技术平台、管理平台、组织平台等知识平台的必要性及主要内容;熟悉经济、法律和信息等知识平台的必要性及主要内容,会分析工程典型实例。

5.1 工程管理知识平台概述

建设工程管理的研究对象是基于工程技术的管理规律和工程技术活动的管理问题。在建设工程管理实际工作中,从业者将面临投资决策、规划设计、招标投标、成本分析、工程结构、工程材料、施工组织、使用维护、风险管理、对外交流等涉及工程技术、管理、组织、经济、法律、环境、信息、安全、语言等多个领域的各种问题。

工程管理专业为社会培养具有土木工程技术、管理、组织、经济、法律等基础知识和专业知识,能够从事项目全过程、全方位和全要素管理的复合型高级管理人才。因此,工程管理是一个交叉性的学科,该专业的课程体系是跨学科的综合性课程体系。在工程管理从业者的知识结构中,工程技术、管理、组织、经济、法律及信息的基础理论和技术方法方面的知识尤为重要。工程技术平台、经济平台、组织平台、管理平台、法律平台和信息平台构成了工程管理学科最基本的支撑体系。

以建设工程施工阶段的管理工作为例,要做好施工管理工作,不仅要掌握施工方法和工艺流程等技术,以便对施工计划进行合理的安排与控制,还应掌握对项目进行计划、组织、协调、控制等的管理和组织技能。除此之外,还需要掌握经济和法律方面的知识,以便能更好地进行投资控制和合同管理等。随着经济社会的迅速发展,信息更迭速度也在不断提高,为保证工程的顺利实施,只有不断利用各种渠道收集工程信息,才能全面掌握上述知识,在日常的施工管理工作中做到游刃有余。

工程项目的生命全周期从策划决策到最终建成运营可大致分为投资决策、项目设计、项目施工和后期运营四个阶段,每个阶段都会不同程度地运用到工程技术、管理、组织、经济、法律和信息六个方面的知识。组织这一平台穿插在各个平台中,主要体现在项目施工这一阶段中,例如技术平台里的工程测量等。信息平台的运用则更加广泛,无论是设计、管理、组织、经济及法律,都需要通过各类渠道进行信息收集,以达到建设优质工程的目的。工程项目各阶段所需要的工程技术、经济、管理和法律知识分析如图 5-1 所示。

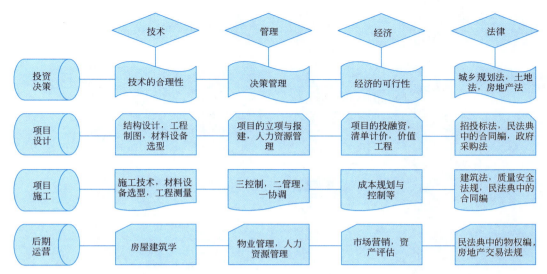

图 5-1 工程项目各阶段知识分析

5.2 技 术 平 台

5.2.1 技术平台的必要性

技术是根据生产实践经验和自然科学原理而发展成的各种生产工艺、作业方法、操作、技能及设备装置等的总和。当今社会,科学技术对社会经济发展有着巨大、深刻、全面的影响。近半个世纪以来,随着科学技术突飞猛进的发展和科技成果的广泛应用,不仅社会生产力以前所未有的速度发展,而且科学技术已渗透到包括建筑工程领域在内的社会生活的各个领域。

工程技术平台主要是回答工程"怎么去做"的问题,也是工程管理的基础与核心。除此之外,把施工图纸变成宏伟蓝图,在工程建设过程中采取的技术方法与手段及满足工程要求的技术性能等,都离不开工程技术的指导与支持。因此,要完成工程就必须对各项工程技术有很好的掌握。

工程技术在工程管理中占有十分重要的地位,是区别工程管理与其他管理类学科的突出标志。工程技术平台的知识框架体系如图 5-2 所示。

5.2.2 工程结构

工程结构按其构成的形式可分为实体结构与组合结构两大类。坝、桥墩、基础等通常为实体,称为实体结构;房屋、桥梁、码头等通常由若干个元件连接组成,称为组合结构。连接组成的节点如只能承受拉力、压力,称为铰接;如同时能承受弯矩等其他力,称为刚接。若组成的结构与其所受之外力,在计算中可视为皆在同一平面之内时,则称该结构为平面结

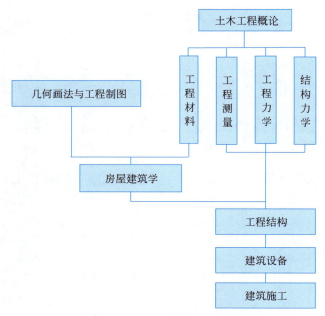

图 5-2 工程技术平台的知识框架体系

构；若组成的结构可以承受不在同一平面内的外力，且计算时也按空间受力考虑，则称该结构为空间结构。

工程结构必须满足外部荷载的需要，它通过不同的应力状态或变形行为承受外部作用，将其所承受的荷载传至其支承结构，再传至基础，通过基础传至地基。

工程结构分析的基本原理可以概括为分解、简化、组合三个过程。通过分解，工程结构体系都可以转化为板、梁、柱、拱等简单的基本结构体系，其中，应把三维的结构构件尽量转化为二维、一维或者更为简单的受力形式，以便加以组合，形成完整的可知的体系。

工程结构的类型随着工程材料与工程力学的进展和人类生产与生活的需要而不断发展，由简单到复杂。但其基本元件按其受力特点仍分成梁、板、柱、拱、壳与索（拉杆）六大类。这些基本元件可以单独作为结构使用，在多数情况下常组合成多种多样的结构类型使用。某民用建筑的结构体系如图 5-3 所示。

5.2.3 工程材料

工程材料是应用于土木工程建设中的无机材料、有机材料和复合材料的总称，如钢筋、混凝土、水泥、砂石、原木、板材、砖砌块、五金配件、防水材料和玻璃及脚手架、模板等。工程材料是工程建设的物质基础。在建筑工程造价中，工程材料的费用占建筑工程总投资的 60% 左右，因此，工程材料的价格直接影响建设投资。经济合理地选择工程材料，有效减少施工过程中的材料浪费和损失，对于节约自然资源、降低工程造价、提高经济效益，具有十分重要的作用和意义。工程材料在工程建设中有着举足轻重的地位，对其具体要求体现在经济性、可靠性、耐久性和低碳性等方面。

工程材料是一切社会基础设施建设的物质基础。这些社会基础设施包括：用于工业生

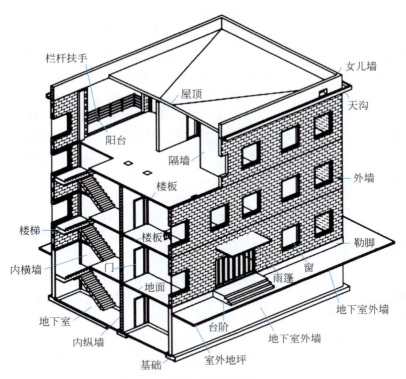

图 5-3 某民用建筑的结构体系

产的厂房、仓库、电站、采矿和采油设施；用于农业生产的堤坝、渠道、灌溉排涝设施；用于交通运输和人们出行的高速公路、高速铁路、道路桥梁、海港码头、机场车站设施；用于人们生活需要的住宅、商场、办公楼、宾馆、文化娱乐设施、卫生体育设施；用于提高人民生活质量的输水、输气、送电管线设施、网络通信设施、排污净化设施；用于国防需要的军事设施、安全保卫设施等。社会基础设施的建设，与工农业生产和人们的日常生活息息相关。社会基础设施的安全运行，关乎人民的生活水平和生活质量。因此，工程材料质量的提高、新型工程材料的开发利用，都直接影响社会基础设施建设的质量、规模和效益，进而影响国民经济的发展和人类社会文明的进步。

建筑物、构筑物的功能和使用寿命在很大程度上取决于工程材料的性能。如装饰材料的装饰效果、钢材的锈蚀、混凝土的劣化、防水材料的老化等，无一不是材料的问题，也正是因为材料的特性才构成了建（构）筑物的整体性能。

建设工程的质量，在很大程度上取决于材料的质量控制。如钢筋混凝土结构的质量主要取决于混凝土的强度和密实性。在材料的选择、生产、储运、使用和检验评定过程中，任何环节的失误都可能导致工程质量事故。事实上，国内外土木工程建设中的质量事故，绝大部分都与材料的质量有关。

工程材料与建筑结构和施工之间存在着相互促进、相互依存的密切关系。一种新型工程材料的出现必将促进建筑形式的创新，同时结构设计和施工技术也将相应地改进和提高。水泥、钢材的大量应用和性能的改善，使钢筋混凝土结构占据了建筑工程结构材料的主导地位。同样，新的建筑形式和结构设计也需要新的工程材料，并促进工程材料的发展。例如，采用建筑砌块和板材替代实心黏土砖,就要求改进结构构造设计和施工工艺、施工设备;高强混凝土的推广应用,要求有新的钢筋混凝土结构设计和施工技术规程与之适应;同样,高层建筑、大跨度结构、预应力结构的大量应用,要求提供更高强度的混凝土和钢材,以减小构件截面尺寸,减轻建筑物自重;随着建筑功能要求的提高,还需要提供同时具有保温、隔热、隔声、装饰、耐腐蚀等性能的多功能工程材料等。

工程材料是建筑工业的耗能大户,许多工程材料的生产能耗很大,并且会排放大量的二氧化碳及硫化物等污染物质。因此,注重再生资源的利用、新型节能建材和绿色建筑材料的选用,以及如何节省资源、能源,保护环境,已成为建筑工业建设资源节约型社会和可持续发展的重大课题。

5.2.4 工程施工

1. 工程施工概述

工程施工是将设计者的思想、意图及构思转化为现实的过程。从古代穴居巢到今天的摩天大楼,从农村的乡间小道到都市的高架道路,从地下隧道到飞架江海的大桥,将设想(设计)变为现实,都需要通过"施工"的手段来实现。

工程施工是生产建筑产品的活动。建筑产品包括各种建筑物和构筑物,它与其他工业产品相比,具有独特的技术要求和特点。施工是一个复杂的过程,按施工图施工,按规范要求施工,遵从施工工序,对保证工程质量是至关重要的。工程施工一般可分为施工技术和施工组织两大部分。它需要研究最有效的建造各类建筑产品的理论、方法和施工规律,以科学的施工组织设计为先导,以先进可靠的施工技术为后盾,实现工程项目的质量、安全、成本和进度的科学要求。施工技术是指以各工种(土方工程、桩基础工程、混凝土工程、结构安装工程、装饰工程等)施工的技术为研究对象,以施工方案为核心,结合具体施工对象的特点,选择最合理的施工方案,采用最有效的施工技术措施。施工组织是以科学编制一个工程的施工组织设计为研究对象,通过编制指导施工的施工组织设计,合理地使用人力、物力、空间和时间,并着眼于各工种工程施工中关键工序的安排,使之有组织、有秩序地施工。

2. 我国工程施工技术现状

我国是一个在建筑施工技术方面历史悠久且拥有巨大成就的国家,从以木构架结构为主,使用柱、额、梁、拱等构件,采用鎏金、玻璃装饰手法修建宫殿、庙堂,到土、石、砖、瓦、石灰、钢铁、矿物颜料和油漆相关技术及材料的大规模运用,再到用夯土墙内加竹筋的办法建造三、四层楼房,都表明我国建筑施工技术不断进步并始终保持着较高的技术水平。

近年来,随着国民经济的快速发展,我国建筑业也得到了快速发展。城市的高层建筑、大型公用工程拔地而起,其数量之多、规模之大、造型之复杂、设计施工之新颖,绝非过去所能比拟。这些工程的相继建成,也标志着我国的施工技术水平和施工能力又上了一个新台阶。我国工程施工技术现状,主要有以下几个特点。

(1) 地基基础施工技术已接近国际先进水平。
(2) 混凝土技术发展步伐加快。
(3) 粗钢筋连接和高效预应力技术应用日趋扩大。
(4) 化学建材和玻陶石材的应用,使装饰、装修大放异彩。

(5) 防水工程新技术、新材料不断涌现,防水工程质量有所提高。

(6) 新型墙体保温技术的推广应用,促进了能源节约和循环经济的发展。

(7) 掌握了一些"高、大、精、尖、新"的结构、设备安装和调试技术。

结合我国建筑行业的发展现状,2012年住建部出台了《关于进一步做好建筑业10项新技术推广应用的通知》。这次修订将"建筑业10项新技术"扩充为10个大项、44个小项,共94项技术,涉及的新技术以房屋建筑工程为主,突出通用技术,兼顾铁路、交通、水利等其他土木工程;突出施工技术,同时考虑与材料、设计的必要衔接;突出节能、环保、监测等新兴领域技术,也总结传统技术领域的最新发展成果。主要涉及的新技术有以下几种。

(1) 高强度、高性能混凝土技术。

(2) 深基坑支护技术。

(3) 粗直径钢筋的连接技术。

(4) 高效钢筋、预应力混凝土技术。

(5) 新型墙体、建筑节能应用技术。

(6) 新型脚手架、模板应用技术。

(7) 钢结构技术。

(8) 新型建筑给水排水、塑料管应用技术。

(9) 建筑施工企业计算机管理与应用技术。

(10) 大型建筑构件及机械设备的整体安装技术。

3. 我国典型工程及先进施工技术介绍

1) 国家体育场

国家体育场("鸟巢")是2008年北京奥运会主体育场,该工程为特级体育建筑、大型体育场馆,如图5-4所示。

图5-4 "鸟巢"

"鸟巢"主体结构设计使用年限为100年,耐火等级为1级,抗震设防烈度为8度,地下工程防水等级为1级。工程主体建筑呈空间马鞍椭圆形。南北长333m的巨型空间马鞍形钢桁架编织式"鸟巢"结构,主要由巨大的门式钢架组成,共有24根桁架柱,钢结构的总用钢量为4.2万t。混凝土看台分为上、中、下3层,看台混凝土结构为地下1层、地上7层的钢筋混凝土框架-剪力墙结构体系。钢结构与混凝土看台上部完全脱开,互不相连,形式上相互围合,基础则坐在一个相连的基础底板上。国家体育场屋顶钢结构上覆盖了双层膜结构,即固定于钢结构上弦之间的透明的上层ETFE膜和固定于钢结构下弦之下及内环侧壁的半透明的下层PTFE声学吊顶。

"鸟巢"是一个大跨度的曲线结构,有大量的曲线箱形结构,设计和安装均具有很大挑战性,因而在施工过程中处处离不开科技的支持。"鸟巢"采用了当今先进的建筑科技,全部工程共有 23 项技术难题。相关施工技术难题被列为科技部重点攻关项目。

2）港珠澳大桥

港珠澳大桥是中国境内一座连接广东珠海、中国香港和中国澳门的桥隧工程,位于广东省珠江口伶仃洋海域内,为珠江三角洲地区环线高速公路南环段。

港珠澳大桥东起中国香港国际机场附近的香港口岸人工岛,向西横跨南海伶仃洋水域接珠海和澳门人工岛,止于珠海洪湾立交；桥隧全长 55km,其中主桥 29.6km,香港口岸至珠澳口岸 41.6km；桥面为双向六车道高速公路,设计速度 100km/h；工程项目总投资额 1269 亿元。

港珠澳大桥海底隧道是我国首条外海沉管隧道。隧道建设的第一战就是要以最快速度在海中建起两个离岸人工岛,实现海中桥隧转换衔接。珠澳口岸人工岛如图 5-5 所示。

图 5-5　珠澳口岸人工岛

在港珠澳大桥建设之前,我国建造外海人工岛的技术积累几乎是空白的。在水深 10 余米且软土层厚达几十米的深海中,如何打下这个超级工程的"基座",成为大桥岛隧工程项目部团队面临的难题。

在外海造人工岛,既要解决工程技术难题,也要兼顾保护中华白海豚国家级自然保护区的生态环境,需要平衡的因素很多。建设团队反复研究论证,创新提出了用大直径钢圆筒围造人工岛的思路。这一史无前例的创新工艺,在国内外没有经验借鉴,建设团队花了大半年时间设计、论证、实验。

经过多方面专家论证,超大直径钢圆筒、液压振动锤联动的优化方案被正式采纳为最终方案,这也成为港珠澳大桥岛隧工程的一项创举。两个人工岛建设共用了 120 个直径 22.5m、最高 50.5m、重达 500t 的钢圆筒,242 个副格,每个钢圆筒都相当于一栋高层住宅楼。这些钢圆筒分批次建造,再由 8 万 t 级远洋运输船从上海运到珠江口,在工程中使用如此重量级的运输船,在国内尚属首次。

港珠澳大桥的岛隧工程,采用了世界首创的八锤联动液压振动锤和"钢圆筒振沉管理系统",为超大钢圆筒振沉安装上了"眼睛"。在伶仃洋海面上,1600t 起重船"振浮 8 号"吊着振沉系统和钢圆筒,在自主研发的"钢圆筒振沉管理系统"的引导下,实现了准确定位。

2011年5月中旬,液压振动锤将首个钢圆筒沉入水底,插入泥中21m,垂直度偏差小于1/500,港珠澳大桥岛隧工程首个世界超大直径、超深埋深、超大体量钢圆筒顺利振沉,揭开了西人工岛岛壁结构施工序幕。同年9月,随着第61个巨大的钢圆筒稳稳插入珠江口开阔的海面上,港珠澳大桥海中西人工岛主体结构宣告完成。

在221天内,120个巨型钢圆筒在伶仃洋海面围成两个小岛,实现了"当年开工、当年成岛"计划,创造了钢圆筒单体体量、振沉精度、振沉速度等多项世界纪录。

在港珠澳大桥建成之前,世界上比较长的现代沉管隧道,只有丹麦与瑞典之间的厄勒海峡沉管隧道和韩国釜山—巨济的沉管隧道两条,长度分别为3.5km和3.2km。港珠澳大桥的海底隧道为6.7km,建设面临海底隧道最长、隧道埋深最深、单个沉管体量最大等世界性难题。

在无任何国内外经验可借鉴的情况下,大桥岛隧工程团队对外海深水沉管安装创新技术及装备进行独立研发,并取得一系列技术突破。

岛隧工程的沉管段总长5664m,共分33个管节,每个标准管节长180m、宽37.95m、高11.4m,单节沉管重7.4万t,最大沉放水深44m。工程采用节段式柔性管节结构,施工时采用8艘大马力全回转拖轮协同作业,配置深水无人沉放系统的国内首条安装船,通过遥控等技术,调整管节姿态,实现精确对接。

在施工中,团队创造了"半个月内连续安装两节沉管""极限3mm对接偏差"等多个纪录,采用主动止水的沉管隧道最终接头,化被动式止水为主动式压接止水,变人工作业为机械化作业,降低了水下作业强度,确保了施工质量。

为了保障工程需要,珠海牛头岛建设了目前世界上最大的沉管预制厂,为大桥的海底隧道制作33个巨型沉管。其中,有5节是半径5500m的曲线段沉管,首开曲线沉管工厂法预制先河。2013年5月,岛隧工程顺利完成首节沉管的海上浮运,并实现隧道与人工岛转换的首次对接。在经过33次"海底之吻"后,沉管隧道终于建成。港珠澳大桥沉管工程如图5-6所示。

在沉管安装到海底基槽过程中,需要精确测量其左右、上下及倾角方向的摆幅。沉管运

图 5-6 港珠澳大桥沉管工程

动为超低频,需要灵敏度极高的传感器进行监测。国内某传感器技术企业深入分析深水管节对接运动特性及监测需求,运用国内最先进的微机械陀螺和高精度倾角传感器,构建了一套创新的管节运动姿态监测方法,在关键的前端设有多支备份传感器,保证了测试信号的准确可靠。

2014年1月19日,港珠澳大桥首跨钢箱梁在深海区架设成功。"驯服"这个长132.6m、宽33.1m、重2815t的庞然大物,标志着港珠澳大桥主体工程建设取得了又一个阶段性突破。

海上埋置式承台施工是桥梁部分工程的亮点,188个桥梁承台需埋入海床面以下。施工时分别采用了大圆筒方法安装、分离式柔性止水和双壁钢围堰三种不同方案,解决桥梁埋置式承台施工难题,实现了装配化施工。

考虑环保需求,施工单位采取工厂化生产、机械化装配的模式,像搭积木一样建桥,颠覆了以往的桥梁建造方式,也为我国培养了一批工匠式的职业工人,同时把构件作为产品生产,也保障了大桥的质量和耐久性。桥梁上部结构大规模采用钢箱梁,打造了全新的自动化生产线、智能化的板单元组装和焊接机器人焊接专用机床,提升了我国大型钢结构制造工艺水平,推动了行业技术进步。

港珠澳大桥建设过程中,离不开桥面吊装作业,其吊装施工中所用的高性能吊装缆绳,是国内某公司和研究院耗时10多年才研发成功的。这种缆绳虽然只有头发的十分之一粗,但做成缆绳后其强度比钢索强度还高,而且非常柔软,以质量轻、强度高、耐腐蚀等特点,广泛应用于国防、军工及民用领域。

港珠澳大桥具备抵抗8级地震能力,这与其安装的橡胶隔震支座密切相关。其中最为关键的技术就是位于桥梁支座中间的高阻尼橡胶。该支座在试验中可吸收、消耗40%以上的振动能量,承载力约3000t。

港珠澳地区每年都会遇到台风,桥梁的安全监测至关重要。在进行港珠澳大桥的设计时,除了采用更好的建设技术来保证桥梁建设质量及运行安全外,强大的传感检测器也必不可少。港珠澳大桥上有液压测力传感器、力矩传感器、重力传感器等数千种传感器,共同构成了一套高精密感知系统,对隧道内的风速、温度、湿度、压力、气压差,以及二氧化碳、氮氧化物和微颗粒的浓度等参数进行实时监测,实现对桥梁"健康状况"的精准判断。

5.2.5 建筑技术发展的新趋势

1. 超高层建筑迅速发展

超高层建筑是近代经济发展和科学技术进步的产物,是现代工业化、商业化和城市化的必然结果。城市人口高度密集,寸土寸金,商业竞争激烈,资源、经济、人口诸多方面的压力迫使建筑物向空间发展,以获取尽可能多的使用面积和投资效益。社会、经济和科学技术的高速发展为超高层建筑的修建提供了经济和技术的支持。近几十年来,各式各样的高楼在世界各地拔地而起,其规模之大、数量之多、技术之先进、造型之别致,令人叹为观止。

阿联酋迪拜塔(哈利法塔)为目前世界第一高楼,总共162层,总高度828m,是人类历史上首个高度超过800m的建筑物。该工程于2004年9月21日开始动工,2010年1月4日竣工启用,同时正式更名哈利法塔,如图5-7所示。

哈利法塔项目由美国芝加哥公司的美国建筑阿德里安·史密斯(Adrian Smith)设计,韩国三星公司负责实施。建筑设计采用了一种具有挑战性的单式结构,由连为一体的管状多塔组成,具有太空时代风格的外形,基座周围采用了富有伊斯兰建筑风格的几何图形——六瓣的沙漠之花。

哈利法塔不但高度惊人,连建筑物料和设备也"分量十足"。哈利法塔总共使用 33 万 m^3 混凝土、3.9 万 t 钢材及 14.2 万 m^2 玻璃。大厦内设有 56 部电梯,速度最高达每秒 17.4m,另外还有双层的观光电梯,每次最多可载 42 人。

图 5-7 哈利法塔

此外,哈利法塔也为建筑科技掀开新的一页。哈利法塔是史无前例地把混凝土垂直泵上逾 460m 的地方,打破了台北 101 大厦建造时的 448m 纪录。

2. 工程结构异型化

以国家大剧院、国家体育场("鸟巢")中央电视台新楼等为代表的大型异型结构建筑物的出现,极大地改变了工程师传统的观念。异型建筑因其外观独特、跨度宽、空间大等特点而越来越受到欢迎,特别是音乐厅、博物馆、展览馆、体育馆等公共建筑,异型建筑的构造形式已成为较常见的选择。位于人民大会堂西侧的国家大剧院如图 5-8 所示,是我国最高艺术表演中心。这个"漂浮"在水里、最大跨度达 212m 的银白椭球壳体建筑宛如在赤道处被切开的地球,又似浮在水面上粼光闪闪的"鸡蛋"。

图 5-8 国家大剧院

国家体育场("鸟巢")是由 2001 年普利兹克奖获得者雅克·赫尔佐格、德梅隆与中国建筑师李兴刚等合作完成的巨型体育场设计,其形态如同孕育生命的"巢",更像是一个摇篮,寄托着人类对未来的希望。设计者们对这个国家体育场没有做任何多余的处理,只是坦率地把结构暴露在外,因而自然形成了建筑的外观。

3. 绿色节能建筑逐步推广

世界上不同国家和地区由于其土地、气候、经济、文化和习俗等方面的情况各异,对"绿色建筑"的概念、定义及称谓有较大差异。图 5-9 所示的住宅即为一种绿色建筑。

图 5-9　绿色建筑住宅

建筑应该以节能、环保的方式满足居住者的健康、适用的要求,这正是人类必须寻求的可持续发展之路。发展绿色建筑已经被明确写入国家的"十二五"规划中,这也是绿色建筑第一次进入国家规划。强调建筑业要推广绿色建筑、绿色施工,着力使用先进建筑材料、信息技术优化结构和服务模式,预示着绿色建筑发展新阶段的到来。

5.2.6　工程管理中的技术平台

技术是工程建设的基础,随着人类文明的不断进步,对建筑物的要求也随之提高,只有掌握了与时俱进的技术知识,才能让建筑物符合时代的要求,给人类带来更好的生活质量。当然,一个工程项目的完成需要多个知识平台相结合,技术平台只是其中之一。

5.3　管 理 平 台

5.3.1　管理平台的必要性

管理平台主要是回答"怎样去实现目标",也就是通过管理手段来实现工程的目标,具体的手段是计划、组织、协调与控制。由于工程项目的复杂性,所以必须有强有力的管理才能保证工程建设顺利实施,最终实现工程建设的目标。

工程从构思开始到建设完成,有许多工程专业活动和管理活动,工程建设就是由成千上万个工程专业活动和管理活动构成的过程。这些活动有各种各样的性质,一个工程要取得成功,必须按照工程的目标,将各个活动通过计划合理的安排,形成高效、有序、协调的过程,并且还应在计划的实施过程中不断地检查与控制,及时对出现的偏差进行修正。这一切都是管理的工作内容,因此管理工作在工程建设过程中是非常重要的。

任何工程都是在一定的管理环境下完成的,即使具备了先进的工程技术、敏锐的经济头脑和清醒的法律意识,如果缺乏精良的管理,工程实施的全过程不能得到有效的计划、协调、控制和监督,则难以达到预期目标,甚至可能遭受不必要的损失。

一个工程项目从形成概念、立项申请、可行性研究、评估决策、市场定位到勘察设计、招标投标、开工准备、材料设备的选型与采购,经施工实施再到最后的竣工验收、使用维护,这其中的任何一个环节,都直接影响到工程项目的成败。现代工程管理强调对工程的管理必须贯穿以上所有环节的全过程。

5.3.2 管理的职能

尽管每个工程项目的目标、任务和实施方式不尽相同,或是建造一幢楼房,或是修筑一条道路,或是开挖一座水库等。但以下目标几乎是所有工程项目共同追求的:有效利用有限资金,按期完成施工,工程质量达标,使工程项目顺利交付使用,各方利益相关者取得预期的经济效益和社会效果。所以,工期进度、质量标准、投资额度是工程项目的主要约束条件,与之相应的决策、计划、组织、协调和控制便成为工程管理的基本职能。

1. 决策职能

决策一般是指为了实现某一目标,根据客观的可能性和科学的预测,通过正确的分析、计算及决策者的综合判断,对行动方案的选择所作出的决定。决策是整个工程项目管理过程中一个关键的组成部分,决策的正确与否直接关系到项目成败。

在工程项目管理众多决策问题中,很重要的一个环节,也是工程项目生命周期的第一个环节,即工程项目投资决策。工程项目投资决策是指投资主体(国家、地方政府、企业或个人)对拟建工程项目必要性和可行性进行技术经济评价,对不同建设方案进行比较选择,以及对拟建工程项目的技术经济指标作出判断和决定的过程。工程项目投资决策是投资决策中的微观决策,它不像宏观决策那样是国家和地区对投资的总规模、方向、结构、布局等进行评价和决定。

一般来说,项目投资决策都建立在项目可行性研究的分析评价基础上,其重要的决策依据是项目财务评价和国民经济评价的结论。然而这两者评价的前提是建设方案本身及其所赖以生存和发展的社会经济环境和市场,而建设方案的产生,并不是由投资主体的主观意愿和某种意图的简单构想就能完成的,它必须通过专家的总体策划和若干重要细节的策划(如项目定位、系统构成、目标测定及管理运作等的具体策划),并实施可能性和可操作性的分析,才能使立案建立在可运作的基础上。也只有在这个基础上,进行项目详细可行性研究所提供的经济评价结论才具有可实现性。因此,只有经过科学的、缜密的项目策划,才能为可行性研究和项目决策奠定客观且具有运作可能性的基础。

2. 计划职能

计划就是根据组织内外条件的变化,确定目标,制订和选择方案,并对方案的实施制订战略,建立一个分层的计划体系等一系列统筹、规划活动的总称。计划与决策是两个既相互区别又相互联系的概念。决策是对组织活动方向、内容及方式的选择,计划则是对组织内部不同部门和不同成员在一定时期内的行动任务的具体安排。计划规定了不同部门和成员在该时期内从事的活动的具体内容和要求。计划与决策又是相互联系的,表现在决策是计划的前提,计划是决策的逻辑延续。而且在实际工作中,决策与计划是相互渗透的,有时甚至是不可分割地交织在一起的。正是在这个意义上,在有些管理学教材中将决策与计划合并作为管理的五大基本职能之一。

针对工程项目而言,各项工作都要以计划为依据,工程项目计划是工程项目实施的指导性文件。所谓工程项目计划,即筹划安排工程项目的预期目标,对工程项目的全过程、全部目标和全部活动进行周密安排,用一个动态的可分解的计划系统来协调控制整个工程实施过程。

工程项目计划包括收集、整理和分析所掌握的各种信息资料,为投资者判断工程项目是否有必要进行、应该如何进行、实施项目可能达到的目标等一系列问题提供依据。以编制总指导性控制计划为基础,制订工程项目前期工作计划、设计工作安排计划、招标投标计划、施工作业计划、机电设备及主要材料采购供应计划、建设资金使用计划、竣工验收安排计划等分阶段工作计划。

计划是工程顺利进行的有力保证和行动依据。制订计划可以明确、分解和细化工程的总目标,通过计划可以落实贯彻工程的各项要求,还可以依据计划检验工程实施的效果,因此,计划是工程管理中极为重要的一环。

3. 控制职能

控制是按既定计划、标准和方法对工作进行对照检查、发现偏差、分析原因、进行纠正,以确保组织目标实现的过程。可以从三个方面理解控制的含义:一是控制具有很强的目的性;二是通过监督和纠偏来实现控制;三是控制本身就是一个过程。控制是管理工作最重要的职能之一是保证一个组织的计划与实际运作动态相适应的管理职能。控制是保证一个组织的目标实现而采取的各种必要的活动所不可缺少的措施。如果没有有效的控制系统,一个社会、一个组织就会杂乱无章,就会离开正确的轨道。通过控制,即可检验各项工作是否按预定计划进行,并检验计划的正确性和合理性,又可调整行动或计划,使两者协调一致。

工程项目控制是指项目管理者为实现项目目标,通过有效的监督手段及项目受控后的动态效应,不断改变项目控制状态以保证项目目标实现的综合管理过程。在工程管理中,控制职能主要体现为工程目标的提出和检查,合同的签订和执行,招标投标管理,工程技术管理,成本管理,各种指标、定额、标准、规程、规范的贯彻执行及实施中的反馈和改进。

合同的有关条款是在工程建设过程中对参与各方进行控制和约束的重要手段,同时也是保障合同各方权益的依据。工程技术管理是工程项目能否全面实现各项目标的关键。工程技术管理不仅需要完成委托设计、审查施工图纸等工程准备阶段和审定技术方案、规范工艺标准等工程实施阶段的许多重要工作,还要进行技术开发,以及新技术、新材料、新工艺的推广使用及技术培训。

质量管理包括对设计单位、监理单位、施工单位和机电设备等材料供应商的资质审查,施工过程中对施工方法、材料、工艺标准、操作规程的质量检查,进行分项工程、分部工程和总体工程质量等级评定等工作,及时发现质量问题并采取整改措施。

在实践中,人们往往把控制理解为项目实施阶段的工作,这种狭义的理解似乎是很自然的,因为在项目实施阶段,由于技术设计、计划,合同等已全面定义,控制的目标十分明确,所以人们十分强调这个阶段的控制工作,这无可厚非。

实际上,工程项目控制并非在项目实施阶段才开始,而是在项目酝酿、目标设计阶段就已开始。显而易见,越早作出控制措施,损失越小,成效越大。这一点并不难理解,但遗憾的是那时对项目的技术要求、实施方法等各方面的目标尚未明确,控制依据不足,因此,人们常常疏于在项目前期的控制,这对于项目目标的实现是极为不利的。所以我们应该强调,控制工作不应仅限于实施阶段,而是从项目前期就应开始,直至项目目标实现。

5.3.3 工程实例分析

下面将对湖南凤凰"8.13"堤溪沱江大桥垮塌事故作全面分析。

堤溪沱江大桥工程是湖南省凤凰县至贵州省铜仁大兴机场凤大公路工程建设项目中一个重要的控制性工程。大桥全长328.45m,桥面宽度13m,设3‰纵坡,桥型为4孔65m跨径等截面悬链线空腹式无铰拱桥。大桥桥墩高33m,且为连拱石拱桥。堤溪沱江大桥于2004年3月12日开工,计划工期16个月。

2007年8月13日下午14点40分左右,突然发生大桥坍塌。本次事故造成64人遇难,22人受伤,直接经济损失3974.7万元。事故发生时,大桥腹拱圈、侧墙的砌筑及拱上填料已基本完工,拆架工作接近尾声,计划于2007年8月底完成大桥建设所有工程,9月20日竣工通车,为湘西自治州50周年庆典献礼。出事当时,有百余人正在桥上作业。这座即将于月底竣工的大桥,正在紧张地拆除脚手架,进行最后的扫尾工作。图5-10为堤溪沱江大桥坍塌事故现场。

图5-10 堤溪沱江大桥坍塌事故现场

事故调查组和专家组通过调查取证、技术鉴定和综合分析,确定了事故发生的直接原因和主要原因。

1. 事故的直接原因

由于大桥主拱圈砌筑材料未满足规范和设计要求,拱桥上部构造施工工序不合理,主拱圈砌筑质量差,降低了拱圈砌体的整体性和强度,随着拱上荷载的不断增加,造成1号孔主拱圈靠近0号桥台一侧3~4m宽范围内,即2号腹拱下的拱脚区段砌体强度达到破坏极限而坍塌,受连拱效应影响,整个大桥迅速坍塌。

2. 事故的主要原因

(1) 施工单位项目部经理擅自变更原主拱圈施工方案,现场管理混乱,违规乱用石料,主拱圈施工不符合规范要求,在主拱圈未达到设计强度的情况下就开始落架施工作业。

(2) 建设单位项目管理混乱,对发现的施工质量问题未认真督促施工单位整改,未经设计单位同意擅自与施工单位变更原主拱圈设计施工方案,盲目倒排工期赶进度,越权指挥,甚至要求监理不要上桥检查。

(3) 工程监理单位未能制止施工单位擅自变更原主拱圈施工方案,对发现的主拱圈施工质量问题督促整改不力,在主拱圈砌筑完成但强度资料尚未测出的情况下即签字验收合格。

(4) 地质勘察和设计单位违规将勘察项目分包给个人,地质勘察设计深度不够,现场服务和设计交底不到位。

(5) 交通质量监督部门对大桥工程的质量监管严重失职。

(6) 地方政府及有关部门对工程建设立项审批、招投标、质量和安全生产等方面的工作监管不力,州政府要求盲目赶工期,向"州庆"50周年献礼。

堤溪沱江大桥坍塌事故的涉案人员均已受到了相应的处罚,但事故带给大家的惨痛教训是深刻的,事故让我们更清楚地意识到工程管理人员肩负的责任和使命,以及工程项目实施过程中工程管理的重要性。

5.4 组 织 平 台

组织平台主要是在工程进行过程中对人力、机械、材料等施工要素进行合理的分配,化解施工过程中的矛盾,规范建设流程,提高工程的施工效率,为工程顺利竣工保驾护航。

上述堤溪沱江大桥坍塌事故中也不乏组织平台发挥不到位的情况。组织平台单独似乎并没有涉及,但它贯穿于施工过程中的各个平台。组织可以让技术平台发挥最大效益,而管理平台是和组织平台联系最紧密的,组织是管理的具体表现。管理平台更多的是做出决策,而组织就是把决策落实到具体的单位上,确保工程的顺利实施及工程质量的控制。

5.4.1 组织的职能

组织职能是指根据组织的目标,将实现这个目标所需要进行的各项工作加以适当的划分和归类,设立必要的部门,委派适当的人选,赋予适当的职责,授予适当的权力,分工负责并进行协调的一系列活动。

工程项目管理的一切工作都要依托组织来进行。科学合理的组织制度和组织机构是项目成功建设的组织保证,具体体现在:工程项目的建设过程并非孤立存在的单体运行过程,而是存在于一个非常复杂的环境之中的项目运作过程。在建设的过程中,会产生许多的项目管理班子与企业部门,项目经理与设计方或施工方等交界面,这就决定了要有组织地工作。在工程项目施工阶段,项目管理人员必须编制施工组织设计,在实施过程中必须进行科学有效地组织和协调,才能避免因潜在的一些不确定因素造成的工期拖延、进度延误及管理不力造成的资源浪费和工程的质量问题。此外,工程项目建设过程中,涉及施工人员的技能、知识等的合理搭配,涉及大量的物资、设备、信息流,因此要合理有序地组织工作,必然要求有科学的组织。

组织的好坏是目标能否实现的决定性因素。如果把一个建设工程项目的项目管理视为一个系统,其目标决定了项目管理的组织,而项目管理组织的好坏是项目管理目标能否实现的决定性因素,由此可见项目管理组织的必要性。

5.4.2 建设工程项目组织的实施主体

工程项目的复杂性不仅在于其本身具有复杂的过程,更在于其所处环境的复杂性和不确定性。通常工程管理的范围要比工程项目本身更宽广、更复杂,突出表现在工程管理除需要处理诸多工程技术问题之外,还将直接涉及业主、政府部门、勘察设计单位、金融部门、施工承建单位、材料供应单位、监理单位和使用者等各个部门、单位及利益群体,如图 5-11 所示。

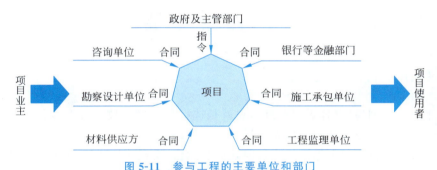

图 5-11 参与工程的主要单位和部门

5.4.3 协调职能

工程项目的运行会涉及很多方面的关系,为了处理好这些关系,就需要协调。协调是组织的重要职能,其目的是通过协商和沟通取得一致,齐心协力保证项目目标的实现。工程项目的协调是指项目管理者为实现项目的特定目标,通过联合沟通方式,调动相关组织的力量和活动,以提高其组织效率的综合管理过程。因此,工程项目协调对项目目标的实现具有重要意义。

把工程项目作为系统,则协调的范围可分为对系统内部的协调和对系统外部的协调。项目外部协调管理又分为近外层协调与远外层协调。项目与近外层单位一般建有合同关系,和远外层关联单位一般没有合同关系。与本公司设计、监理、建设、供应等单位均为近外层关系,与其余单位(政府部门、金融组织与税收部门、现场环境单位等)均为远外层关系。工程项目协调的内容大致可以分为:人际关系的协调、组织关系的协调、供求关系的协调、配合关系的协调及与执法部门等约束关系的协调。

在工程建设的全过程中，尽管工程的总体目标、任务及要求是明确一致的，工程计划对实施过程有较强的指导和约束作用，但在工程实施的不同阶段、不同环节，担负不同职责的不同部门、不同机构之间仍然需要有效的沟通和协调。而这其中，人与人之间的协调又最为重要。有效的协调能够实现不同阶段、不同环节、不同部门、不同机构之间的目标一致、步调一致，兼顾客观存在一定矛盾冲突的工期、质量和造价之间的关系以及时间、空间和资源利用之间的关系，确保工程计划的严格执行和工程目标的顺利实现。

在工程施工过程中，由于水电、通信、燃气、消防等设备安装常由相应的专业施工队完成，房屋主体结构主要由土建施工队完成，不同施工项目和施工队伍之间尽管有施工计划和方案明确其职责，但计划、方案很难把所有问题列举穷尽，且尚有一些实际条件的改变将限制原有计划、方案的有效实施。因此，工程管理者需要依据拟订的计划、方案，结合客观条件的变化，及时做好沟通、衔接和协调工作，确保各施工环节的顺利完成。

工程项目协调与工程项目控制有着密切的联系。它与工程项目控制是功能与手段的关系，即项目控制要发挥其工程管理的功能，经常需要运用协调这一手段来实现。因此，人们通常把控制与协调结合起来称调控。

5.5 经济平台

5.5.1 经济平台的必要性

经济平台主要回答"怎样做更合理"，也就是选择什么样的技术方案能使工程项目的经济效益最好。经济效益包括财务效益与国民经济效益。

工程项目的目标不仅要追求工程按时建成和运营，实现使用功能，而且还要取得相应的经济效益。从工程的构思开始，经过工程建成投入运营，直到工程结束，人们面临许多经济问题。工程技术的选择、工程的融资方案、工期安排都会对工程的建设成本（投资、费用）、工程的质量、进度等产生影响，进而会影响工程的经济效益。工程经济又分为工程项目的经济性与适用性。经济在工程建设中的作用如图5-12所示。

工程经济是工程与经济的交叉学科，负责研究工程技术实践活动的经济效果。它在建设工程领域的研究客体是由建设工程生产过程、建设管理过程等组成的一个多维系统通过所考察系统的预期目标和所拥有的资源条件，分析该系统的现金流量情况，选择合适的技术方案，以获得最佳的经济效果。运用工程经济学的理论和方法可以解决建设工程从决策、设计到施工及运行阶段的许多技术经济问题。比如在施工阶段，要确定施工组织方案、施工进度安排、设备和材料的选择等，如果我们忽略了对技术方案进行工程经济分析，就有可能造成重大的经济损失。通过运用工程经济分析的基本理论和经济效果的评价方法，将建设工程管理建立在更加科学的基础之上。

工程经济分析的任务就是要根据所考察工程的预期目标和所拥有的资源条件，分析该工程的现金流量情况，选择合适的技术方案，以获得最佳的经济效果。这里的技术方案是广义的，既可以是工程建设中各种技术措施和方案（如工程设计、施工工艺、生产方案、设备更新、技术改造、新技术开发、工程材料利用、节能降耗、环境技术、工程安全和防护技术等措施

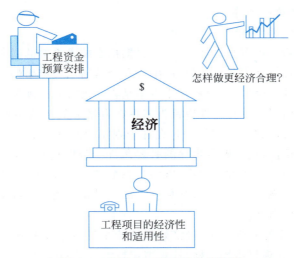

图 5-12　经济在工程建设中的作用

和方案),也可以是建设相关企业的发展战略方案(如企业发展规划、生产经营、投资、技术发展等关乎企业生存发展的战略方案)。可以说技术方案是工程经济最直接的研究对象,而获得最佳的技术方案经济效果则是工程经济研究的目的。

良好的经济效益和社会效益是实施所有工程项目的根本目的。而工程项目要在功能、质量满足要求的前提下,从投资最小的角度出发,选择最佳的设计方案、合理的施工方法、适宜的建设工期,从而实现良好的经济性能指标。作为工程项目重要指标之一的经济性,在工程项目实施中具有举足轻重的作用,也是我们评价工程项目优劣的一个重要标准。

根据项目经济性评价的目的、角度以及评价方法的不同,工程管理的经济平台可能涉及的内容包括后续各个方面。

5.5.2　工程项目的经济效果评价

经济效果评价是根据国民经济与社会发展及行业、地区发展规划的要求,在拟订的技术方案、财务效益与费用估算的基础上,采用科学的分析方法,对技术方案的财务可行性和经济合理性进行分析论证,为选择技术方案提供科学的决策依据。

1. 经济效果评价的基本内容

经济效果评价的内容应根据技术方案的性质、目标、投资者、财务主体,以及方案对经济与社会的影响程度等具体情况确定,一般包括盈利能力、偿债能力、财务生存能力等评价内容。

1) 技术方案的盈利能力

技术方案的盈利能力是指分析和测算拟定技术方案计算期的盈利能力和盈利水平。其主要分析指标包括方案财务内部收益率和财务净现值、资本金财务内部收益率、静态投资回收期、总投资收益率和资本金净利润率等,可根据拟定技术方案的特点及经济效果分析的目的和要求等选用。

2) 技术方案的偿债能力

技术方案的偿债能力是指分析和判断财务主体的偿债能力,其主要指标包括利息备付率、偿债备付率和资产负债率等。

　　3）技术方案的财务生存能力

　　财务生存能力分析也称资金平衡分析，是根据拟定技术方案的财务计划现金流量表，通过考察拟定技术方案计算期内各年的投资、融资和经营活动所产生的各项现金流入和流出，计算净现金流量和累计盈余资金，分析技术方案是否有足够的净现金流量维持正常运营，以实现财务可持续性。而财务可持续性应首先体现在有足够的经营净现金流量，这是财务可持续的基本条件；其次，在整个运营期间，允许个别年份的净现金流量出现负值，但各年累计盈余资金不应出现负值，这是财务生存的必要条件。若出现负值，应进行短期借款，同时分析该短期借款的时间长短和数额大小，进一步判断拟定技术方案的财务生存能力。短期借款应体现在财务计划现金流量表中，其利息应计入财务费用。为维持技术方案正常运营，还应分析短期借款的可靠性。

　　在实际应用中，对于经营性方案，经济效果评价是从拟定技术方案的角度出发，根据国家现行财政、税收制度和现行市场价格，计算拟定技术方案的投资费用、成本与收入、税金等财务数据，通过编制财务分析报表，计算财务指标，分析拟定技术方案的盈利能力、偿债能力和财务生存能力，据此考察拟定技术方案的财务可行性和财务可接受性，明确拟定技术方案对财务主体及投资者的价值贡献，并得出经济效果评价的结论。投资者可根据拟定技术方案的经济效果评价结论、投资的财务状况和投资所承担的风险程度，决定拟定技术方案是否应该实施。对于非经营性方案，经济效果评价应主要分析拟定技术方案的财务生存能力。

2. 经济效果评价方法

　　由于经济效果评价的目的在于确保决策的正确性和科学性，避免或最大限度地减小技术方案的投资风险，明了技术方案投资的经济效果水平，最大限度地提高技术方案投资的综合经济效果。因此，正确选择经济效果评价的方法是十分重要的。

　　1）经济效果评价的基本方法

　　经济效果评价的基本方法包括确定性评价方法与不确定性评价方法两类。对同一个技术方案必须同时进行确定性评价和不确定性评价。

　　2）按评价方法的性质分类

　　按评价方法的性质不同，经济效果评价分为定量分析和定性分析。

　　（1）定量分析。定量分析是指对可度量因素的分析方法。在技术方案经济效果评价中考虑的定量分析因素包括资产价值、资本成本、有关销售额、成本等一系列可以以货币表示的一切费用和收益。

　　（2）定性分析。定性分析是指对无法精确度量的重要因素实行的估量分析方法。

　　在技术方案经济效果评价中，应坚持定量分析与定性分析相结合，以定量分析为主的原则。

　　3）按评价方法是否考虑时间因素分类

　　对定量分析，按其是否考虑时间因素又可分为静态分析和动态分析。

　　（1）静态分析。静态分析是不考虑资金的时间因素，亦即不考虑时间因素对资金价值的影响，而对现金流量进行直接汇总来计算分析指标的方法。

　　（2）动态分析。动态分析是在分析方案的经济效果时，对发生在不同时间的现金流量折现后计算分析指标。在工程经济分析中，由于时间和利率的影响，对技术方案的每一笔现金流量都应该考虑它所发生的时间,以及时间因素对其价值的影响。动态分析能较全面地反映技术方案整个计算期的经济效果。

在技术方案经济效果评价中,应坚持动态分析与静态分析相结合,以动态分析为主的原则。

4) 按评价是否考虑融资分类

按评价是否考虑融资经济效果分析可分为融资前分析和融资后分析。一般宜先进行融资前分析,在融资前分析结论满足要求的情况下,初步设定融资方案,再进行融资后分析。

(1) 融资前分析。融资前分析应考察技术方案整个计算期内的现金流入和现金流出,编制技术方案投资现金流量表,计算技术方案投资内部收益率、净现值和静态投资回收期等指标。融资前分析排除了融资方案变化的影响,从技术方案投资总获利能力的角度考察方案设计的合理性,应作为技术方案初步投资决策与融资方案研究的依据和基础。融资前分析应以动态分析为主,静态分析为辅。

(2) 融资后分析。融资后分析应以融资前分析和初步的融资方案为基础,考察技术方案在拟定融资条件下的盈利能力、偿债能力和财务生存能力,判断技术方案在融资条件下的可行性。融资后分析用于比选融资方案,帮助投资者作出融资决策。融资后的盈利能力分析也应包括动态分析和静态分析。

动态分析包括下列两个层次。

① 技术方案资本金现金流量分析。分析应在拟定的融资方案下,从技术方案资本金出资者整体的角度计算技术方案资本金财务内部收益率指标,考察技术方案资本金可获得的收益水平。

② 投资各方现金流量分析。分析应从投资各方实际收入和支出的角度,计算投资各方的财务内部收益率指标,考察投资各方可能获得的收益水平。

静态分析系指不采取折现方式处理数据,依据利润与利润分配表计算技术方案资本金净利润率和总投资收益率指标。静态分析可根据技术方案的具体情况选做。

5) 按技术方案评价时间分类

按技术方案评价的时间经济效果分析可分为事前评价、事中评价和事后评价。

(1) 事前评价。事前评价指在技术方案实施前为决策所进行的评价。显然,事前评价都有一定的预测性,因而也就有一定的不确定性和风险性。

(2) 事中评价。事中评价亦称跟踪评价,是指在技术方案实施过程中所进行的评价。这是由于在技术方案实施前所做的评价结论及评价所依据的外部条件(市场条件、投资环境等)的变化而需要进行修改,或因事前评价时考虑问题不周、失误,甚至根本未做事前评价,在建设中遇到困难,而不得不反过来重新进行评价,以决定原决策有无全部或局部修改的必要性。

(3) 事后评价。事后评价亦称后评价,是在技术方案实施完成后,总结评价技术方案决策的正确性及技术方案实施过程中项目管理的有效性等。

3. 经济效果评价指标

技术方案的经济效果评价,一方面取决于基础数据的完整性和可靠性,另一方面取决于选取的评价指标体系的合理性。只有选取正确的评价指标体系,经济效果评价的结果才能与客观实际情况相吻合,才具有实际意义。一般来讲,技术方案的经济效果评价指标不是唯一的,在工程经济分析中,常用的经济效果评价指标体系如图5-13所示。

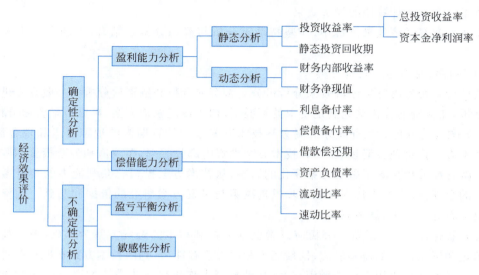

图 5-13　经济效果评价指标体系

　　静态分析指标的最大特点是不考虑时间因素,计算简便。所以在对技术方案进行粗略评价、对短期投资方案进行评价,或对逐年收益大致相等的技术方案进行评价时,静态分析指标是可采用的。动态分析指标强调利用复利方法计算资金时间价值,它将不同时间内资金的流入和流出换算成同一时点的价值,从而为不同技术方案的经济比较提供了可比基础,并能反映技术方案在未来时期的发展变化情况。

　　总之,在进行技术方案经济效果评价时,应根据评价深度要求、可获得资料的多少及评价方案本身所处的条件,选用多个不同的评价指标,这些指标有主有次,从不同侧面反映评价方案的经济效果。

5.5.3　寿命周期成本分析

　　由于工程项目的经济性往往要经过一定时期才能够体现出来,因此作为工程的决策者和管理者一定要具有全局的观点和长远的眼光,不能只看到眼前的利益。如现在提倡使用节能建筑,与传统不节能的建筑相比,节能建筑采取了多项节能措施,一般而言,需要增加一次性投资。所采用的节能技术不同,所增加的费用和所取得的收益也不一样。

5.5.4　价值工程

　　人们从事任何活动特别是经济活动,在客观上都存在两个基本问题,其一是活动的目的与效果,其二是达到这个目的或效果所付出的代价。而价值工程将这两个方面紧密的连接起来。简而言之,价值工程是以最低的总费用,可靠地实现产品或作业的必要功能,着重于功能分析的有组织的活动。对于建筑产品,用户在技术性能、外观、价格、质量等方面会提出各种各样的要求。

5.6 法律平台

5.6.1 法律平台的必要性

法律、法规作为政府进行行业管理的重要手段,在市场经济中发挥着不可估量的监督和规范作用,具有协调整个市场的有效运转、促进各个行业健康发展的重要功能。

法律平台主要是回答"依据是什么",也就是在工程建设的各个领域都必须以法律、法规为依据。由于工程建设具有投资额大、持续时间长、结构复杂、多方参与主体及存在较大的不确定性的特点,工程建设承担着很大的社会责任和历史责任。特别是在工程建设实施过程中,需要多方参与主体密切配合才能完成工程任务,而多方参与主体共同完成工程任务的前提就在于以法律作为各方行动的准则。因此,为保证工程的顺利进行,保护工程相关者各方面的利益,必须要有强有力的法律作为保障。法律在工程建设中的作用如图 5-14 所示。

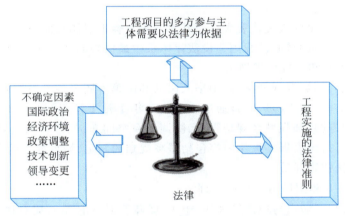

图 5-14 法律在工程建设中的作用

由于工程项目投资规模大、资金回收期长、参与主体多,加之工程结构复杂、专业性要求较高、施工露天作业时间较长,较之其他生产性行业,工程建设具有较高的社会风险、技术风险、政策风险和信用风险等。以上特点决定了工程管理者必须具有相关的法律知识,并具有一定的法律应用能力,能够用法律手段维护工程实施的正常秩序和工程参与方的合法权益。能正确理解和有效运用建设法律、法规,是工程管理从业者必需的基本素养。

为了使我国工程建设活动走上健康发展的轨道,实现工程建设行为的规范化、科学化,国家制定了一系列建设法律、法规。这些建设法律、法规的颁布与实施,大大促进了我国工程建设管理水平的提高。具体表现为以下几点。

(1) 规范建设行为。建设法律法规制定了各种建设活动都应遵循的行为规范和准则,对建设主体的行为有明确的规范性和指导作用。

(2) 保护合法建设行为。只有在法律允许范围内所进行的建设行为才是合法的,才能够得到国家法律的承认与保护。

(3) 处罚违法建设行为。每部建设法律、法规都有对于违反该规范应该承担的法律责任的相应规定。这些处罚是违法必究的表现。建设法律法规要规范建设行为和保护合法的建设行为，必须对违反法律的建设行为给予应有的处罚，否则，就会由于缺少强制制裁手段而变得没有实际意义。

建设法律体系是指由国家制定或认可，并由国家强制力保证实施的，旨在调整在建设工程的新建、扩建、改建和拆除等有关建设活动中产生的社会关系的法律、法规的总称。

5.6.2 建设法律法规体系

下面对于法律的纵向层次的构成展开进一步的介绍。

1. 宪法

《中华人民共和国宪法》于1982年12月4日第五届全国人民代表大会第五次会议通过，后经过1988年、1993年、1999年、2004年、2018年共五次修订，以法律的形式确认了中国各族人民奋斗的成果，规定了国家的根本制度和组织机构、公民的基本权利和义务，是国家的根本大法，具有最高的法律效力。全国各类组织都必须以宪法为根本的活动准则。

2. 建设法律

建设法律是指由全国人民代表大会及其常务委员会审议颁布的属于建设方面的各项法律，它是建设法律体系的核心。我国建设法律体系中最核心的几部法律，简单介绍如下：

1)《中华人民共和国城乡规划法》

《中华人民共和国城乡规划法》由中华人民共和国第十届全国人民代表大会常务委员会第三十次会议于2007年10月28日通过，自2008年1月1日起施行。2015年、2019年两次修订。其立法目的是加强城乡规划管理、协调城乡空间布局、改善人居环境、促进城乡经济社会全面协调可持续发展。法律内容包括城乡规划的制定、城乡规划的实施、城乡规划的修改、监督检查、法律责任等。

2)《中华人民共和国城市房地产管理法》

《中华人民共和国城市房地产管理法》于1994年7月5日第八届全国人民代表大会常务委员会第八次会议通过，自1995年1月1日起施行，2007年修正一次，2009年第二次修订。2019年通过关于修改《中华人民共和国城市房地产管理法》的决定。其立法目的是加强对城市房地产的管理，维护房地产市场秩序，保障房地产权利人的合法权益，促进房地产业的健康发展。法律内容包括房地产开发用地、房地产开发、房地产交易、房地产权属登记管理、法律责任等。

3)《中华人民共和国土地管理法》

现行《中华人民共和国土地管理法》于1998年8月29日第九届全国人民代表大会常务委员会第四次会议修订，1999年1月1日开始实施，2004年修正一次。其立法目的是加强土地管理，维护土地的社会主义公有制，保护、开发土地资源，合理利用土地，切实保护耕地，促进社会经济的可持续发展。法律内容包括土地的所有权和使用权、土地利用总体规划、耕地保护、建设用地、监督检查、法律责任等。

4)《中华人民共和国建筑法》

《中华人民共和国建筑法》由中华人民共和国第八届全国人民代表大会常务委员会第二十八次会议于1997年11月1日通过，自1998年3月1日起施行，2011年修正一次，2019

年第二次修正。其立法目的是加强对建筑活动的监督管理,维护建筑市场秩序,保证建筑工程的质量和安全,促进建筑业健康发展。法律内容包括建筑许可、建筑工程施工许可、从业资格、建筑工程发包与承包、建筑工程监理、建筑安全生产管理、建筑工程质量管理、法律责任等。

5)《中华人民共和国招标投标法》

《中华人民共和国招标投标法》由中华人民共和国第九届全国人民代表大会常务委员会第十一次会议于1999年8月30日通过,自2000年1月1日起施行,2017年修正。其立法目的是规范招标投标活动,保护国家利益、社会公共利益和招标投标活动当事人的合法权益,提高经济效益,保证项目质量。法律内容包括招标、投标、开标、评标、中标,以及法律责任等。

该法规定大型基础设施、公用事业等关系社会公共利益、公众安全的项目,全部或者部分使用国有资金投资或者国家融资的项目,以及使用国际组织或者外国政府贷款、援助资金的项目,实行强制招标投标。只有涉及国家安全、国家机密、抢险救灾或者属于利用扶贫资金实行以工代赈、需要使用农民工等特殊情况及规模较小的工程可以不进行招标,而采用直接发包的方式。

6)《中华人民共和国民法典》

《中华人民共和国合同法》于1999年3月15日第九届全国人民代表大会第二次会议通过,自1999年10月1日起施行。《中华人民共和国民法典》自2021年1月1日起施行,《中华人民共和国合同法》同时废止。其立法目的是保护合同当事人的合法权益,维护社会经济秩序,促进社会主义现代化建设。

《中华人民共和国民法典》第三编合同内容分为通则、典型合同和准合同三个部分。通则是一般性规定,包括合同的订立、合同的效力、合同的履行、合同的保全、合同的变更和转让、合同的权利义务终止、违约责任等;典型合同部分是各类典型合同的具体规定,包括买卖合同、供用电、水、气、热力合同,赠与合同,借款合同,保证合同,租赁合同,融资租赁合同,保理合同,承揽合同,建设工程合同,运输合同,技术合同,保管合同,仓储合同,委托合同,物业服务合同,行纪合同,中介合同,合伙合同;准合同部分包括无因管理和不当得利等。

2007年3月16日,第十届全国人民代表大会第五次会议以高票通过了《中华人民共和国物权法》,自2007年10月1日起施行。《中华人民共和国民法典》自2021年1月1日起施行,《中华人民共和国物权法》同时废止。其立法目的是维护国家基本经济制度,维护社会主义市场经济秩序,明确物的归属,发挥物的效用,保护权利人的物权。

5.7 信 息 平 台

5.7.1 信息平台的必要性

当今时代,互联网技术发展迅猛,随之而来的是巨大的信息量,而工程项目的建设也离不开信息的获取。信息平台的建立将会极大地影响工程项目的建设。首先,信息的不断更新会引发技术的革新,导致技术平台越来越发达,淘汰那些落后的工程技术;接着会影响管理平台，使工程项目的管理越来越高效，让工程项目的建设趋于规范统一；对于组织平台，信息的获取在给管理者带去新的组织形式的同时也会给予相应的挑战；其次，是经济平台，信息的获取将会让工程效益的算法进行改进，让工程项目的经济效益最大化，从而影响整个工程；最后是法律平台、信息平台的出现会让工程项目的各个单位加强法律意识，从而让工程项目的施工过程越来越规范。

近年来科技发展的浪潮如洪水一般涌来，很重要的原因是信息的交互速度发展迅速，而科技的革新必定会影响社会的发展方式，工程建设作为社会发展必不可少的一环，面临的冲击无疑是巨大的。为了满足社会发展的需求，工程项目建设也需要运用信息平台不断地自我革新，让技术、管理、组织、经济和法律五大平台都跟上时代的步伐，从而保证工程项目的效益性。

在建筑工程施工的全过程中，建立一个建筑工程管理信息系统，把计算机技术、网络通信技术和网络资源共享应用到建筑工程管理信息平台中，使建筑工程各部门和施工管理人员都实时地参与进来相互协作，对建筑工程管理信息进行资源共享，建筑工程管理的主体是项目管理，建筑工程管理信息平台的核心是成本管理控制，提高建筑管理项目各个层面及项目整体的管理水平。

通过建筑工程管理的特点对建筑工程管理信息平台进行设计，应用Web浏览器对建筑工程管理的实施过程进行远程操作，各业务部可以通过远程办公系统及时地了解建筑工程施工情况，建筑工程管理信息平台是一个动态的信息管理平台。传统的建筑工程管理主要是对建筑工程项目手工管理，比如工程项目管理的申报、工程管理的审核。传统手工管理的方式比较落后，不能满足现代建筑工程管理发展的需求，计算机技术使建筑工程管理进入自动化信息平台阶段，可以大幅提高建筑工程管理的工作效率。建筑工程管理信息平台功能模块包括用户权限管理、动态成本和施工管理，以及信息文档资料的管理等模块。

建筑功能信息管理平台改变了传统手工管理的方式，弥补了传统手工方式管理的不足和弊端，完全适应现代化建筑工程管理发展的需要，建筑工程管理信息平台的主体用户包括业主、承包商、监理和中国国际咨询公司。建筑工程管理信息平台的最大特点就是实时性强、操作速度快、操作性强。建筑工程管理信息系统保证内部工程管理系统之间的信息共享，协同工作，工程管理步骤缩短，在整个过程中工程管理数据信息公开，对财务进行有效监督和管理控制，对项目的质量严格把关。

在传统的建筑工程管理中，建筑施工项目地点比较分散，手工管理技术比较滞后，工程项目各部门之间的数据不能进行共享，各部门的数据不能有效地集中整理，这样导致建筑工程项目在业务处理上不能形成流程化，在管理上出现混乱的局面，建筑工程管理信息平台在根本上可以解决以上问题，优秀的建筑企业要有完整的信息化的建筑工程管理系统，保证企业可以健康的发展，建筑工程管理信息系统使建筑行业管理完全实现了信息化的管理。

5.7.2　信息平台总体设计

1. 工程管理信息平台设计原则

工程管理信息平台是浏览器/服务器网络结构模式，是基于Web浏览器的一种网络结构模式,在客户端应用 Web 软件应用程序,在服务器端作为系统功能的核心部分,浏览器/服务器结构使系统开发更方便、维护更简单,在应用的时候客户端只要安装 Web 浏览器就可以实现整个系统的界面控制管理操作。应用 Web 浏览器技术和 active X 技术可以节约开发成本,在客户端不需要安装复杂的软件,只要有一个 Web 浏览器并可以上网就可以,不需要维护和安装。浏览器/服务器结构在进行业务查询和管理时不受时间和空间限制,分布性强,增加服务器功能只要增加网页就可以,扩展简单,在维护上只需要改变网页就可以完成用户的同步更新,开发简单。客户端上只要安装一个浏览器就可以,服务器端安装数据库,浏览器通过 Web 服务器同数据库进行数据交互。计算机客户端的负担大大减轻了,系统维护成本和升级成本工作量也大大减轻了,用户的总体成本也降低了。

基于浏览器/服务器的建筑工程管理信息平台的设计主要是针对建筑行业管理现实需要和未来发展趋势,在系统的设计主体思想是以建筑工程信息管理为基础应用模块和平台,采用 Web 浏览器作为平台的界面,支持不同数据库系统。建筑工程管理信息平台系统采用的 Web 界面实用,便于用户对界面进行操作,提供用户的工作效率,体现了系统的实用性和先进性。建筑工程管理信息平台系统存放信息的数据库是独立的,不用安装在 Web 服务器上面,这样数据库被攻击的可能性很小,保证了数据库的安全,同时还有严密的系统权限管理保密措施。系统在设计上的最大特点就是采用模块化,这样便于系统功能模块的扩展,有利于系统功能模块的整合,模块功能管理范围扩大,建筑工程管理信息平台系统在功能上比较完善。

2. 工程管理信息平台整体结构

在整个项目实施的周期内和各项目之间使工程管理信息达到共享,关键是建筑工程管理信息平台系统核心业务流程的数据集中处理和业务流程处理标准规范结构的设计。在建筑工程管理信息平台系统结构设计上包括施工管理、权限管理、成本管理和文档管理 8 个结构,如图 5-15 所示。

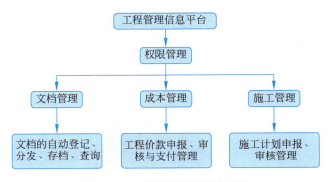

图 5-15　工程管理信息平台架构

权限管理的作用是保证建筑工程管理信息平台系统的安全运行,对系统平台用户的操作权限进行严格的控制。

文档管理的作用是工程文档管理功能和监控功能,工程管理的工程文档有自动登记、存档、分发和查询功能,工程文档的监控功能是对文档的申请和审批。使工程文档资料在管理的速度和准确度上得到提高,进而从根本上提高工程项目管理的工作效率。

施工管理模块主要是承包商在进行建筑工程施工过程中对工程计划进行申报和审核管理。

成本管理是对工程款进行审批的过程，在整个的业务处理过程中实现了业务的流程化处理，对资金严格控制，避免人为的虚报等操作造成资金流失。

思 考 题

1．工程项目的生命周期从策划决策到最终建成运营可分为哪些阶段？每个阶段都不同程度地用到哪些方面的知识？

2．简述建筑技术发展的新趋势。

3．经济效果评价的基本内容有哪些？

4．管理平台的主要职能有哪些？试通过实例加以说明。

5．现代工程建设中需要解决哪些技术问题？

第 6 章 工程管理理论和方法

学习目标

通过本章的学习，了解工程管理基础理论和方法；熟悉工程经济理论和方法；掌握工程相关法律和合同管理理论和方法；掌握工程管理基础理论和方法，包括系统工程理论和方法、控制理论和方法、信息理论和方法、最优化理论和方法。

6.1 工程管理基础理论和方法

工程管理基础理论和方法是指在工程管理理论体系中起基础性支撑作用，具有稳定性、根本性、普遍性特点的理论和方法，其贯穿于整个工程管理的专业和学科体系中。

6.1.1 系统工程理论和方法

1. 系统

1) 含义

（1）系统是伴随人类长期社会实践而逐渐形成的把事物诸因素联系起来进行分析和综合的有机整体。"系统"的概念是工程界应用最广的基本概念之一。经过多年的实践和发展，系统的基本含义已逐步形成。

（2）《一般系统论》中对系统的定义是："系统是相互关联、相互作用的诸元素的集合。"

（3）钱学森等学者则将系统的定义发展为："系统是由相互作用和相互依赖的若干组成部分结合而成的，具有特定功能的有机整体，而且这个有机整体又是它从属的更大系统的组成部分。"

2) 特征

（1）多元性。系统是由多元素所组成的。

（2）相互性。元素间相互依存、相互作用、相互制约。

（3）整体性。由元素及元素间关系构成的整体，具有特定的功能。

系统是要素的组合，但这种组合不是简单叠加和堆积，而是按照一定的方式或规则进行的，其目的是更大程度地提高整体功能，适应环境的要求，以更加有效地实现系统的总目标。

系统是一个涉及面广、内涵丰富的概念，它几乎无所不在。

2. 系统工程

1) 含义

（1）系统工程是设计（构建、做）系统的科学方法，从整体出发策划、设计、实施和运行工程系统,使系统在最优状态下运行。"

(2) 美国科学技术辞典:"系统工程是研究复杂系统设计的科学,该系统由许多密切联系的元素所组成。设计该复杂系统时,应有明确的预定功能及目标,并协调各元素之间及元素和总体之间的有机联系,以使系统能从总体上达到最优目标。在设计系统时,要同时考虑参与系统活动的人的因素及其作用。"

(3) 钱学森认为:"系统工程是组织管理系统的规划、研究、设计、制造、试验和使用的科学方法,是一种对所有系统都具有普遍意义的方法。"

系统工程是一门新兴的高度综合性管理工程技术学科,涉及应用数学(如最优化方法、概率论、数理统计等)、基础理论(如信息论、控制论、可靠性理论等)、系统技术(如系统模拟、通信系统等)及经济学、管理学、社会学、心理学等学科。

2) 基本原理

系统工程主要研究以下内容。

(1) 系统的结构、要素、信息和反馈。

(2) 系统各组成部分之间的关联性,并用明确的方式描述这些关系的性质。

(3) 揭示和推断系统整体特征。

(4) 用数学、物理学、经济学的各种工具建立关系模型,定量和定性地揭示系统的规律性。

(5) 达到最优规划、最优设计、最优管理和最优控制的方法。

3) 方法体系

(1) 定性分析:对系统做总体的概念性、结构性、框架性分析和说明,通常在战略管理、组织、系统分解、合同管理中应用较多。

(2) 定量化系统方法:用数学理论和算法分析系统问题,准确、严密、有充足科学依据地论证系统的构成、发展和变化的规律性,定量描述系统中的变量关系,并进行优化。如运筹学、管理科学、系统研究、组织建立、经营管理,以及费用效果分析等方法。

两者关系:定量分析必须以定性分析为前提。没有定性分析,定量分析就可能成为"数学游戏"。只进行定性分析,还不能精确地描述一个系统的规律性。只有在定性分析的基础上应用数学方法,建立模型,进行定量分析,才能提升对系统认识的深度和精度。

4) 处理问题的基本观点

(1) 整体性观点。处理问题时需遵循从整体到部分进行分析,再从部分到整体进行综合的途径。追求工程的整体最优化,强调工程的总目标和总效果,而不是局部优化。

(2) 综合性观点。在处理系统问题时,把对象各部分、各系统因素联系起来分析,从关联中找出系统的规律性,揭示和推断系统整体特征,避免片面性和主观性。

(3) 合理处理最优和满意的关系。工程是人、技术、社会、自然、文化等要素的组合系统,要使系统达到最优是非常困难的。在一般情况下,"最优"方案如果不被人们理解或人们不愿意接受,就达不到好的效果,而常常大家都满意会使问题能得到圆满的解决。使大家对方案的理解和接受比方案本身的优化更为重要。

(4) 实践性的观点。系统工程是"问题导向"研究,通过工程实践观察问题,而不是"方法导向"型。

3. 工程管理系统方法

工程是"造物",即构建"工程系统"的过程,是一种系统过程。

1) 整体—系统—整体法

工程过程经历从整体出发,再对各部分进行系统分解,再对部分进行综合到整体的过程,如图 6-1 所示。

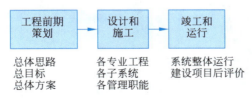

图 6-1 整体—系统—整体法图例

工程技术系统、功能,以及成本、工期、质量管理也都是按照这种系统思维工作的。

2) 工程系统分解方法

系统分解是工程系统分析最重要的工作,也是工程管理最基本的方法之一,在各门专业课程中都要用到系统分解方法。

(1) 结构化分解方法。工程最重要的系统角度有环境系统、工程目标系统、工程技术系统、工程行为系统、工程组织系统、工程管理系统等。

任何工程系统都有它的结构,都可以进行结构分解,分解的结果通常为树型结构图。例如,工程目标系统分解成系统目标、子目标、可执行目标(OBS);工程技术系统可以分解为EBS;工程全寿命期过程可以分解为 WBS;工程组织可分解为 OBS;工程成本分解为 CBS。

(2) 过程化分解。可以从如下几个角度进行过程分解。

① 工程全寿命期过程分解。

如工程可分解为:前期策划、设计和计划、施工、运行、结束等阶段,每一个阶段还可以进一步分解成工作过程。

② 专业工作实施过程分解。

如设计可以分解为方案设计、初步设计、施工图设计工作过程;

房屋基础工程的施工可以分解为挖土、做垫层、扎钢筋、浇捣混凝土等工作,即:基坑挖土→垫层→支模→扎钢筋→浇混凝土。

③ 管理工作过程分解。

工程管理系统按照职能分解为进度管理、成本(投资)管理、质量管理、合同管理、组织策划过程、物资管理过程等。每一种管理职能都可以分解为相应的预测、决策、计划、实施控制、反馈等管理活动,形成管理过程。

流程图是表达工程管理工作过程和思维方式的最常用的方法。

管理系统过程描述了工程管理工作的基本逻辑关系,是工程管理系统设计的重要组成部分,是工程信息系统设计的基础。

④ 事务性管理工作分解,包括各种申报和批准的过程,招标投标过程等。

4. 工程系统相关性总体分析

工程的各系统之间存在着错综复杂的内在联系,存在相关性,它们紧密配合、互相联系、互相影响。

（1）工程系统出现的时间先后次序关系见图 6-2。

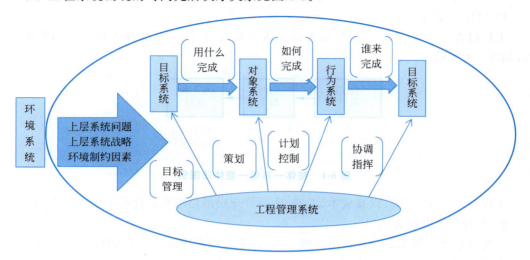

图 6-2　工程系统出现的时间先后次序

这种逻辑关系对工程管理系统设计和问题的分析有重要影响。

（2）系统要素的相关性。如对一个工程项目进行风险识别，必然是依托 WBS、环境结构、组织结构，最终得到风险分解结构。

① 工程技术风险分析必须依托 EBS。

② 工程活动（过程）风险分析必须依托 WBS。

③ 工程环境风险分析必须依托环境结构。

④ 工程组织风险分析必须依托 OBS。

⑤ 工程合同风险分析必须依托工程合同结构等。

（3）工程系统之间存在映射关系。如目标系统和组织系统、WBS 与组织系统、WBS 与风险结构之间存在映射关系，如图 6-3 所示。

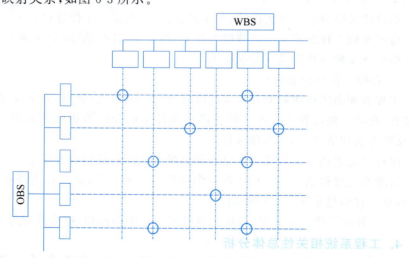

图 6-3　工程系之间映射关系示意图

5. 工程集成化管理方法

工程管理集成化是将工程的全过程、全部管理职能、全部工程专业和全部工程子项纳入一个统一的管理系统中，以保证管理的连续性和一致性。它的关键技术是工程项目全生命周期集成和全要素集成。

1) 工程管理领域集成化管理的起因

（1）工程管理是多目标管理，由目标产生管理方法，人们关注与某目标相关的管理，关注这些管理职能的内部问题，关注它们之间的联系和相关性。

（2）许多研究成果主要针对某一个组织对象，如业主、承包商、监理工程师的管理工作，从该对象的角度进行优化。

（3）侧重工程的某一个阶段，忽略了工程全寿命期阶段之间的联系和一体化要求。

（4）过于强调专业化分工，比较多地采用平行承发包模式。

由于违背了系统工程的基本原理，带来的问题也是明显的：

① 使工程过程和生产要素分割开来。

② 导致工程管理工作和组织责任的离散。

③ 阻碍了工程行业（特别是建筑业）的发展和科学技术的应用。

④ 导致工程实施和管理的效率降低，成本提高等。

⑤ 最终使工程系统不能发挥整体的综合效率和效益。

2) 工程管理集成化的特点

工程领域的集成化管理与制造业的集成化管理，以及一般项目管理中综合管理有很大的区别，有其特殊性。

（1）工程具有单件性、一次性的特点，业主要求也是个性化的，需要个性化的设计和建造过程。每个工程的融资方式、承发包方式、管理方式都是独特的、个性化的。

（2）建造（施工）过程的不均衡性。其工作内容、性质、材料和设备的应用，人员数量和专业需求等都随时间的变化而不同。这给集成化管理带来了一定的困难。

（3）工程施工生产方式落后，现场管理水平较差，环境的不确定性大。

（4）工程组织的复杂性。工程实施过程是多企业合作，各方面管理制度、文化都不同，同时又需要严格分清责任，协调难度较大，集成化管理的组织和心理障碍大。

（5）建筑工程具有社会性和历史性，要求工程系统的管理过程必须十分慎重。

① 按照质量管理要求，实施工作必须按程序进行，要对前导工作进行检查验收，对后续工作进行安排，以便分清责任。

② 按照法律和建设程序的要求，工程设计必须按照阶段进行，如初步设计完成，经审查后才能进行施工图设计；施工图设计经审查批准后才能进行施工招标；施工招标有严格的程序要求，最终才能确定承包商；签订施工合同后，才能进行现场安排。

③ 由于工程实施工作由不同的利益主体承担，需要分清各方责任，划清界限，理顺工作关系。

按照法律、合同和目标管理的要求，大量的工作安排都要求串行，而非平行（或并行），非集成化。

3) 工程管理集成化的基本内容

工程集成化管理是系统思维、组织、过程、技术、方法、信息系统的综合问题，已经渗入工程的各个方面。

(1) 工程"前期策划—规划—设计—施工—运营—健康管理—拆除"过程一体化,即推行工程全寿命期管理。

① 在业主投资项目全过程责任制的工程中。

② 房地产企业持有物业等。

(2) 把工程的目标、各专业子系统、资源、信息、活动及组织整合起来,使之形成一个协调运行的综合体。

① 分解工程实施活动,采用搭接网络安排计划,使之互相搭接。

② 合理分配资源,优化资源利用,运用JIT(just in time)供应体系。

③ 采用并行工程方法,使设计、供应和施工过程搭接。

④ 计划工作尽量提前,尽早明确工程范围、工作内容,并落实资源、工作责任人和环境条件。

⑤ 完善质量保证体系,调动实施者的控制积极性和责任心,减少现场监督工作,使工程质量的责任明确。

⑥ 尽量采用标准构件和工业化建造技术,简化工程实施工作。

⑦ 采用虚拟仿真技术,预先了解施工过程。

⑧ 合理安排施工顺序,使相似工作重复等。

(3) 工程管理的各个职能的集成,如成本管理、进度管理、质量管理、合同管理、信息管理、资源管理、组织管理等综合起来,形成一个有机的工程管理系统。

(4) 集成化的工程组织和责任体系建设。

① 通过工程全寿命期目标系统设计、组织责任体系的建立和合同策划等,将投资者、业主、承包商、设计单位、监理单位、供应商、运行维护(物业管理)单位等组合成一个整体,消除工程组织责任盲区和工程参加者的短期行为。

② 推行业主投资项目全过程责任制、工程EPC总承包和项目管理承包。让承包商参与项目融资,对运行维护负责。

③ 集成化团队的构建,减少组织界面损失,如各方介入建设计划的制订过程;承包商、供应商和运行维护单位参与设计;施工方案在设计阶段完成,作为设计任务的一部分;设计单位介入施工过程,参加施工方案制订,并指导施工;在运行中,设计单位仍然承担指导、告知、咨询等责任。

(5) 采用集成化的合同体系设计方法。集成化管理是新工程合同理念之一。

① 各合同的起草和签订应符合工程总目标,而不是阶段性目标。

② 注重构建平行合同(如设计合同、供应合同、施工合同)和不同层次合同(承包合同、分包合同)之间的内在联系。

③ 通过合同条款设计,构建各方面关系,减少合同界面的漏洞,如在施工合同中规定,让承包商对设计单位提供的图纸中明显的错误负责;让承包商承担工程预警责任;承包商提交的计划中应包括业主的图纸、材料、设备供应计划等,如图6-4所示。

④ FIDIC合同规定:承包商可以使用业主提供的设备、临时工程,但要支付费用;同时,承包商要听从工程师的指令向其他承包商提供设备和临时工程,业主要给予补偿。

将现场不同的承包商(供应商)的设备一体化管理,形成高效率的资源共享,降低整个工程成本，如图 6-5 所示。

图 6-4　工程相关各单位之间的关系

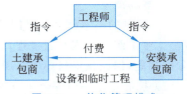

图 6-5　一体化管理模式

(6) 工程信息集成化管理。

① 将过去开发的单个项目管理系统通过"系统集成"构建大系统(软件包)。项目管理信息系统和软件都是集成化，如 PKPM、P6 等。

将业主、承包商、设计单位、工程管理公司、供应商和运行维护单位等各方面的项目管理系统集成化和一体化。

② 建立工程全寿命期信息集成系统。

③ 通过项目的信息门户(PIP)、BIM，构建能够使所有工程参加者共享的信息平台，使工程信息在各阶段、各个组织成员和各个职能管理部门之间能够实现无障碍沟通。

BIM 不仅能够对一个工程实现各专业工程、全寿命期各阶段、各管理职能(技术、经济、进度、合同、资源等)的信息集成，而且可以与数字城市、GIS 等信息集成，构建更大范围的集成系统。

(7) 工程系统与其他系统的交互作用。

现代工程系统规模越来越大，系统也越来越复杂，工程系统与环境、其他工程系统、社会系统有复杂的交互作用，则集成化越来越重要，难度也越来越大。如南京地铁原计划要建 17 条线，建设时间跨度达 50 年，最终要构成一个集成系统。

新型建筑工业化和住宅产业化实质上主要是解决工程相关产业的集成问题。

6. 其他系统工程方法

(1) 系统优化方法，如线性规划、动态规划等方法。

(2) 最优化理论和方法就是最常用的系统优化方法。

(3) 系统评价方法，如可行性研究、技术评估、技术经济论证、绩效评价、项目管理成熟度评价、层次分析法、模糊综合评价、灰色系统模型等方法。

(4) 预测和决策方法，如蒙特卡罗法、回归预测法、时间序列预测法、特尔斐法、多目标决策和群决策、风险型决策。

(5) 其他方法，如风险管理技术(VERT)或网络计划方法(CPM)、组织协调方法。

(6) 系统建模方法。借助模型把系统具体化、可操作化，以对系统进行分析、设计、综合，系统模型通常由各种符号、线条、文字组成。如系统动力学模拟法。

6.1.2　控制理论和方法

"控制"英文译为 Control，来源于希腊语"掌舵术"，后转化为管理艺术中的主要职能之一。我国科学家钱学森将控制理论应用于工程实践，并于 1954 年出版了《工程控制论》一书,这标志着控制论工程技术在工程管理领域得到广泛的应用。

1. 基本概念

(1) 控制的基本概念。控制是指施控主体(如工程管理者)对受控客体(即被控对象,如工程、工程组织和工程实施过程)的一种能动作用,使受控客体根据预定目标运动,改善受控对象的功能,保证预定目标的实现。

(2) 控制论是一门综合研究各类系统的控制、信息交换、反馈调节过程的科学,是涉及人类工程学、控制工程学、通信工程学、计算机工程学、生理学、心理学、数学、逻辑学、社会学等的交叉学科。

控制理论和方法在工程技术和工程管理领域中得到了广泛的应用,发挥了重要作用。

2. 管理中的控制

(1) 管理系统是一种典型的控制系统。控制作为管理系统最重要的管理职能之一,是为了确保组织目标和预定计划的圆满实现,使系统稳定和高效率地运行。

控制工作存在于管理活动的全过程中,不仅可以维持其他职能的正常运动,还可以通过采取纠偏改变其他管理职能活动。

(2) 在管理学中,控制包括提出问题、研究问题、计划、控制、监督、反馈等工作内容。控制的基础是信息,需要有效地获得并使用信息。

(3) 控制是创新的过程,需要确定新的目标、新的计划和控制标准。由于环境的变化,目标和计划有疏漏,在计划执行过程中可能会出现偏差,会发生未曾预料到的情况,上层组织会有新的要求,需要对原目标和计划进行修订或重新制订,则会产生新的控制标准,并调整整个实施工作程序。

(4) 管理中的控制系统是一个组织系统。任何组织都需要进行控制。控制又是每个组织成员的职能,他不仅要对自己的工作负责,而且必须对总目标承担相应的责任,必须承担控制职能。

3. 工程管理中的控制

1) 工程实施控制的必要性

(1) 工程管理采用目标管理方法,其中工程总目标及经过设计和计划分解得到的详细目标,必须通过控制才能实现。

① 工程是多目标系统,经常会产生目标争执,在控制过程中必须保证目标系统的平衡;

② 工程目标很多,它们之间存在复杂的内在联系和矛盾,如工程质量控制、时间控制、成本(投资)控制、各方面满意目标控制、环境控制、安全和健康控制等。

③ 工程目标是可变的,上层组织战略的变化、实施环境的干扰、新技术的出现等都可能需要修改目标。

工程中的干扰因素可能会造成对项目实施的干扰,使实施过程偏离目标。

(2) 现代工程规模大、投资大、技术要求高、系统复杂,实施难度大,不进行有效控制,必然会导致项目失败。

(3) 由于专业化分工,参加工程的单位多,工程顺利实施需要各单位在时间上、空间上协调一致。但由于工程各参加者有自己的利益需求,有其他方面的工作任务,会造成行为的不确定性、不一致性、不协调或冲突,使工程过程中断或受到干扰,会导致实施状态与目标偏差,所以必须有严格的控制。

（4）工程的设计和计划是基于许多假设条件的，会有许多偏差。

在工程中由于各种干扰会使实施过程偏离目标、偏离计划，这就要求工程实施过程必须不停地调整，如果不进行控制，会造成偏离增大，最终可能导致工程失败。

2）工程控制的层次性

现代工程要求系统的、综合的控制，形成严密多维的控制体系。

（1）不同阶段控制的差异性。

① 工程控制始于前期策划阶段。对工程构思、目标设计、建议书、可行性研究的审查、批准都是控制工作。控制措施越早做出对工程及其成本（投资）影响越大、越有效。但在工程初期，信息缺乏，工程的目标和实施方法尚未明确，使控制的依据不足，所以控制难度大。工程前期的控制主要是投资者、企业（即上层组织）管理的任务。

② 在设计和计划阶段，需要对各种设计方案、实施方案做出选择决策，对设计和计划文件进行审查批准。

③ 在工程施工阶段，技术设计、计划、合同等已经全面定义，控制的目标和过程十分明确，控制工作最为活跃。

（2）不同组织层次控制工作的差异性。从上层投资者到工程的基层操作人员，都有控制任务。

① 高层管理者的控制主要采用决策、监督和审批等方法。

② 项目管理者主要承担工程实施控制工作。不仅要提出咨询意见、做计划、指出怎样做，而且直接领导相关的工程组织，在现场负责工程实施控制工作，是管理任务的承担者。

工程管理者必须介入具体的实施过程，进行过程控制，要亲自布置工作，监督现场实施，参与现场各种会议，而不是作最终评价。

③ 在实施层，主要是工作过程控制，在工作质量、工作进度和费用（包括资源消耗）等方面的控制。

3）工程实施控制的内容

工程实施控制与工程管理涉及的各方面管理内容一致。

（1）工程目标控制，如成本（费用、造价、投资）控制、质量控制、进度控制、HSE控制等。目标控制是基于成果的控制。

（2）对工程资源相关要素的控制，如技术、资源（设备、材料、资金、劳务）、信息、现场等方面的控制。

（3）对保障工程顺利实施相关要素的控制，如组织、利益相关者、法律和合同、风险控制。

（4）工程控制是过程控制与成果控制的统一。

① 过程控制，即以工程实施过程为控制对象，对工程实施过程进行计划、监督、考核、评价。

② 成果控制，即定义与测量最终交付成果，评估成果是否满足预定要求，根据成果进行绩效考核和奖励。

4）工程控制的过程

工程控制是一个积极的、持续改进的过程，如图6-6所示。控制过程具有普遍的意义，即整个工程的实施过程，以及上述各个对象的控制（如成本控制、进度控制等）都有相似的控制工作过程。

图 6-6　工程控制的过程

（1）工程实施监督。

通过经常性监督以保证整个工程和各个工程活动按照任务书、计划和合同的要求有效地、经济地实施，达到预定的目标。

① 保证按照计划实施工程，每一个阶段和每一项工作都要正式启动，确保有明确的组织责任，且认真严肃地对待计划，不能随意变更和修改计划。

② 提供工作条件，沟通各方面的关系，划分各方面责任界面。

③ 监督实施过程，开展各种工作检查，例如，各种材料和设备进场及使用前检查，隐蔽工程、部分工程及整个工程的检查、试验、验收，规范现场秩序。

④ 预测可能的干扰和潜在的危险，并及时采取预防性措施。

⑤ 记录工程实施情况及环境状况，收集信息。

⑥ 编制日报、周报、月报，并及时提供工程项目信息。

（2）实施过程跟踪。

将反映工程实施情况的各种报告获得的有关工程范围、进度、费用、资源、质量与风险方面的实际信息，与原工程的目标、计划作比较和分析，以认识何处、何时、哪方面出现偏差。跟踪关注控制点。控制点通常都是关键点，能最佳地反映目标。

① 重要的里程碑事件；

② 对工程质量、职业健康、安全、环境等有重大影响的工程活动或措施；

③ 对成本有重大影响的工程活动或措施；

④ 合同额和工程范围大、持续时间长的主要合同；

⑤ 主要的工程设备和主体工程等。

跟踪需要完备的工程管理信息系统。

（3）实施过程诊断。

通过实施诊断把握整个工程实施过程的健康状况，为纠正偏差或预防偏差的措施提供依据。

① 对工程实施状况的分析评价。

② 分析偏差产生的原因，对重要的偏差提出专题分析报告。

③ 偏差责任的分析。

④ 实施过程趋势分析。实施趋势分析包括如下几个方面。

- 偏差对工程的结果有什么影响，即按目前状况继续实施工程会有什么结果。
- 如果采取调控措施，以及采取不同的措施，工程将会有什么结果。
- 对后期可能发生的干扰和潜在的危险作出预测，以准备预防性措施。

实施过程诊断需要依靠专家经验做出判断。

（4）采取调整措施，调整工程实施过程，持续改进。

工程实施的调整措施通常有以下两类。

① 对工程目标的修改。根据新的情况,或上层组织的新战略,需要对原定的目标系统进行修改,或确定新的目标。例如,调整工程产品范围或功能定位,修改设计和计划,提高质量标准,重新商讨工期,追加投资等,而最严重的措施是中断项目,放弃原来的目标。

② 按新情况(新环境、新要求、项目实施状态)作出新的计划,利用技术、经济、组织、管理或合同等手段,调整实施过程(如增加、减少工程活动,改变逻辑关系),改变施工方案,协调各单位、各专业设计和施工工作。

采取调整措施需要决策支持系统。

(5) 工程变更管理。

变更管理是综合性工程管理工作,它既是工程实施控制的一部分,同时又包括新的决策、计划和控制。

① 在实施过程中频繁的变更,是工程区别于制造业生产过程的特点之一。

工程变更的次数、范围和影响的大小与如下因素相关。

- 该工程所处环境的稳定性;
- 目标设计的科学性、完备性和确定性;
- 技术设计的科学性;
- 实施方案和实施计划的可行性;
- 其他,如业主干预情况等。

② 工程变更对工程实施过程的影响。如定义项目目标、技术系统和实施的各种文件(如图纸、规范、计划、合同、施工方案、供应方案),都要作相应的修改;工程变更引起组织责任的变化和组织争执;引起已完工程返工,施工停滞或秩序打乱,已购材料损失等;产生新的目标分解和计划版本,工程控制基础和依据发生变化;需要尽快作出变更决策,迅速、全面、系统地落实变更指令,需要管理者"即兴而作",毫不拖延地解决问题,这容易引起失控、混乱,导致损失;任何变更都会带来新的问题和风险,有负面作用;频繁的变更会使人们轻视目标和计划的权威性,而不认真作计划,也不严格执行计划,或不提供有力的支持,会导致更大的混乱和失控,又会引起更为频繁的变更。

③ 变更管理是工程管理的难点之一,要建立一套严格的变更管理制度。

5) 工程管理中常用的控制方法

(1) 事前控制、事中控制和事后控制。

① 事前控制也叫前馈控制,工程中常见的事前控制措施有以下几项。

- 对可行性研究、设计和计划进行认真地分析、研究、审查和批准;
- 在材料采购前进行样品认可和入库前检查;
- 对供应商、承(分)包商进行严格的资格审查,签订有利、公平和完备的合同;
- 收听天气预报以调整下期计划,特别是在雨期和冬季施工中;
- 建立管理程序和规章制度;对风险进行预警等。

② 事中控制,是指在工程实施过程中采取控制手段,确保工程依照既定方案(或计划)进行。

- 通过严密的组织责任体系,对实施过程进行监督;
- 在各管理职能之间建立互相制衡机制;
- 在工程施工过程中进行旁站监理,现场检查,防止偷工减料。

③ 事后控制。它是利用实际实施状况的信息反馈,总结过去的经验与教训,把后面的工作做得更好。例如,对现场已完工程进行检查,对现场混凝土的试块进行检验以判定施工质量,在月底对工程的成本报表进行分析等。

事后控制是一种反馈控制,但很显然,这种控制存在时滞,即已出现问题了再调整,往往难免造成损失。

（2）主动控制和被动控制。

① 主动控制。主动控制是对未来的控制,尽可能改变偏差已经成为事实的被动局面,从而减少损失,使控制更有效。

- 上述事前控制和事中控制；
- 从组织的角度上,要求工作完成人有主观能动性,自律；
- 在质量和安全管理中,强化实施者的第一责任,自我控制,自己设置目标和流程,自我监督、检查和评估；
- 通过合同加强承包商自我控制的责任和积极性。

② 被动控制。如上述的事后控制。从组织角度,通过工程参加者之间互相制衡,通过第三方监督检查,如旁站监理进行控制。

③ 主动控制和被动控制的关系。有效的控制系统是将主动控制与被动控制紧密地结合起来,尽可能加大主动控制过程,同时进行定期、连续的被动控制。

（3）PDCA 循环法。

PDCA 即 Plan(计划)、Do(执行)、Check(检查)、Act(处理)。其基本原理是,做任何一项工作,或者任何一个管理过程,一般都要经历四个阶段,如图 6-7 所示。

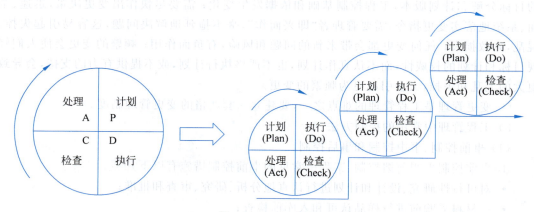

图 6-7　PDCA 循环

① 根据设想提出一个计划；
② 按照计划规定执行；
③ 在执行中以及执行后要检查执行情况和结果；
④ 总结经验和教训,寻找工作过程中的缺陷,并提出改进措施,通过新的工作循环,持续改进,把工作越做越好。

PDCA 循环法是做好工作的一般规律。

① 每一个循环都包括"PDCA"四个阶段,靠组织系统推动,周而复始地运动。保证管

工作的系统性、全面性和完整性。

② 大循环套中循环,中循环套小循环,环环紧扣。一个工程本身就是一个 PDCA 大循环系统;内部的各阶段,或组织的各部门,甚至某一个职能管理工作都可以看作一个中循环系统;基层小组或个人,或一项工程活动都可以看作一个小循环系统。

③ PDCA 循环是螺旋式上升式发展的。

6.1.3 信息理论和方法

1. 基本概念

1)信息的定义

信息(information)是事物属性和状态的标识,是事物运动特征的一种普遍形式,客观世界中大量地存在、产生和传递着各种各样的信息。

在现代管理中,信息通常是指经过加工处理形成的对人们各种具体活动有参考价值的数据资料。它也是一种资源。

2)信息论

信息论是研究信息的性质、度量、产生、获取、变换、传输、存储、处理、显示、识别和利用的一般规律的科学。信息论及信息方法和技术已广泛渗透到各个科学领域。

3)信息管理

(1)信息管理就是对信息进行收集、整理、储存、传递与应用的总称。

(2)在工程管理系统中,信息管理是为总目标服务的,通过信息管理促进工程管理系统高效率地运行,保证总目标的实现。

(3)信息管理作为现代工程管理的一项重要职能,通常在工程组织中要设置信息管理人员,在一些大型工程或企业中均设有信息中心。

同时,信息管理又是一项十分普遍的、基本的工程管理工作,是每个工程组织成员或职能管理人员的一项常规工作,他们都要担负收集、提供、传递信息的任务。

4)管理信息系统

管理信息系统是一个由人(组织成员)、计算机等组成的能进行信息的收集、传送、储存、加工、维护和使用的系统,具体包括信息管理的组织(人员)、相关的管理规章、管理工作流程、软件、信息管理方法(如储存方法、沟通方法、处理方法),以及各种信息和信息的载体等。

管理信息系统组织的神经系统。它能反映组织的运行情况,利用过去的数据预测未来,进行辅助决策,利用信息控制组织的行为,以期达到组织目标。

管理系统是否有效,其关键在于管理信息系统是否完善,信息反馈是否灵敏、正确、有力。

5)信息技术

信息技术是信息理论和方法与微电子科学、计算机科学、人工智能、系统工程学、自动化技术等多学科相结合而产生的技术,包括计算机、互联网、各种专业性的数据采集技术、全球定位系统(GPS)、地理信息系统(GIS)、各种数据处理技术,以及在此平台上开发的各种应用软件等。

信息技术的应用水平是衡量一个产业现代化程度的标志。

现代信息技术已经成为工程实施的工具,是各个专业工程和工程管理工作的依托。

信息技术的发展,使现代工程的决策、设计和计划、施工及运行的组织实施和管理方式发生了根本性变化,很多传统的方式已被信息技术所代替。

2. 工程中的信息和信息流

1) 工程实施过程需要并不断产生大量信息

(1) 工程中的信息很多,如工程项目建议书、可行性研究报告、项目手册、各种合同、设计和计划文件、工程实施信息、各种指令、决策方面的信息、外部环境信息(如市场情况、气候、外汇波动、政治动态)等。

(2) 工程的目标设置、决策、各种计划,组织资源供应,领导、激励、协调各组织成员,控制工程实施过程都是依靠信息实施的。

(3) 信息必须符合管理的需要,具有适用性、准确性、可靠性,要有助于管理系统的运行,不能造成信息泛滥和污染。

2) 信息流的形成

信息随着工程实施过程、实体形成过程、组织运作过程、资金流动过程等,按一定的规律产生、转换、变化和被使用,并在工程相关者之间流动,形成信息流。

信息流将工程实施工作流程、物流、资金流,各个管理职能和组织,以及环境结合在一起。只有信息流通畅,工程相关者之间才能进行充分、准确、及时的沟通,实现组织协调,减少冲突和矛盾,保证工程目标的顺利实现。

3) 工程信息交换过程

信息流包括两个最主要的交换过程。

(1) 工程与外界的信息交换。

① 由外界输入的信息,如物价信息、市场状况信息、周边情况信息及上层组织(如企业、政府部门)给工程的指令、对工程的干预等,工程相关者的意见和要求等。

② 工程向外界输出的信息,有大量信息必须对外公布,如工程需求信息、工程实施状况信息,工程结束后的竣工文件和各种统计信息等。

(2) 工程内部的信息交换,即工程实施过程中工程组织成员和工程管理各部门因相互沟通而产生的信息流。

① 自上而下的信息流:通常决策、指令、通知和计划是由上向下传递的。

② 由下而上的信息流:按照组织层次,由下逐渐向上传递。

③ 横向或网络状信息流。

3. 工程信息管理的作用和任务

1) 工程信息管理的作用

(1) 利用现代信息技术,有效地整合信息资源,从而实现优化资源配置、提高工程管理效率、规避工程风险,有效地控制和指挥工程的实施,保证工程的成功。

(2) 使上层决策者能及时准确地获得决策所需信息,能够有效、快速决策,能够对工程实施远程控制和实时控制。

(3) 实现工程组织成员之间信息资源的共享和有效的信息沟通,消除信息孤岛现象,防止信息的堵塞,达到高度协调一致。

(4) 让外界和上层组织了解工程实施状况,更有效地获得各方面对工程实施的支持。

2) 工程信息管理任务

(1) 建立工程信息管理系统,将工程基本情况的信息系统化、具体化,设计工程实施和管理中的信息和信息流描述体系。信息管理系统是寄生于管理系统之上的。

① 按照工程实施过程、工程组织和环境组织、工程实施和管理过程确定工程的信息需求。

② 建立工程的信息流程,确定工程系统内及工程与外界的信息沟通机制。

③ 制定工程信息分类和编码规则与结构。

④ 落实信息管理的组织责任,各组织部门对信息的采集、流通、处理、提供、储存等承担责任,并制定工程信息的收集、整理、分析、反馈和传递等规章制度。

⑤ 在工程的各个环节,以及各个部门设置信息收集、传输、处理、储存等的方法和设施。

(2) 通过各种渠道收集信息,如通过现场调查、观察、试验、记录等,获得工程最基础的资料。

(3) 工程信息的加工与处理。

① 对信息进行数据处理、分析与评估,确保信息的真实、准确、完整和安全。通过深度的数据挖掘,为管理人员和决策者提供及时、全面、精准的数据支持,提高决策的科学性。

② 编制工程实施状况报告。

(4) 保证信息系统正常运行,保证信息渠道畅通,让信息传输到需要的地方,并被有效使用。

(5) 信息的储存和文档管理工作,为后续工程阶段和活动,为其他新工程的决策留下资料。

3) 信息管理需要解决的问题

(1) 信息在工程全寿命期中产生、获取、变换、传输、存储、处理、显示、识别和利用的规律性研究。

(2) 管理信息系统技术与组织结构、组织行为的互相影响的规律性研究。

现代信息技术会促进组织之间进一步专业化和社会化,促进工程组织重构,会越来越扁平化,并拓宽了工程相关者对工程的参与程度。

(3) 管理系统的构建。信息技术需要有效的基础管理工作支撑,如管理的标准化、管理体系的建设和运行、人员基本科学素质的提升、基本数据收集、储存和统计分析、企业基础数据库建设等。

6.1.4 最优化理论和方法

1. 基本概念

最优化理论和方法,即运筹学,是用数学方法研究经济、社会和国防等部门,以及工程在内外环境的约束条件下合理调配人力、物力、财力等资源,使系统有效运行的科学技术。它可以用来预测系统发展趋势、制订行动规划,对遇到的问题进行优化处理,优选可行方案,以解决最优生产计划、最优分配、最优决策、最佳设计、最佳管理等最优化问题,对有限的资源做最佳的调配,并提高系统效率、降低成本、减少风险。

最优化理论已广泛应用于工业、农业、交通运输、商业、国防、建筑、通信、政府机关等各个部门、各个领域。

2. 最优化理论的主要内容

最优化理论的主要内容包括数学规划、线性规划、非线性规划、整数规划、目标规划、动态规划、随机规划、图论、网络理论、博弈论、决策论、排队论、存储论、搜索论、决策理论、维修更新理论、可靠性理论、仿真技术、ABC分析、敏感度分析等。

3. 运筹学在工程管理中的应用体现

（1）施工组织和计划。如施工作业计划、日程表的编排、合理下料、配料问题、物料管理等。

（2）库存管理。包括多种物资库存量的管理，库存方式、库存量优化等。

（3）运输问题。如确定最小成本的运输方式（空运、水运、公路运输、铁路运输、捷运、管道运输）、线路、物资的调拨、运输工具的调度等。

（4）人力资源管理。如对人员的需求和使用的预测，确定人员编制，人员合理分配，建立人才评价体系，人才的开发（包括教育和训练），各类人员的合理利用，薪酬的确定等。

（5）财务和会计。如应用于经济预测、预算、贷款和成本分析、定价、投资管理、现金管理、盈亏点分析、价值分析等方面。

（6）其他。如厂址的选择，工程优化设计与管理，设备维修，更新改造，项目选择、评价，系统可靠性分析，风险评估等。

6.2 工程经济理论和方法

6.2.1 概述

工程经济学是研究工程中的经济性问题、工程活动（方案）的经济效益（效果）的学科。它既是工程管理专业最主要的经济类课程，又是工程技术与经济学边缘交叉学科，同时具有自然科学和社会科学的双重属性。

（1）工程经济学是对工程技术和工程活动进行经济分析最常用的理论与方法，对各种可行方案采用分析比较和经济性评价方法，为选择并确定最佳方案的决策提供支持。

（2）工程经济学的目标是有效利用（节约）资源，以最小的投入获得预期产出，或者以等量的投入获得最大产出，使工程建设和运营更加经济和高效。

6.2.2 工程经济学理论和方法应用的对象

（1）在可行性研究中，对工程项目（如建设项目、新产品开发项目、软件开发项目、新工艺及设备的研发项目）立项，做财务评价。对关系到国计民生的大型项目还必须做国民经济评价。

在可行性研究中还可能有一些专项评价，如对工程选址的专项分析和评价；对工程总体方案的分析和评价；对工程融资方案的评价等。

对工程融资，要做资金取得方式评价，包括资本金投入、银行贷款、发行债券、项目融资等。

（2）在建设阶段，需要对各种可选方案作经济分析、评价和选择决策。如生产工艺和生产设备方案、工程结构方案、施工工艺方案、施工设备或构配件的制造或采购方案、工期方案、合同方案、原材料采购和储存方案、保险方案等。

通常经过工程估价算出不同方案的工程费用，再应用工程经济学理论和方法，进行分析评价，以选择最经济合理的方案。

（3）工程项目后评价。在工程竣工并运行一段时间后，对已完成的工程的目标、实施过程、运行效益和影响等进行系统而客观的总结、分析和评价，为本工程运行提供改进意见，同时也为未来新工程的投资决策和管理提出建议。

（4）工程运行过程中的经济分析和评价。

① 工程维修决策，如维修时间决策，日常性维护、中修、大修的安排，以及相应维修方案的选择等。

② 工程及其设备的退役与更新分析，如对设备经济寿命的确定、设备更新方案的综合比较。

③ 对工程改扩建、技术改造、维修或拆除方案的经济评价。

④ 对工程资本运作方案的评价和决策等。

6.2.3 工程经济学的主要内容

（1）工程经济学的基本原理。

工程经济学的基本理论包括资金的时间价值理论，工程全寿命期费用分析、边际费用分析、费用—效益分析等工程经济性分析与评价的基本原理，以及多方案比较与选择方法。

推行工程全寿命期管理的动力是对工程整体价值（效率和效益）的追求。目前，国内外对工程全寿命期费用的研究都不够深入。这是工程经济学新的有重大价值的研究和应用领域，它对工程的建设和运行都具有重要的指导作用。

（2）工程经济分析研究与应用。

工程经济分析研究与应用包括工程项目投资估算、工程项目融资、财务评价与国民经济评价、不确定性分析与风险分析、工程设计和施工及运营中设备更新与选择的经济分析等。

（3）工程的财务（经济）评价。

工程的财务评价主要评价工程项目自身的经济效益。根据国家现行的财务制度、价格体系和工程评价的有关规定，分析计算工程直接效益和直接费用成本，编制财务报表和计算财务评价指标。通过对工程的基本生存能力、盈利能力、偿债能力和抗风险能力等财务状况进行分析和评估，来判断工程项目的财务可行性，为工程投资决策提供科学依据。

工程的财务评价一般采用现金流量分析、静态和动态获利性分析及财务报表分析等方法。

① 现金流量分析，是以工程作为一个独立系统，反映工程在建设期与生产经营期内各年流入和流出的现金活动。

② 静态分析法不考虑时间因素的影响，直接以总投资支出与投产后的收益进行分析计算。

③ 动态分析法采用折现现金流量的分析方法，在分析计算中，考虑资金的时间价值。

④ 财务报表分析。根据工程的具体财务条件及国家有关财税制度和条例规定，把工程在建设期内的全部投资和投产后的经营费用与收益，逐年进行计算和平衡，用报表格式来反映。

（4）价值工程的分析和应用。

（5）工程方案经济评价。

工程方案经济评价不仅包括对工程的直接经济价值、近期经济价值进行分析，而且应包括对工程的间接经济价值和远期经济价值作评估。在工程经济评价中会有以下两种情况。

① 单方案评价，即投资项目只有一种技术方案或独立的项目方案可供评价。对于单方案评价，采用在财务评价中介绍的经济指标就可以决定项目的取舍。

② 多方案评价，即投资项目有几种可供选择的技术方案。方案之间一般存在三种类型的经济关系，即互斥关系、独立关系和其他相关关系。根据不同关系，可选用不同的比较方法来选择最优方案。

6.3 工程相关法律与合同管理理论和方法

6.3.1 工程建设法规

1. 概述

工程的建设和运营过程涉及社会的各个方面，而且我国大量的工程建设都是由政府投资的，所以我国的工程管理在很大程度上与国家（政府）管理相关，受法律和政策的影响大。

为了实现工程建设行为的规范化、科学化，促进工程建设管理水平的提高，国家制定与实施了一系列建设法律法规。它们的具体作用有以下几点。

1）规范建设行为

各种建设活动都必须符合法律法规的要求，所以对建设主体的行为有明确的规范性和指导作用。

2）保护合法建设行为

只要在法律允许范围之内进行的建设行为，就能得到国家的承认与保护，就具有效性。

3）处罚违法建设行为

通常任何一部建设法律法规都有对违反该法律法规的建设行为的处罚规定。这是其法律性的表现。建设法律法规要规范建设行为和保护合法的建设行为，必须对违反法律的建设行为给予应有的处罚，否则，建设法律法规由于缺少强制制裁手段而变得没有实际意义。

与工程建设相关的法律法规数量很多。任何参与工程的单位和人员都必须熟悉和遵守适用于工程的法律法规，必须了解工程建设法律体系和最主要的法律法规，例如，民法典、建筑法、环境保护法、城乡规划法、税法、招标投标法、保险法、文物保护法等。

2. 我国建设工程法律体系

1) 法律体系的基本概念

法律体系是对一个国家的全部现行法律进行分类组合而形成的有机联系的统一整体。在统一的法律体系中，因其所调整的社会关系的性质不同而划分成不同的法律，如宪法、经济法、行政法、刑法、刑事诉讼法、民法典、民事诉讼法等，它们是组成法律体系的基本因素，既相互区别，又相互联系、相互制约。

2) 工程建设法规体系

工程建设法规是指国家立法机关或其授权的行政机关制定的，旨在调整国家及其有关机构、企事业单位、社会团体、公民之间在工程建设活动中或建设行政管理活动中发生的各种社会关系的法律、法规的统称。它调整的对象，是在建设活动中所发生的各种社会关系，包括建设活动中所发生的行政管理关系、经济协作关系及其相关的民事关系。

工程建设法规体系是指把已经制定和需要制定的建设法律、法规和建设部门规章等衔接起来，形成一个相互联系、相互补充、相互协调、完整统一的体系。它是国家法律体系的重要组成部分，同时又自成体系，具有相对独立性。

根据法制统一原则、协调配套原则，工程建设法规体系必须服从国家法律体系的总体要求，必须与宪法和其上一层次的相关法律保持一致，不得与它们相抵触。

由于工程建设活动本身是一个有机的整体，涉及面广、影响因素多，所以我国的工程建设法规体系是十分复杂的。它覆盖工程建设相关的各个行业、各个领域及工程建设的全过程，使工程建设活动的各个方面都有法可依、有章可循，把每个环节都纳入法制轨道。

我国工程建设法规体系可以用二维结构来描述，如图 6-8 所示。

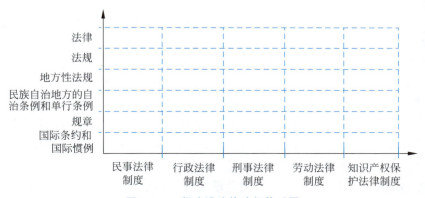

图 6-8　工程建设法律法规体系图

（1）根据法律法规的层次和立法机关的地位划分，可以形成纵向建设法律法规体系，分别为以下六个层次。

第一层次为法律，是由全国人大及其常委会颁布的法律文件。

第二层次为行政法规，是由国务院根据宪法和法律，颁发的在其职权范围内制定的有关国家工程管理活动的各种规范性文件。

第三层次为地方性法规，是由省、自治区、直辖市的人民代表大会及其常务委员会根据本行政区域的具体情况和实际需要，在不同宪法、法律、行政法规相抵触的前提下制定的地方性法规。

第四层次为民族自治地方的自治条例和单行条例,是民族自治地方的人民代表大会依据当地民族的政治、经济和文化特点制定的具有自治性的地方规范性文件。

第五层次为规章,包括部门规章和地方规章。部门规章是指国务院各部委依据宪法、法律、法规,在权限范围内发布的命令、指示和规章,在各部委管辖范围内生效,其效力低于地方性法规。地方规章是指省级人民政府及省、自治区所在地的市、经国务院批准较大的市的人民政府根据宪法、法律、行政法规、地方性法规制定的地方性规范文件。

第六层次为国际条约和国际惯例。

在上述纵向建设法规体系中,下层次的(如地方、地方部门)法规和规章不能违反上层次的法律和行政法规,而行政法规也不能违反法律,上下形成一个统一的法律体系。

(2) 根据建设法规的不同调整对象划分,形成横向建设法规体系。

横向可分为民事法律制度、行政法律制度、刑事法律制度、劳动法律制度和知识产权保护法律制度五大类,这五大类制度互相关联、相互补充。

横向还可以按照工程建设活动的各主要方面分类,如建筑法、城市规划法规、招标投标法、民法典、工程勘察设计和工程建设标准化法规、工程建设管理法规、城市房地产法规等。

纵横两种法规体系结合起来,形成内容完善的建设法规体系。

6.3.2 工程合同管理理论和方法

在市场经济条件下,工程任务的委托、实施和完成主要是依靠合同规范当事人行为,合同的内容将成为开展建筑活动的主要依据。工程合同管理已经成为现代工程管理中难度最大和综合性最强的管理职能。

合同管理是法律和工程的结合,要求合同管理人员既要精通工程合同,了解相关法律知识,同时也要掌握工程技术、工程经济和管理理论与方法。

(1) 合同管理是为工程总目标和企业总目标服务的,是为保证工程总目标和企业总目标的实现。

(2) 工程合同管理是对工程中相关合同的策划、签订、履行、变更、索赔和争议解决的管理,包括工程合同总体策划、工程招投标和签约管理、合同实施控制、合同后评价等工作。

① 工程合同总体策划,构建工程的合同体系,选择合同类型,起草合同,合同风险的分配,各个合同之间的协调等。

在工程活动中,各相关方签订的合同是履约的主要依据。合同约定了签约双方的权力与义务,涉及双方利益的分配,所以合同的设计对签订合同的双方非常重要。

② 在工程招投标和签约中的管理。通过工程招投标签订一个合理、公平、完备的合同。合同双方在互相了解,并对合同有一致解释的基础上签订合同。

③ 合同实施控制。合同实施控制包括合同分析、合同交底、合同监督、合同跟踪、合同诊断、合同变更管理和索赔管理等工作。每个合同都有一个独立的实施过程。工程建设过程就是由许多合同的实施过程构成的。

④ 合同后评价工作。对工程合同实施和管理的经验和教训进行全面总结。

它们构成工程项目的合同管理子系统。

(3) 现代工程需要专业化的合同管理。现在许多工程承包企业都设有合同部(或法务合同部),大型工程项目部中都设有合同管理部。专业化的合同管理部门和人员对工程合同精通,容易积累丰富的合同管理经验,会大幅提高工程合同管理水平和工程经济效益。

(4)其他职能管理人员也要精通合同,将职能管理与合同很好地结合起来。同时,工程管理专业的相关专业课程都与合同管理有关。

6.4 工程信息管理理论和方法

6.4.1 概述

现代计算机技术、信息技术和互联网技术给工程管理带来了革命性的变化,它丰富了工程管理理论,为工程管理的现代化提供了得力的工具和手段,大幅提高了工程管理的工作效率。

在我国工程界,信息技术的硬件与国外基本上同步,软件的开发和应用也取得了长足的进展。

但我国研究领域和应用领域对信息理论,特别是对工程寿命期中信息的规律性研究较少,这导致现代信息技术并没有充分发挥其应有的效用,应用中存在的问题也比较多。

现代信息技术在工程设计和施工技术方面的应用效果又远远好于工程管理领域。

(1)工程领域信息数量庞大、类型复杂、来源广泛、存储分散、应用环境复杂、始终处于动态变化中,使信息管理的难度加大。

(2)建设工程领域生产方式和管理方法落后,人员的知识、能力和素质不高,导致信息不能及时和准确的收集,信息传输延迟,沟通手段和方式落后,对信息缺乏有效的处理和利用。

(3)人们注重信息技术的投入,使信息软硬件水平都达到了很高的程度,却忽视了现代信息技术应用的基础条件创造,如工程管理系统的建设、管理工作的规范化,以及信息沟通规则、流程和文件的标准化等基础管理工作。

(4)在我国工程中,利益相关者之间的信息沟通和信息共享存在严重的组织行为障碍。由于人们缺乏信息共享的理念,许多人有意识的构建信息孤岛,人为地造成信息的不对称。

6.4.2 工程信息管理的基本问题

工程信息管理中存在以下问题。

(1)在工程中,信息是按照工作流程、组织机构、管理流程、合同和管理规则进行流通的,所以信息流依附于管理系统。但目前,我国工程界很少进行全面且细致的工程管理系统设计。

(2)由于不同阶段由不同的组织负责,其工作任务由不同的企业承担,容易造成在工程全寿命期阶段界面上的信息衰竭,如图6-9所示。

① 在前期决策阶段,投资者和咨询单位为工程决策做机会研究、目标设计、市场和环境调查、可行性研究等工作。进入设计阶段后,由于责任主体的变化,在前期策划阶段获得的大量有价值的调查资料和研究资料,以及一些软信息并不能被勘察设计单位、项目管理单位

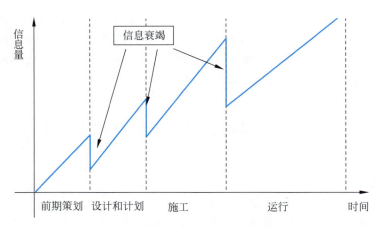

图 6-9　工程全寿命期阶段界面上信息衰竭

和施工单位共享。

② 在设计结束后,施工单位主要依据所得到的招标文件、合同、规范、图纸等信息,进行投标、报价和制订施工计划,而在前期策划阶段和设计阶段获得的许多环境、工程规划、勘察、设计信息(如许多基础资料),并不能为施工单位所用。

③ 在竣工后,运行维护单位只能按照竣工文件和运行维护手册了解工程,进行运行管理,而项目前期策划、设计和计划、施工和供应等大量的信息无法传递到运行过程中,并且不能为运行维护单位使用。

随着建设阶段结束,项目组织解散,许多信息就消亡了。

④ 在工程寿命期结束阶段,大量的信息会随工程的拆除而消失。只有少量零星的信息作为设计单位、施工单位、投资者等的经验和教训,被非正式地记取。

这种信息的衰竭导致不同阶段工程组织之间的"神经系统"断裂,对工程总目标的危害极大。

这种信息衰竭程度与如下因素有关:工程的承发包方式、组织责任体系的离散程度和管理体系,如采用 EPC 总承包方式,则"设计—施工"阶段界面上的信息衰竭就会较小;让工程承包商参与项目融资,且承担运行维护的责任,则"施工—运行"阶段界面上的信息衰竭就会很小;在工程施工过程中频繁更换管理人员(如业主代表、项目经理),或实施单位(如更换施工单位、运行维护队伍),也会造成更为严重的信息衰竭。

(3) 工程组织中"信息孤岛"现象比较严重。

"信息孤岛"是指各组织之间或一个组织的各部门之间由于某些原因造成的信息无法顺畅流动的现象。

① 工程技术和管理高度的专业化,它们有自己的专业术语、表达方式,使专业设计(设想、方案、计划、策略)很难为其他方面理解和执行。

如在招标过程中,投资者的项目构思和工程总目标、业主的招标要求、设计单位的设计意图,都很难被投标人完整和准确地理解,这常常是承包商报价风险之一。

② 传统的工程信息沟通比较多的是采用点对点的交流形式,两点以外的第三方想要获得该信息,往往会发生重复录入数据、重复构建模型或时间延迟等问题。

③ 由于设计和施工由不同的单位完成,各单位使用各自的计算机系统生成和处理信

息,并且分别独立保存这些信息。这阻碍了信息之间的自动转换,降低了信息通畅性。

同时,出于专业化管理的需要,在工程项目部中分为许多职能管理部门和人员,他们常常管理与各自管理职能相关的信息。如合同信息主要在合同法务部门,成本信息主要在成本管理部门,质量信息主要在技术和质量管理部门等。由此导致工程中的信息中心太多,信息分散、重复存储和各自管理,会产生信息堵塞和"信息孤岛"现象,不仅容易造成信息的不一致,而且信息冗余度高,维护工作量大,使用不方便,管理费用增加。工程信息资源分散,不能充分共享和利用。

如果工程管理组织程序设计不完备,就更容易造成信息孤岛。

(4) 工程中的信息不对称问题。

① 信息不对称也是一种自然现象。由于业主、承包商、项目管理公司、设计单位承担不同专业或性质的工作,又是分阶段进入工程的,所掌握信息的不同,自然就形成信息的不对称。如业主招标前进行了环境调查、可行性研究、设计和计划,所掌握的工程和环境信息优于投标人,而对投标人状况和工程承发包市场的信息处于弱势。

② 法律和工程承包市场竞争要求引起的现象。如在工程实施中,涉及企业经营管理(如报价、投标策略、工程实施策略)和专有技术方面的信息属于商业秘密是不能公开的。

在开标后通过清标,业主掌握各投标人投标报价的详细信息,这是不能公开的,而投标人只了解自己的投标报价信息。

③ 人们行为心理加剧了信息不对称。工程相关者来自不同企业,为了保持自己的优势,或得到更有利于自己的结果,不希望与其他单位进行信息沟通和信息共享,会隐藏一些信息,有意识地形成严重的信息不对称。

(5) 严重的信息泛滥和污染。

① 大量的信息是重复的。如合同规定承包商对环境调查负责,则各投标人都要做环境调查工作,收集资料。需要编制投标文件,制订实施方案,做出报价,但最终仅一家中标。

在工程中,按照管理程序,有重复性的质量检查、报告工作。如工程活动结束后,操作者自检,小组要做检查,分包商、承包商、监理工程师都要做检查,会产生大量重复工作和信息。

所以一个工程结束,有用的和无用的资料过多。

② 各单位和各职能部门信息重复储存,如在项目部内,一份分包合同可能许多相关部门都要复制,一个计划要分发给许多部门。

在实施过程中出现修改、变更,就可能导致不一致。

③ 现代信息技术大大增加了人们的信息收集、储存和分析能力,但同时也带来信息泛滥和信息污染问题。

- 人们花很多的时间和精力接收(看)大量的信息,而信息加工的时间较少,信息很少部分能够被有效使用。
- 人们被大量无序的、无用的、不准确的信息所包围。这些无用信息干扰人们的思维,误导人们的行为,造成人们的知识碎片化,使人们疏于思考,导致思维懒惰。
- 形式上,人们有海量的信息可用,但真正用于决策的信息又觉得不够,遇到问题常常又手足无措,或者需要人们进行更为复杂的信息处理工作,以萃取有用的信息。
- 工程结束,有大量经验教训值得总结,可用于新工程的决策和管理。但由于人们面对海量的无序信息,使信息处理工作无法进行,无法获得和保存有价值的工程信息。

6.4.3 工程信息管理的要求

工程信息管理的要求如下。

(1) 通过工程中信息资源的开发和利用,实现信息实时和准确有效采集、快速处理和传输,促进工程实施和工程管理效率和水平的提高,最终提升工程的价值。

(2) 促进工程实施和管理过程的透明化和协同,实现工程组织之间,特别是业主、设计单位、承包商和运行单位之间,以及工程相关者、与社会环境各方面信息网状流通和共享,协调各方面关系,减少冲突、摩擦,提升整体工作效率。有利于工程中各种专业和管理职能间的联系,消除信息孤岛现象,形成一体化的全寿命期信息体系。

(3) 促进现代化管理手段和方法在工程中有效使用,如系统控制方法、预测决策方法、模拟技术、网络分析、资源和成本的优化、线性规划等。使管理人员有更多的时间从事更有价值、更重要、计算机不能取代的工作,使工程管理高效率、高精确度、低费用。

(4) 实现集成化的信息管理,为工程管理系统集成化提供信息平台。

将工程决策、工程建设项目管理、工程运行维护管理、工程健康管理中各种软件包(如设计信息系统、预算信息系统、计划信息系统、资源管理信息系统、合同管理信息系统、成本管理信息系统、健康诊断信息系统、办公室自动化系统、企业管理职能信息系统等)集成起来,形成一个统一的集成化系统。

(5) 对工程的高效运行和健康诊断提供信息支持。这就像对人体进行检查,或进行治疗,都应该参考病人的病历和之前发生的情况采取相应措施。

(6) 为新工程的决策提供依据。

6.4.4 工程信息管理体系构建

(1) 工程信息中心。面向工程各个参加者(业主、设计单位、承包商、设备供应商、运行单位等),建立包括规划、设计、采购、施工、运行、维护、拆除等所有信息的数据仓库。这中心可以是实体(如针对大型和特大型工程),也可以是虚拟化的共享平台。

(2) 基于互联网的工程组织成员在线协同工作平台的构建。采用 PIP、云平台、BIM 等新技术,实现工程参加者各方协同作业。

(3) 工程全寿命期集成化信息平台构建。将勘察设计管理、计划管理、招投标、施工管理、竣工验收、运营维护管理、工程健康诊断管理系统集成起来,一体化。

工程信息管理体系超越企业的信息平台,存储从工程前期策划开始,直到此工程作废为止的相关信息,并能够为工程参加者共享。工程信息管理体系如图 6-10 所示。

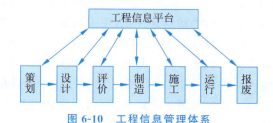

图 6-10 工程信息管理体系

> **小知识**
>
> 对一条高速公路,可以获得以下信息:该桥未建时的地形状况,水文地质信息,以及周边情况信息;决策过程所产生的信息,原投资单位、可行性研究单位、研究报告、各方面(如环境、社会、地质灾害等)评价报告;设计单位、设计图纸(方案设计、施工图设计);工程招标和投标文件、合同文件、计划文件;主要供应商情况;施工组织设计和施工过程信息;电子化竣工文件,如竣工图、竣工决算文件、竣工验收文件、维修手册等;运行状况和维修状况,如运行费用、维修费用和过程信息;工程运行过程中经受的灾害和处理情况;工程健康状态,如历次健康诊断数据,目前的健康状态等。

这些信息可以通过现代信息技术实现可视化,可以通过 GIS 和 GPS、录像镜头等直接看到桥梁的状态、路面的状态。可以通过这个系统对工程健康情况进行诊断,还可以分配整个公路的维修费用。

(4) 相关工程管理系统软件的集成。

工程全寿命期管理信息系统可以将工程全寿命期信息库和企业管理信息系统、办公室自动化系统(OA)、GPS、GIS 等集成起来。可以通过虚拟现实技术、图形处理技术、点云技术等使工程信息可视化。

6.4.5 工程信息的标准化

1. 概述

(1) 工程各主体之间信息交换过程和交换标准是多样化的。各个企业和各个子系统(各工程技术和工程管理各职能管理子系统)数据库不是集中统一设计的,导致了数据模型异构。

(2) 不同组织、处于不同的阶段所需要的信息既有联系,又有差异。

各单位对一些资料的标识有随意性,例如在许多工程中图纸、规范、合同文件的编码、成本结构编码各有各的规则,之间没有联系。这样会造成信息沟通的障碍。

(3) 由于各参加者信息系统不是同时开发,以及不同单位的数据库结构不一样,必须采用集散型的系统模型,将异构数据库纳入一个统一的管理系统中,利用统一标准解决转换过程中出现的数据不兼容问题。

(4) 要能够有效地支持决策,信息必须在一定程度上标准化。

2. 工程信息标准化的基础

必须设计建筑工程信息分类系统(CICS)作为参与各方在设计、施工及运行管理过程中必须遵守的共同法则。

CICS 是对建筑工程领域的各种信息进行系统化、标准化和规范化,为建设项目的各个参加方提供一个信息交流的语言,为建筑信息管理和历史数据的储存利用提供一个统一的框架。

从 20 世纪 90 年代开始,ISO 和一些国家制定集成化的建筑信息体系,如 ISO/12006-2,英国的 UNICLASS、荷兰的 NBSA、美国的 OCCS 等。

3. 工程领域全寿命期信息的标准化

(1) 一些工程领域,如电网工程、铁路、公路、地铁、核电等,有如下特征。

① 工程系统有相同的结构形式(EBS),专业工程技术相同,标准化程度高。

②工程的投资、建设和运行管理的一体化程度较高,工程的实施方式和管理模式有一致性。如铁路总公司对铁路工程的全寿命期负责,对整个铁路工程进行决策、设计、施工、供应、运行维护、健康管理、改扩建等全面管理。

③过去工程的建设、运行维护和健康监测信息对新工程的决策、设计、计划、控制和健康诊断等有更大的可参照性和可比性。

(2)绿色工程、生态工程、低碳工程、人性化工程、数字化工程、智能化工程、全寿命期费用评价等工程领域的创新,都需要构建工程全寿命期信息管理平台。

近年来,有些工程领域提出工程全寿命期管理的要求,如国家电网推行工程全寿命期管理,在设备采购时要求供应商在投标文件中提出设备的每年运行维护费用和能耗计算、分析和评价,供应商按照要求提出了信息。但本领域工程的信息管理标准化程度较低,各投标人的全寿命期费用范围、划分、核算方式、评价方法不统一,无法进行对比分析,也无法收集过去工程的历史数据进行统计分析和核实。这需要本工程领域有全寿命期信息库,有过去设备的全寿命期费用和能耗记录,对在役设备进行维护费用和能耗进行跟踪。

(3)这些工程领域需要构建统一的工程全寿命期管理体系,为工程设计、组织责任体系构建、全寿命期费用管理和优化、质量管理、数字化和智能工程等提供平台。它必须用集成化管理的方法统一系统设计,并且需要经过长期的工程信息的收集过程。需要解决如下几个基本问题。

①在一个工程立项后就应赋予唯一编号,在它的全寿命期中,这个编号是它身份的标识,应建立工程身份编码的规则体系。

②工程系统结构分解及标准化工作。可以统一工程系统分解结构(EBS)和工作分解结构的编码体系及规则。这样就构建了本领域工程全寿命期信息管理统一的对象。

③工程全寿命期费用分解标准化,对费用结构、内涵、核算体系、评价方法有统一的规定,形成全寿命期费用管理体系。特别要解决工程各阶段费用核算口径不一致的问题。可以发布行业规则,对已完工程按照统一的费用结构和规则统计信息。

④其他相关的信息标准化工作,如统一的工程量结构分解和计算规则,统一的组织结构(OBS)规则和编码规则,统一的合同编码规则等。

上述有些内容应作为国家规范,部分可作为部门规范,有些可作为工程规范。

通过 BIM 等现代信息技术,构建数字化工程,以支持全寿命期设计,并汇集工程的技术、资源消耗、健康状况信息。对于工程领域全寿命期信息管理标准化具有战略意义,有利于整个行业工程管理整体水平的提升,使整个工程领域的信息形成一个整体,实现公用基础信息统一管理和维护,保证其正确性和一致性,避免信息平台的重复投资,有利于工程各种业务系统的集成。

6.4.6 工程管理信息系统

1. 概述

管理信息系统(MIS)是工程组织的"神经系统"。通过这个"神经系统"工程组织可以迅速收集信息,对工程问题做出反应,做出决策,进行有效控制。

工程管理信息系统必须基于工程管理系统之上,是在工程实施流程、工程管理工作流程、工程管理组织、规范化管理体系基础上设计的。工程管理信息系统的有效运行需要信息的标准化、工作程序化、管理规范化。工程管理信息系统是面向工程全寿命期的管理信息系统。工程管理信息系统设计通常有两个角度。

(1) 工程管理信息系统为一个工程服务的管理信息系统。它有两个最重要的部分：建设工程项目管理信息系统和工程运行维护管理信息系统。

由于工程建设管理和运行管理任务和性质差异较大，所以，这两个管理信息系统有比较大的差异性。建设工程项目管理信息系统，有大量的研究和开发成果，它的系统软件现在也是比较成熟的，商品化程度很高。这些软件都是解决相关的工程项目管理工作中的信息处理功能，解决各种管理职能的专业计算，以及信息的统计、分析、传输等问题。这些系统软件在一个工程建设项目或工程承包企业中使用，需要进行相应的管理系统设计。

(2) 企业（或行业）级的工程管理信息系统。

在一些工程领域，有些企业和行政主管部门承担许多同类工程的全寿命期管理的责任，需要工程管理信息系统，如城市地铁总公司、铁路总公司、国家电网，以及高速公路、水电等行政主管部门等。如国家电网总公司推行工程（资产）全寿命期管理，则需要构建企业（行业）级的工程管理信息系统。

2. 工程管理信息系统总体描述

1) 工程信息系统的总体结构

按照管理职能划分，可以建立各个工程管理信息子系统。

例如，某建设项目管理信息系统由编码子系统、合同管理子系统、物资管理子系统、财会管理子系统、成本管理子系统、工程设计管理子系统、质量管理子系统、组织管理子系统、计划管理子系统、文档管理子系统等构成，如图 6-11 所示。

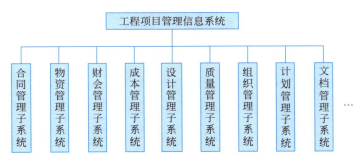

图 6-11　工程管理信息子系统

2) 工程组织成员之间的信息流通

在信息系统中，每个参加者均为信息系统网络上的一个节点。他们都负责具体信息的收集、传递和信息处理工作。工程管理者要具体设计这些信息的内容、结构、传递时间和程序等。

3) 工程管理职能之间的信息流通

工程管理系统是一个非常复杂的系统。它由许多子系统构成，各子系统之间又有复杂的信息联系。在此必须对各种信息的结构、内容、负责人、载体及完成时间等做专门的设计和规定。

4) 工程实施过程的信息流通

工程过程中的管理工作程序既可表示工作流，又可以从一个侧面表示工程的信息流。

例如,合同管理工作流程中,可以认为它不仅是一个工作流程,还反映了合同管理工作中的信息流程。

思 考 题

1. 简述系统的含义和特征。
2. 工程管理集成化的基本内容有哪些?
3. 工程实施控制的内容有哪些?
4. 工程管理中常用的控制方法有事前、事中和事后控制,这三个阶段中分别采取哪些措施进行控制?
5. 简述工程经济学的作用和工作内容。
6. 简述建设法规的作用和工作内容。
7. 简述合同管理的作用和工作内容。
8. 简述工程信息管理的基本问题。

第 7 章　工程管理专业教学体系

学习目标

通过本章的学习,了解工程管理专业国内外的发展史;明确工程管理专业毕业生应具备的能力要求;熟悉工程管理专业的学科方向;熟悉工程管理专业的课程体系;熟悉工程管理专业的主要专业课程;掌握工程管理专业学科特点;掌握工程管理专业的学习方法。

7.1　工程管理专业的发展

7.1.1　国外工程管理专业发展史

工程管理专业在国外发展起步早,发展较快,现已发展成为一个相对独立、办学规模稳定和教学体系健全的专业,以美国与英国的专业发展较为典型。

工程管理专业教育最早起源于英国,英国也是最早出现当代建筑合同管理制度的国家之一,很多国家及地区的建筑合同管理制度都来源于英国。英国的工程项目管理已经具有200年的历史。通过专业认证评估等方法,英国皇家特许测量师学会(RICS)与皇家特许建造学会(CIOB)一直在推动世界各国的工程管理专业教育的提升和发展。目前国际咨询工程师联合会(FIDIC)的土木施工条款即是依托于英国土木工程学会合同条款。英国高校的工程管理专业本科学制包含三年到四年不等。

英国高校采取三明治模式进行教学,即第一或者第二学年与最后一学年之间,有一个学年是用来进行专业实践。英国工程管理专业发展至今已较为成熟,英国高校的工程管理专业致力于培养掌握建筑业必须具备的技术、商务及管理等方面知识和技能,又具备发展成项目经理的综合素质,同时必须通过专业协会认证评估的工程管理专业人才。工程管理专业的毕业生就业方向主要包括公共服务部门、工料测量部门或建筑行业咨询公司等。

美国在工程管理专业人才培养方面发展也较早,主要的培养方向为两类:一类是面向建筑行业的工程管理(Construction Management)。该类专业的学生培养定位为通过全面而均衡的教育,使学生得到终身学习的能力,获得建筑领域专业知识、专业意识和领导能力,服务于建筑业和社会。以该类方向为主要培养方向的院校接受美国建设教育委员会(ACCE)的指导与评估。另一类则是面向其他特定行业的工程管理(Engineering Management),该类专业的学生培养目标定位为具有组织与管理工程技术项目能力的复合型人才。美国工程管理学会(ASEM)为该类专业人才培养提供指导,同时该学会通过连续举办工程管理年会、出版工程管理手册等方式来提升工程管理的理论与方法。

同时，美国工程与技术认证委员会（ABET）制定了对工程教育培养专业人才评估的11条标准。基于这一标准，工程管理专业的毕业生应具备以下能力要求。

（1）兼具工程、管理、法律等多方面的知识。

（2）具备计算机操作、英文写作及沟通的能力。

（3）具有根据需要编制工程文件、设计组织架构、解决技术问题的能力。

（4）具备接受多种训练的综合能力。

（5）具备验证、指导及解决工程问题的能力。

（6）具备基本职业道德和社会责任感。

（7）具备良好的表达和沟通能力。

（8）具备在全球化背景下应对工程环境变革的能力。

（9）具备终身学习的能力。

（10）具备思想与认识随时代发展和技术进步不断更新的能力。

（11）具备应用各种技术和现代工程工具去解决实际问题的能力。

随着时间的推移，世界范围内的建筑行业对工程管理相关专业人才也提出了不同的需求，因此国外很多高校工程管理专业都各具特色，没有设置统一的专业方向，体现了专业的多样性。如佛罗里达州立大学包含土地开发、住宅建筑及公共建筑等方向；加州大学伯克利分校有项目管理和企业管理等方向；斯坦福大学工程学院一直致力于最前沿的创新研究，其中土木与环境工程系由七个项目组成：建筑工程与管理，结构工程与地质力学，环境工程与科学，环境流体力学与水文学，大气与能源，设计与施工集成与建筑设计，该部门还提供设计—建造一体化的专业；雷丁大学开设有建筑、工料测量及建筑管理等方向的课程；索尔福德大学除工料测量以外，还设置了项目管理、房地产经营与投资等方向的课程。国外高校工程管理相关专业的培养体系中，实践或者实习环节所占的比重比较大，课程体系的设置也积极与行业领域接轨，培养更具针对性。

7.1.2 国内工程管理专业发展史

严格来讲，我国的工程管理专业始于1998年，但在此之前就已形成专业的雏形。为适应大规模工程建设的需要，1956年同济大学开设了"建筑工业经济与组织"专业，西安建筑工程学院设置了"建筑工业经济组织与计划"专业，学制5年，首次将工程管理设置为独立的本科专业，率先明确和提升了工程管理专业在建筑行业中的层次和地位，为工程管理专业后续发展奠定了基础。1978年，管理类专业逐渐恢复，工程管理对国家经济建设的重要作用得到重新认识，国内部分高校相继创办了建筑管理工程专业。此后的几十年时间里，为适应国家经济体制的转变和经济建设不断发展变化的需要及高校教育学科的调整，建设管理类专业不断变换名称。

1998年教育部颁布《普通高等学校本科专业目录》，其中设置了"工程管理"新专业。在该专业目录中，工程管理（110104）是属于管理学门类下管理科学与工程类（1101）的二级学科。它整合了原专业目录中的建筑管理工程、国际工程管理、房地产开发与经营管理、物业管理等专业，具有较强的综合性和较大的专业覆盖范围。2012年，教育部颁布新的《普通高等学校本科专业目录》将"工程管理"拆分为工程管理、房地产开发与管理、工程造价三个本科专业。随着国家经济的高速发展，对工程管理专业人才的需求激增，目前全国设置工程管理专业的本专科院校有1000余所，分布在各综合性大学、管理类、土木工程类、矿业类、电力类、财经类等院校，培养了一大批从事工程管理相关工作和研究的专业人才。具体的工程管理专业沿革见图7-1。

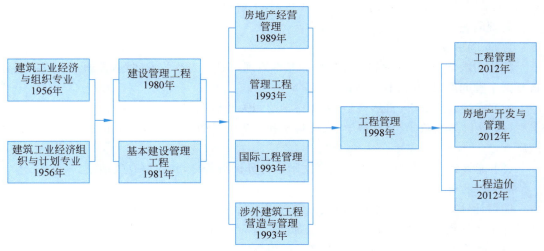

图7-1　工程管理专业沿革

7.2　工程管理专业培养目标

7.2.1　工程管理专业毕业生要求

工程管理专业培养适应国民经济和社会发展的实际需要，具备良好的职业道德和国际视野，掌握管理学与经济学基础理论及信息与工程相关技术知识，具有一定的理论和定量分析能力、实践能力及创新创业能力，熟练运用工程管理专业及相关的技术、管理、经济和法律等知识及基本技能，能够在施工、房地产、造价咨询、招投标代理、设计等各类建设工程领域，满足现代工程管理需要的高素质应用型人才。

要达到培养目标要求，工程管理专业毕业生应具有以下方面的知识和能力。

1. 工程知识

具有解决复杂工程问题的数学、自然科学、工程基础和专业知识，并能将其应用于解决复杂工程问题。

（1）熟悉相应的高等数学基本原理，能够将其用于解决工程管理问题。

（2）了解物理学、力学、材料学、测量学、生态学、信息工程学、环境科学等自然科学的基本知识，并用于解决工程管理问题。

（3）了解哲学、经济学、法律、社会发展史等方面必要的知识；了解社会发展规律和时代发展趋势；了解文学、艺术、伦理、历史、社会学及公共关系学、心理学等若干方面的知识，并应用于解决工程管理问题。

（4）掌握工程管理的基本理论和知识，掌握工程管理的基本技能和设计方法，掌握造价控制、进度控制、质量控制及安全与环境保护的基本方法，掌握建筑构造和建筑结构的基本知识，并用于解决工程管理问题。

（5）了解土木工程、环境工程、市政工程、经济学、管理学等方面的基本知识，了解城乡规划、风景园林等相关专业的基本原理及知识，了解可持续发展的基本知识，并应用于解决工程管理问题。

2. 问题分析

能应用数学、自然科学和工程科学的基本原理，识别、表达技术问题，并通过文献研究分析复杂工程问题，以获得有效结论。

（1）能够运用数学、自然科学、人文科学的相关知识识别、表达技术问题。

（2）能够运用数学、自然科学、人文科学和工程管理的原理和理论分析技术问题或管理问题。

（3）能够针对工程施工、管理结合文献进行分析与研究，并获得有效结论。

3. 设计/开发

能设计针对复杂工程问题的解决方案和满足特定需求的系统、施工技术、施工工艺，并在设计中体现创新意识，考虑社会、环境、健康、安全、法律、文化等因素。

（1）能够提出满足建设方需求的施工组织方案。

（2）能够在建设方案设计、施工技术和管理环节中体现出创新意识。

（3）能够在建设方案设计、施工技术和管理中综合考虑社会、健康、安全、法律、文化等因素。

4. 研究

能基于科学原理并采用科学方法对复杂工程问题进行研究，包括设计实验方案、进行实验、分析与解释数据，并通过综合理论分析、实验数据和文献研究得出合理有效结论。

（1）能够结合自然科学与人文科学的相关知识，对工程管理中的科学与关键问题进行识别和研究。

（2）能够设计实验对工程管理问题进行分析与数据解释，并通过信息综合得到合理有效结论。

5. 使用现代工具

能针对复杂工程问题，选择与使用恰当的技术、资源、现代工程工具和信息技术工具，包括对复杂工程问题的预测与模拟，并能够理解其局限性。

（1）能够运用图书馆等资源进行文献检索和资料查询获取专业信息知识，能够选择现代工程工具和信息技术工具用于工程管理问题。

（2）能够选择、使用恰当的技术、资源和工具用于解决工程管理问题。

（3）能够运用恰当工具与资源对工程管理成果进行预测与模拟，并能够理解其局限性。

6. 工程与社会

能基于工程相关背景知识合理分析、评价本专业的工程实践和复杂工程问题解决方案对社会、健康、安全、法律及文化的影响，并理解应承担的责任。

（1）具有产品质量、环境保护、职业健康、安全生产和社会服务意识。

（2）能够分析与评价工程实践和建设方案对社会、健康、安全、法律以及文化的影响。

(3) 能够理解应承担的责任。

7. 环境和可持续发展

能理解和评价针对工程问题的工程实践对环境、社会可持续发展的影响。

(1) 了解与本专业相关的行业环境保护和可持续发展等方面的方针、政策和法律法规。

(2) 在生产、运行、维护相关环节能够正确认识并评价工程实践对客观世界的影响。

(3) 能够在建设方案设计中考虑对环境、安全、健康等因素的影响,并能采取措施加以改进。

8. 职业规范

具有人文社会科学素养、社会责任感,能在工程实践中理解并遵守工程职业道德和规范,履行责任。

(1) 能遵守职业规范标准,理解职业规范原则,解释职业规范行为。

(2) 具有科学的世界观、人生观、价值观和爱国精神。

(3) 具有负责任的行为规范意识和社会责任感,懂法守法。

(4) 具有人文社会科学素养、社会责任感,能在工程实践中理解并遵守工程职业道德和规范,履行责任。

9. 个人和团队

能在多学科背景下的团队中承担个体、团队成员及负责人的角色。

(1) 能够理解团队合作的意义,具有较强的环境适应能力,能够与团队成员进行有效沟通。

(2) 具有良好的大局观念,能够在团队中根据需要承担相应的职责。

10. 沟通

能就复杂的工程问题与业界同行和社会公众进行有效沟通,并具备一定的国际视野。

(1) 能够通过陈述发言或书面方式表达自己的想法,就工程管理问题与业界同行及社会公众进行有效沟通和交流。

(2) 至少掌握一门外语,了解专业及其相关领域的国际基本状况,能够在跨文化背景下进行沟通和交流。

11. 项目管理

理解和掌握工程原理和经济决策方法,并能在多学科环境中运用。

(1) 理解工程实践中涉及的重要工程管理原理与经济决策方法。

(2) 能够将相关工程管理原理与经济决策方法应用于多学科环境中。

12. 终身学习

具有自主学习和终身学习的意识,有不断学习和适应发展的能力。

(1) 具有自觉的持续学习的意识。

(2) 具有信息获取和职业发展需要的自主学习、自我更新知识和技术的能力,并表现出自我学习和探索的成效。

7.2.2 工程管理专业方向

根据工程管理过程中不同阶段工作比重(图 7-2)的差异,目前工程管理设工程项目管理、房地产经营与管理、投资与造价管理、国际工程管理及物业管理五个相关专业(方向)，其课程设置和教学侧重有一定差异。

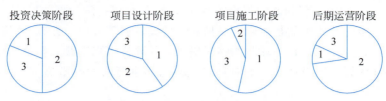

图 7-2 不同专业方向在工程管理实践中的工作比重
1—工程项目管理方向；2—房地产经营与管理方向；3—投资与造价管理方向

1. 工程项目管理方向

工程项目管理方向的毕业生主要适合从事工程项目的全过程管理工作。该方向毕业生初步具有进行工程项目可行性研究，一般土木工程设计，工程项目全过程的投资、进度、质量控制及合同管理、信息管理和组织协调的能力。

2. 房地产经营与管理方向

房地产经营与管理方向的毕业生主要适合从事房地产项目的定位策划、总体规划与创新设计，以及房地产开发与经营管理的日常工作。该方向毕业生初步具有分析和解决房地产经济理论问题，房地产项目开发与评估、房地产市场营销、房地产投资与融资、房地产估价、物业管理和房地产行政管理的能力。

3. 投资与造价管理方向

投资与造价管理方向的毕业生主要适合从事项目投资与融资及工程造价全过程管理工作。该方向毕业生初步具有项目评估、工程造价管理的能力，初步具有编制招标、投标文件和投标书评定的能力，初步具有编制和审核工程项目估算、概算、预算和决算的能力。

4. 国际工程管理方向

国际工程管理方向的毕业生主要适合从事国际工程项目管理工作。该方向毕业生初步具有国际工程项目招标与投标、合同管理、投资与融资等全过程国际工程项目管理的能力及较强的外语应用能力。国际工程管理方向在技术、经济、管理平台上与工程管理专业并没有太大的区别。对其专业方向应强调其面向国际建筑市场的特点，通过开设如"FIDIC 合同条件""国际工程项目管理""国际工程合同管理"等课程，以加强该专业方向学生适应国际市场的能力。

5. 物业管理方向

物业管理方向的毕业生主要适合从事物业管理工作。该方向毕业生初步具有物业的资产管理和运行管理的能力，包括物业的财务管理、空间管理、设备管理和用户管理能力，物业维护管理及物业交易管理能力。

7.3 工程管理专业课程体系

各高校设置的工程管理专业本科课程体系应根据全国高等学校工程管理和工程造价学科专业指导委员会制定的《高等学校工程管理本科指导性专业规范》的培养目标及教学要

求,并结合自身特色构建。工程管理课程体系可分为知识、实践、创新三个方面。工程管理专业本科教学应通过有序的课题教学、实践教学和相关创新活动,实现学生知识结构中不同学科知识的深度融合与能力提高。具体内容见图 7-3。

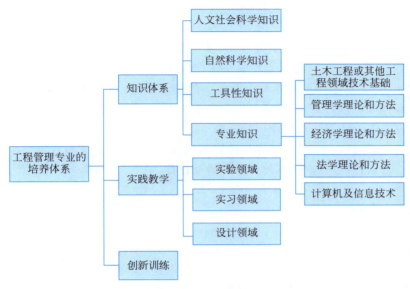

图 7-3　工程管理专业课程培养体系

7.3.1　知识体系

知识体系由人文社会科学知识、自然科学知识、工具性知识、专业知识四部分构成。专业知识由土木工程和其他领域技术基础、管理学理论和方法、经济学理论和方法、法学理论和方法、计算机及信息技术五个知识领域构成。

按照专业知识领域划分,专业课可分为:技术类课程、管理类课程、经济类课程、法律类课程和信息类课程。

技术类课程包括"土木工程概论""工程力学""工程结构""工程测量""施工技术""城市规划""工程材料"等。

管理类课程包括"工程管理导论""管理学""工程项目项目管理""工程估价""运筹学""应用统计学""工程合同管理"等。

经济类课程包括"经济学原理""工程经济学""工程财务""会计学"等。

法律类课程包括"建设法规""经济法"等。

信息类课程包括"工程管理软件应用""工程造价管理软件应用""建筑信息模型"等。

7.3.2　实践体系

工程管理专业的实践体系包括各类教学实习(课程实习、生产实习、毕业实习)、实验、设计、专题讲座与专题研讨等环节。通过实践教学,培养学生发现、分析、研究、解决工程管理实践问题的综合实践能力和初步的科学研究能力。

工程管理本科专业实验领域包括基础实验、专业基础实验、专业实验等。基础实验包括计算机及信息技术应用实验等实践单元；专业基础实验包括工程力学实验、工程材料实验、混凝土基本构架实验等实践单元；专业实验按工程类别设置工程管理类软件应用实验等实践单元。

认工程管理专业实习包括认识实习、课程实习、生产实习、毕业实习四个实践环节。认识实习按工程管理专业知识的相关要求安排，实习内容应符合专业培养目标要求；课程实习包括工程施工、工程测量及其他与专业有关的实习内容；生产实习与毕业实习应根据各高等学校自身办学特色，选择培养学生综合专业能力的实习内容。

工程管理专业设计领域包括课程设计和毕业设计（论文）。《专业规范》以举例方式提出课程设计和毕业设计（论文）教学目标与内容的原则要求，各高等学校根据自身实际情况适当调整。对于有条件的高等学校，建议采用毕业设计。

7.3.3 创新训练

创新能力训练与初步科研能力培养应贯穿于整个本科教学和管理工作中。在专业知识教学中，通过课堂教学实现创新思维与研究方法的训练；在实践训练中通过实验、实习和设计，掌握创新方法和创新技能；同时提倡和鼓励学生参加创新实践与课外学术研究活动，如国家大学生创新创业训练计划，各类大学生科研训练计划，相关专业或学科的竞赛，学术性社团活动等，以实现创新能力的培养。

有条件的高等学校可开设创新训练课程，或采用专题讲座、专题研讨等多种方式，开展创新训练。

7.3.4 工程管理主要专业课程介绍

下面主要介绍工程管理专业必修课和主要选修课课程任务和主要内容。因为通识必修课和学科基础必修课由学校统一规定、统一开设，这里着重介绍专业课程的主要内容。

1. 土木工程概论

1）课程任务

（1）正确认识课程的性质、任务及其研究对象，全面了解课程的体系、结构，对建筑工程有个总体理解。

（2）牢固掌握建筑工程技术的基本概念，掌握常用建筑材料、主要建筑构造要求和施工图的识读方法，了解建筑工程的发展趋势。

（3）学会理论联系实际，对施工现场不同的工程可以利用所学的知识得以认识领会，为以后学习工程管理其他专业课程打下良好的基础。

2）课程主要内容

绪论：土木工程概论课程的专业地位、土木工程的发展、土木工程的类型。

建筑工程的建设与使用：建筑工程、建设程序、房屋的建造、建筑设计、房屋使用。房屋建筑识图：建筑制图与建筑识图、组合体投影、工程形体的表达方法、施工图常用符号、施工图的阅读方法、建筑施工图的阅读、结构施工图的阅读。

建筑构造：地下室、墙体、楼地层、屋顶、楼梯与电梯、门窗。

建筑结构与构造：建筑结构形式、各种材料的房屋结构、结构体系与构件、地基与基础。

建筑材料：建筑材料的分类、材料的力学性质、无机胶凝材料、混凝土、建筑砂浆、墙体材料及屋面材料、建筑钢材、建筑塑料、防水材料、装饰材料、建筑功能材料。

2. 工程力学

1）课程任务

（1）通过本课程的学习，要求学生具备系统的工程力学基本知识，对后续专业课有必不可少的指导作用。

（2）系统地解读工程结构中构件设计的基本要求，为学习有关专业课程打下良好的基础。

（3）研究作用在结构（或构件）上力的平衡关系，构件的承载能力及材料的力学性能，为保证结构（或构件）安全可靠及经济合理提供理论基础和计算方法。

2）课程主要内容

绪论：建筑力学的研究对象、任务及特点，力的基本概念及结构分析中的基本假设。

结构分析的静力学基本知识：静力学的基本公理，荷载、约束、结构的计算简图，结构及构件的受力图、力系的简化与平衡。

平面体系的几何组成分析及结构的计算简图：几何可变体系与几何不变体系、几何不变体系的组成规则和平面体系的几何组成分析、结构计算简图的分类。

静定结构的受力分析：静定结构的分类、静定结构支座反力的计算、静定平面桁架的计算、静定梁的内力计算、静定平面刚架的内力计算。

轴向拉伸（压缩）杆的强度计算：轴向拉伸（压缩）杆的应力、轴向拉（压）杆的变形、胡克定律、材料在拉伸和压缩时的力学性质。

弯曲杆的强度计算：截面的几何性质、弯曲杆的正应力、弯曲强度计算。

结构的位移计算和刚度校核：梁的变形与位移、虚功原理和单位荷载法、静定结构的位移计算、互等定理。

3. 工程结构

1）课程任务

要求学生掌握混凝土结构、砌体结构和钢结构的基本概念、基本理论和基本技能，从而初步具有以下能力。

（1）掌握一般工业与民用工程结构的基本理论和专业知识，具有正确识读结构施工图的能力。

（2）具有一般结构构件分析和验算的能力，能分析和处理施工及使用中出现的一般性结构问题。

2）课程主要内容

绪论：建筑与结构的关系、建筑结构的基本要求、建筑结构的分类、建筑结构选型。

建筑结构的设计标准和设计方法：设计基准期和设计使用年限、结构的功能要求、作用和抗力、结构可靠度理论和极限状态设计法、结构构件设计的一般内容。

结构材料的力学性能：建筑钢材、混凝土、钢筋与混凝土的相互作用、黏结力。

钢筋混凝土轴心受力构件：轴心受拉构件的受力特点、轴心受拉构件的承载力计算、轴心受拉构件的裂缝宽度验算、配有普通箍筋的轴心受压构件。

钢筋混凝土受弯构件：钢筋混凝土受弯构件的一般构造规定、受弯构件正截面性能的实验研究、受弯构件正截面承载力计算公式、受弯构件按正截面受弯承载力的设计计算、受弯构件剪弯段的受力特点及斜截面受剪破坏、受弯构件斜截面的受剪承载力计算、受弯构件斜截面受弯承载力及有关构造要求、受弯构件的裂缝宽度和挠度验收。

钢筋混凝土偏心受力构件：偏心受压构件的构造要求、偏心受压构件的受力性能、偏心受拉构件承载力。

钢筋混凝土梁板结构：整浇楼(屋)盖的受力体系、单向肋形楼盖的设计计算、双向板肋形楼盖按弹性理论的计算方法、楼梯的计算与构造。

4. 工程测量

1) 课程任务

（1）通过本课程的学习掌握测量学的基本知识、基本理论、测量各种要素（高差、角度和距离）及测量数据处理的基本方法（简单的平方差计算）。

（2）熟悉各种常规测量仪器，并具有灵活运用测量基本知识、基本理论和基本方法于实际的测绘、测设工作的能力。

2) 课程主要内容

绪论：测量学概述、地面点位的确定、用水平面代替水准面和限度、测量工作概述。

水准测量：水准测量原理、水准测量的仪器和工具、水准仪的使用、水准测量外业工作、水准测量的内业、水准测量的误差分析。

角度测量：水平角测量原理、水平角观测、竖直角观测、水平角测量的误差、经纬仪的检验和校正。

距离测量与直线定向：钢尺量距的一般方法、钢尺量距的精密方法、钢尺量距的误差分析、直线定向。

地形图的应用：地形图的识读、地形图应用的基本内容、图形面积的量算、地形图在规划设计中的应用。

测设的基本工作：水平距离、水平角和高程的测设，点的平面位置的测设，已知坡度直线的测设。

工业与民用建筑中的施工测量：施工测量概述、建筑场地上的施工控制测量、民用建筑施工中的测量工作。

5. 施工技术

1) 课程任务

通过本课程的学习，要求学生基本掌握建筑工程中主要工种施工技术，并具备一定的实践操作技能，把学生培养成为理论知识与实践技能相结合的高级职业技术人才，并为将来参加技术管理和施工现场管理打下良好的基础。

2) 课程主要内容

建筑施工技术准备：施工技术准备的调查研究、施工技术准备工作分类、施工现场控制网测量、施工现场"三通一平"或"七通一平"。

土方及浅基础工程：土方工程量计算与土方调配、土壁稳定与施工排水。

桩基础工程：钢筋混凝土预制桩施工、灌注桩施工。

硅砌混结构工程：硅砌混结构房屋的构件及材料、建筑施工机械的选择、脚手架工程、砖砌体施工。

钢筋混凝土工程：钢筋工程、模板工程、混凝土工程。

预应力混凝土工程：先张法施工、后张法施工、无黏结预应力施工。

结构安装工程：起重机械、工业厂房的结构安装、结构安装工程的质量要求及措施。

防水工程：屋面防水工程、地下防水工程、楼地面防水工程。

装饰工程：抹灰工程、饰面施工。

6. 工程项目管理

1）课程任务

通过本课程的学习，要求学生在学习技术、经济、管理等相关专业基础课程的基础上，掌握工程项目管理的基本理论和工程项目投资控制、进度控制、质量控制的基本方法，熟悉各种具体的项目管理技术、方法在工程项目上的应用特点，培养学生有效从事工程项目管理的基本能力。

2）课程主要内容

绪论：工程项目管理的发展历史、工程项目的特点、工程项目的生命周期、工程项目管理的指导思想和哲学思想。

工程项目管理概论：工程项目管理的概念、项目管理九大知识领域。

工程项目前期策划：工程项目前期策划工作、工程项目构思、工程项目目标设计、工程项目定义和总方案策划。

项目管理组织理论：组织论概述、工程项目管理的组织结构、项目团队管理。

工程项目范围管理：工程项目范围的确定、工程项目结构分解、工程项目范围控制。

流水施工方法：流水施工原理、流水施工的组织方法。

工程网络计划技术：网络计划技术概述、网络计划的优化。

工程项目进度控制：实际工期和进度的表达、进度拖延原因分析及解决措施。

工程项目费用管理：费用管理的程序、费用管理的本质及原则、费用控制的环节、费用控制的方法。

工程项目质量管理：工程项目质量控制原理、质量管理的七种工具、工程量的控制。

项目沟通管理：影响沟通效果的基本要素、项目沟通的方法和技巧、项目沟通中的障碍、项目沟通计划、冲突管理、谈判。

工程项目风险管理：项目风险和项目风险管理、工程项目风险识别、工程项目风险的度量、工程项目风险应对措施的制定、工程项目风险控制。

工程项目信息管理：工程项目报告系统、工程项目管理信息系统、工程项目文档管理。

工程项目竣工验收：工程项目竣工质量验收、工程项目竣工验收程序、工程项目交付使用与档案移交、工程项目总结与综合评价。

7. 工程估价

1）课程任务

通过本课程的学习，要求学生掌握建筑工程估价的基本理论、基本知识，具备编制工程量清单和清单报价的能力，为学习后续相关专业课程，乃至今后从事建筑工程或工程造价专业技术工作及研究开发打下必要的理论基础,通过课程实践,利用造价软件能编制土建工程施工图预算文件。

2) 课程主要内容

工程估价概述:工程建设的基本程序、工程估价的有关概念、工程估价的特点、内容及程序、工程估价的发展趋势。

工程造价的构成:建设项目总投资的构成、设备及工、器具购置费用、建筑安装工程费用、预备费、建设期贷款利息、固定资产投资方向调节税。

工程估价的方法:工程造价定额估价方法、工程量清单的编制、工程造价工程量清单估价方法、工程量清单估价与定额估价方法的比较。

工程项目决策阶段的估价:建设项目决策与工程造价的关系、工程项目投资估算。

工程项目设计阶段的估价:民用建筑设计影响工程造价的因素、设计概算的概念、设计概算的作用、设计概算的内容。

工程项目招投标阶段的估价:工程项目招标控制价的编制、工程项目招标标底的编制、工程项目投标报价的编制与报价策略、工程合同价款的确定与施工合同的签订。

工程量计算原理:工程量计算方法、运用统筹法计算工程量。

建筑面积的计算:建筑面积计算规范。

建筑工程计量与计价:土石方工程,桩与地基基础工程,砌筑工程,混凝土及钢筋混凝土工程,屋面及防水工程,防腐、隔热、保温工程。

课程实验:利用相关算量软件进行相关实验。

8. 工程经济学

1) 课程任务

工程经济学的任务是使学生掌握工程经济学的基本方法,培养学生在实践利用其方法分析问题和解决问题的能力,并为学生更好地学习其他有关专业课程打下良好的基础。

本课程要求学生全面掌握工程经济的基本概念、基本原理和基本方法,能运用工程经济的基本原理、方法和技能来研究、分析和评价各种技术实践活动,以获得经济效益满意的方案,为决策提供科学依据,培养学生分析和解决实际工程经济问题的能力。

2) 课程主要内容

概论:技术与经济的关系、技术经济学的概念和特点、技术经济分析的程序和研究内容。

现金流量与资金时间价值:资金的时间价值及其有关概念、现金流量与现金流量图、资金等值及其计算方法、资金时间价值计算公式的应用。

投资、成本、收入与利润:投资,成本费用,折旧、销售收入、税收及利润。

经济性评价基本方法:静态评价方法、动态评价方法、投资方案的选择。

不确定性与风险分析:盈亏平衡分析、敏感性分析方法、概率分析、风险决策分析。

设备更新与租赁的经济分析:设备的磨损和寿命、设备的折旧、设备的经济寿命、设备更新分析的现金流量、设备更新方案的比较方法、更新分析的计算实例、设备的大修和现代化改造。

价值工程:价值工程的基本概念、指导原则和作用、价值工程的工作程序,对象选择与信息收集,功能分析与功能评价,方案的创新、评价与实施。

建设项目可行性研究：可行性研究的意义和作用、可行性研究的阶段及主要任务、可行性研究的主要内容、项目的多角度评价、可行性研究的方法。

技术创新：技术创新概述、企业技术创新、技术创新网络、技术创新政策。

9. 建设法律概论

1）课程任务

通过本课程的学习，学生能够掌握有关工程建设的基本法律制度，培养学生的工程建设法律意识，使学生具备运用所学建设法律、法规基本知识解决工程建设中相关法律问题的基本能力。

2）课程主要内容

建设法规概述：概述、建设法规立法、建设法规体系、建设法规的实施。

工程建设程序法规：工程建设程序的立法现状、工程建设程序阶段的划分、工程建设前期阶段及准备阶段的内容、工程建设实施阶段及工程竣工验收与保修阶段的内容。

城乡规划法规：城乡规划法的立法概况及适用范围、城乡规划的制定与实施、城市新区开发和旧区改建、城市规划实施的步骤与法律责任。

土地管理法规制度：土地管理法的基本概念、土地所有权、土地使用权、土地的利用和保护、建设用地、违反土地管理法的责任和处理。

建筑法法律制度：建筑法概述、建筑许可制度、建筑工程发包与承包、建筑工程监理、建筑工程安全法律制度、建筑工程质量管理、法律责任。

工程建设执业资格法规：工程建设从业单位资质管理、工程建设专业技术人员执业资格管理、工程施工现场人员执业资格管理。

城市房地产管理法律制度：房地产开发用地、房地产开发、房地产交易、城市房屋拆迁、住宅建设与物业管理、房地产权属登记管理、房地产管理中的法律责任。

建设工程发包与承包法规：建设工程招标、建设工程投标、开标、评标与中标、建设工程招投标的管理与监督。

工程建设标准法律制度：工程建设标准概述、工程建设标准的种类、工程建设强制性标准、工程建设标准的制定与实施。

10. 工程项目管理软件应用

1）课程任务

通过本课程的学习，学生能够加深对项目管理的理解，并通过案例设计将所学的知识和技能用于实战。学生能够掌握 Project 的各项基本功能：任务管理、资源管理、项目管理、项目综合管理、项目优化管理；熟悉任务、资源的常用属性和模型，熟悉资源的日历管理，资源的费用模型。

2）课程主要内容

Project 与项目管理概述：项目和项目管理、Project 在项目管理中的角色。

Project 速入门：Project 操作环境、在 Project 中选择数据域。

创建与管理项目：新建项目文档、制订项目计划、管理项目文档。

管理项目任务：创建任务、编辑任务、任务分级、设置任务工期、设置任务链接。

管理项目资源：创建资源、设置资源信息、分配资源、管理资源库信息。

项目成本管理：创建项目成本、查看项目成本、分析与调整项目成本、查看分析表。

管理项目进度：设置跟踪、跟踪项目进度、查看项目进度。
美化项目文档：设置组件格式、设置整体格式、插入绘图和对象。
优化项目：优化任务、优化日程、调配资源。
项目报表管理：生成项目报表、生成可视报表、打印报表和视图。
多重项目管理：合并项目文档、建立项目间的相关性、在项目间共享资源、管理多项目。
课程实验：Project的安装，Project2019的操作界面，创建新项目，输入任务、建立任务的大纲级别，输入资源、建立资源表，项目成本管理，项目进度管理，项目档案管理高级功能的实践，报表功能。

思 考 题

1. 简述我国工程管理专业的沿革。
2. 我国工程管理专业毕业生应具备哪些能力要求？

第 8 章 工程管理行业人才需求和职业资格制度

学习目标

通过本章的学习,掌握工程管理行业的人才需求情况、职业资格与执业资格的区别;了解国内外工程管理行业的市场准入制度、就业方向和相关职位。

8.1 工程管理行业人才需求

8.1.1 我国工程管理从业人员现状

以建筑业为例,国家统计局报告显示,随着改革开放的全面深入推进,建筑业从业人员加速增长。2019 年,全国建筑业企业年末从业人员 5427 万人,占全部就业人员的比重为 7.01%。施工工人队伍之中,80%是仅具有初中以下文化程度、未经培训、缺乏基本的操作技能和安全知识的农民工。专业技术人员和经营管理人员的人员总数占建筑业从业人员总数的比例远远低于全国各行业的平均水平。从管理和技术人员队伍素质来看,复合型、高水平的科技人员不多,科研开发型人才偏少,科技成果转化能力较弱,技术创新能力差。项目管理人才尤其是懂得国际工程管理的总承包项目管理人才、懂得工程索赔的合同管理人才、懂技术善经营的企业经营管理人才严重缺乏。部分技术和管理人员的知识结构不尽合理,既熟悉建筑工程技术又熟悉管理、经济、法律的人才较少。外语水平较高且能熟练地进行对外工作交流,能够从事国际化经营的人才更为稀缺。在国际工程承包中时常出现管理人员、技术人员不懂外语,懂外语的人员不懂经营和技术的尴尬情况。

我国工程咨询机构,如投资咨询公司、监理公司、造价咨询公司等咨询机构人员主要由勘测设计研究院、施工企业技术骨干和相应专业的本、专科毕业生等组成。从业人员较为普遍地存在市场观念较差、综合能力较弱的状况。对市场开发、合同管理和法律法规等方面了解不足,能从事的工程咨询业务范围单一。如只能进行投资立项前的评估、设计,或只能进行施工过程监理等,普遍缺乏对工程全过程管理的能力。从业人员知识结构不尽合理,综合运用能力不强的状况较为突出,特别是缺乏外向型、复合型人才和熟悉 WTO 条文、精通国际惯例、外语水平高和懂法律的人才。

综上所述,我国工程管理行业现有人员状况可归纳为:大量工程管理人才在各自岗位上正在发挥重要的作用。但较为普遍的存在知识面过窄,综合管理能力不强,协调沟通能力和资本运作能力较弱,面向国际市场的能力较差,创新思维、系统思维能力和团队协作精神不足等问题。

8.1.2 工程管理人才需求

工程活动已经成为人类的中心活动领域,与工程有关的问题常常是人类面对的关键问题。一方面,工程作为直接的现实生产力,将持续地塑造人类当前和未来的存在状况。现代工程的重大突破,必将促进一系列以知识和信息为基础的新产业部门的形成,并改造、更新和提升传统工业。城市化的进程与方式由粗放式扩张向集约型内涵发展转变,企业的组织结构和劳动就业结构将发生显著变化,企业管理制度和整个经济的管理方式也将发生变革并改变传统经济运行规则。人们的劳动方式、工作方式、生活方式、休闲方式等都将发生巨大变化,从而改变人们的思想观念、道德观念和思维方式。另一方面,作为面向未来的人类行动,工程活动包含着众多风险和不确定性。人类社会面临的突出问题的产生与工程有着千丝万缕的联系。无论是食品安全问题、环境污染问题、温室效应问题,还是大规模杀伤性武器的研制、信息技术和生物工程所引发的伦理问题等,都是明显的例证。可见,从事工程活动,也就意味着对人类未来的一种谋划,意味着对人类生存状况的一种重建。因此,那些直接参与工程创新活动的工程管理人才,担负着通过工程来营造人类未来的重大使命。

鉴于工程塑造未来的作用逐步增加大,工程中包含的风险问题也会愈发严峻,未来的工程对工程管理人才的要求就会与过去有所不同。为了适应工程实践的需要和应对经济全球化、市场国际化的挑战,工程管理人才在具有良好的知识结构,较强的沟通、协调和分析问题、解决问题能力的同时,必须在下述方面提高素养,才能成为称职的工程管理者。

(1) 工程管理者必须具备较强的组织领导才能。随着工程在社会发展中的作用逐步增大,科学、技术、工程和社会之间的互动越来越强,工程管理者会有更多的机会扮演组织者和领导者的角色。优秀的工程管理者必须掌握组织领导原则并能够实践这些原则,能处理工程活动中的可能冲突,能更多地介入公民社会和公共政策讨论,成为各个专业工程领域的重要角色,参与工程项目的规划、设计和建设,为所效力的机构创新发展做出贡献,在工程领域、政府组织、非政府组织、研究机构、教育机构中发挥作用,展示才能。

(2) 工程管理者需要知识,更需要智慧,需要有开放的头脑和灵活的整体思维能力。为此,工程管理者应该清醒认识工程项目在"自然—社会—人文"关联中的位置和作用,正确把握工程管理在"自然—人—社会"三元互动系统中的地位和价值,不仅能够看到工程的经济价值,还能看到工程的非经济价值。不仅能够站在投资者和管理者的角度评价工程价值,而还能站在全社会的角度评价工程的价值,包括负面价值,并努力找到协调这些价值目标的可能途径,使工程活动真正服务于可持续发展与和谐社会的建设目标。

(3) 工程管理者需要明了自己肩负的伦理责任。工程是一个汇聚了科学、技术、经济、政治、法律、文化、环境等要素的系统。工程必然涉及利益、风险和责任的分配,伦理在其中起着重要的定向和调节作用。随着工程系统的复杂性逐渐提高,工程系统的规模逐步加大,工程系统运行带来的意想不到的风险也愈发增多。工程能为社会经济发展和人民生活水平提高奠定坚实基础,工程也可能引发一系列人类不得不面对的重大风险。工程管理者需要有很高的伦理标准和很强的职业操守,谨慎应对工程可能包含的风险,严格履行自己承担的社会责任。

（4）在经济全球化时代，工程管理者需要具备开阔的国际化视野，具备强大的跨文化沟通能力，拥有良好的人际交往技能与合作精神。工程活动的国际化意味着工程管理人才的全球流动，意味着随时需要跨越国界的工程创新团队。工程管理者只有具备了良好的内部和外部沟通技能，对全球市场和政治、经济、社会背景的复杂性有深入理解，才能适应经济全球化和市场国际化的挑战。

（5）工程管理者需要具备更强的知识更新能力。当今社会的快速变化和工程复杂性的增加及知识老化速度的加快，迫切需要工程管理者不断更新知识，努力增强学习能力和创造能力，成为一个终身学习者，善于学习新事物，并将新获得的知识应用于发展变化着的工程管理实践。

（6）随着工程管理作用的进一步凸现，工程管理者将会更经常地介入公共政策的讨论和咨询过程。工程技术日益融合人类生活的各个方面，工程技术对公共政策的影响将会日益明显。工程管理者介入有关公共政策议题的讨论，不仅是工程管理人才自身的责任，同样对工程管理职业的整体形象来说也是十分必要的。充分认识工程与公共政策互动良性关系，有利于降低工程风险，增加工程的成功率。

8.2 工程管理行业职业资格制度

8.2.1 国内工程管理界的执业资质制度

改革开放以来，我国通过建立完善的执业资格认证体系，推动工程管理行业形成了严格的从业人员市场准入制度。执业资格认证是指对具备一定专业学历、资历的从事工程技术活动的专业技术人员，通过考试和注册确定其执业的技术资格，获得从事相应工程技术工作资格的一种制度。工程管理专业的学生毕业后从事工程管理的有关实际工作，在满足一定的条件后可以参加多种形式的国家资质和资格认证考试，取得相应的执业资格，从而在执业资格证书许可的范围内从事工程管理工作。工程管理相关行业目前设有建造师、造价工程师、咨询工程师、监理工程师、物业管理师、房地产估价师和房地产经纪人等执业资格。下面择其重点予以介绍。

1. 注册建造师

1）概述

建造师执业资格制度起源于英国，英国皇家特许建造师认证制度由世界范围内建筑管理行业最大的认证机构——英国皇家特许建造学会（CIOB）建立，迄今已有150余年的历史。世界上许多发达国家已经建立了该项制度。我国建筑业规模庞大，人数众多，从事建设工程项目总承包和施工管理的广大专业技术人员，特别是在施工项目经理队伍中，建立建造师执业资格制度对于整顿和规范建筑市场秩序、保证工程质量安全、培养高素质施工管理人员、开拓国际建筑市场、增强对外工程承包能力等方面都有着积极作用和重要意义。2002年12月，原人事部、原建设部联合印发了《建造师执业资格制度暂行规定》（人发〔2002〕111号），标志着我国建造师执业资格认证制度正式建立。《建造师执业资格制度暂行规定》明确，我国的建造师是指从事建设工程项目总承包和施工管理关键岗位的专业技术人员。我国实行建造师分级管理,将建造师分为一级建造师(Constructor)和二级建造师(Associate Constructor),使整个建造师队伍适合我国建设工程项目量大面广、规模差异悬殊、各地经济文化和社会发展水平差异较大、不同项目对管理人员要求不同的特点。一级注册建造师可以担任《建筑业企业资质等级标准》中规定的特级、一级建筑业企业可承担的建设工程项目施工的项目经理;二级注册建造师只可以担任二级及以下建筑业企业能承担的建设工程项目施工的项目经理。建造师实行分专业管理。一级建造师分10个专业,建筑工程、公路工程、铁路工程、民航机场工程、港口与航道工程、水利水电工程、市政公用工程、通信与广电工程、矿业工程、机电工程。二级建造师分6个专业:建筑工程、公路工程、水利水电工程、矿业工程、市政公用工程、机电工程。

2）报考条件

凡中华人民共和国公民,遵纪守法并具备以下条件之一者,均可以申请参加一级建造师执业资格考试。

（1）取得工程类或工程经济类大学专科学历,工作满6年,其中从事建设工程项目施工管理工作满4年。

（2）取得工程类或工程经济类大学本科学历,工作满4年,其中从事建设工程项目施工管理工作满3年。

（3）取得工程类或工程经济类双学士学位或研究生毕业,工作满3年,其中从事建设工程项目施工管理工作满2年。

（4）取得工程类或工程经济类硕士学位,工作满2年,其中从事建设工程项目施工管理工作满1年。

（5）取得工程类或工程经济类博士学位,从事建设工程项目施工管理工作满1年。

凡遵纪守法,具备工程类或工程经济类中等专科以上学历并从事建设工程项目施工管理工作满2年的人员,均可报名参加二级建造师执业资格考试。

2. 注册监理工程师

1）概述

监理是指具有法定资质条件的工程监理单位根据建设单位的委托,依照法律、行政法规及有关的技术标准、设计文件和建筑工程承包包合同,对承包单位在施工质量、建设工期和建设资金使用等方面,代表建设单位对工程施工实施监督的专门活动。监理工程师是指经全国统一考试合格,取得"监理工程师资格证书"并经注册登记的工程建设监理人员。

作为建筑工程投资者的建设单位（业主）,为了取得好的投资效益,保证工程质量,合理控制工期,需要对施工企业的施工活动实施必要的监督。由于多数建设单位并不擅长工程建设的组织管理和技术监督,由具有工程管理方面专业知识和实践经验的人员组成的专业化的工程监理单位接受建设单位的委托,代表建设单位对工程的施工质量、工期和投资使用情况进行监督,对于维护建设单位的利益、协调建设单位与工程承包单位的关系,保证工程质量,规范建筑市场秩序都具有十分重要的作用。

我国从1988年开始推行工程监理制度。到1996年年底,全国绝大多数的地方和行业已在各类建设项目中不同程度地实施了工程监理制度。实践表明,实施工程监理制度不仅有利于保证工程质量,还有利于节省工程投资和合理控制工期,更有利于帮助和支持施工单位采用新技术、新工艺和文明施工、安全施工,从而达到节省劳力、降低成本的目的。

工程监理对建筑工程的监督,与政府有关主管部门依照国家相关规定对建筑工程进行的质量监督,二者在监督依据、监督性质,以及与建设单位和承包单位的关系等方面都不尽相同,不能相互替代。工程监理单位对工程项目实施监督的依据,是建设单位的授权,代表建设单位实施监督。工程监理单位作为社会中介组织以公正的第三方的姿态出现进行监督,工程监理单位与建设单位、工程承包单位之间是平等的民事主体关系。监理单位如果发现承包单位的违法行为或者违反监理合同的行为,应当向建设单位报告,自身缺乏行政处罚的权力。政府主管部门对工程质量监督的依据则是法律、法规的规定,在性质上属于强制性的行政监督管理。政府主管部门与建设单位和建筑工程承包单位之间属于行政管理与被管理的关系,无论建设单位和工程承包单位是否愿意,都必须服从行政主管部门依法进行的监督管理,政府主管部门有权对建设单位和建筑工程承包单位的违法行为依法做出处罚。

1992年6月,原建设部发布了《监理工程师资格考试和注册试行办法》(建设部第18号令),国家开始实施监理工程师资格考试。1996年8月,原建设部、原人事部下发了《建设部、人事部关于全国监理工程师执业资格考试工作的通知》(建监〔1999〕462号),从1997年起,全国正式举行监理工程师执业资格考试。2006年1月,原建设部发布了《注册监理工程师管理规定》(建设部令第147号),同时废止《监理工程师资格考试和注册试行办法》(建设部令第18号)。

2)报考条件

凡中华人民共和国公民,身体健康,遵纪守法,具备下列条件之一者,均可申请参加监理工程师执业资格考试。

(1)应具备工程技术或工程经济专业大专(含大专)以上学历,按照国家有关规定取得工程技术或工程经济专业中级职务,并任职满3年。

(2)按照国家有关规定取得工程技术或工程经济专业高级职务。

(3)1971年(含1971年)以前工程技术或工程经济专业中专毕业,按照国家有关规定取得工程技术或工程经济专业中级职务,并任职满3年。

(4)对从事工程建设监理工作并同时具备1971年(含1971年)以前工程技术或工程经济专业中专(含中专)以上毕业,按照国家有关规定取得工程技术或工程经济专业高级职务,从事工程设计或工程施工管理工作满15年,从事监理工作满1年等四项条件的报考人员,可免试《建设工程合同管理》和《建设工程质量、投资、进度控制》两科。

监理工程师的考试科目是《建设工程监理基本理论与相关法规》《建设工程合同管理》《建设工程质量、投资、进度控制》《建设工程监理案例分析》。

经过近30年的发展,截至2020年10月,我国注册监理工程师人数为213135人。

3. 注册造价工程师

1)概述

造价工程师是指具有工程技术、工程经济和工程管理的基本知识和实践经验,通过工程技术与经济管理密切结合,为工程项目提供全过程造价确定、控制和管理,从而在既定的工程造价限额内控制工程成本并取得最大投资效益的专业技术人员。造价工程师由国家授予资格并准予注册后执业,接受某个部门或某个单位的指定、委托或聘请,负责并协助其进行工程造价的计价、定价及管理业务,维护指定、委托或聘请方的合法权益。

18世纪末19世纪初,英国工业革命前,建筑师就是总营造师,负责项目设计、购买材料、计算工程量、雇佣工匠并组织项目施工。随着建筑技术的发展，建筑师实现了专业分工，一部分建筑师联合起来进行设计，在技术咨询领域内发展；另一部分建筑师则负责工程施工或监督工程施工，从而形成了设计和施工的分离。设计和施工的分离导致了业主对工程质量进行监督和对工程造价进行确定与控制的需求。在当时的条件下较为通常的做法是建筑师根据工程预算的工程量确定工程所需的费用，并在工程完工后，按照各方协商认可的工程量及单价结算付给承建方工程款。由于当时没有适当的准则可作为计价标准，建筑师和承建方之间就工程费用往往很难达成最终一致的结算。为此，承建方开始雇佣自己的工程量核算人员，对建筑师提出的各项工程量清单进行核对。然而，社会各界对承建方自己雇佣的工程量核算人员缺乏信任，因为这一做法极易导致承建方受利益驱动而增大工程量的计算。

1830 年，英国立法推出总承包，政府规定工程必须由一名总承包商进行承包，产生了工程开工前承包商之间进行价格竞争和以总价合同为基础的招标方式。作为总承包招标的工作内容，客观上需要业主和承包商雇佣双方认可的专业人士计算工程量，以便各承包商在同一张工程量清单上报价和竞价。1837 年英国通过了威特烈保护法，要求雇佣公用的工料测量师（Quantity Surveyor）计算工程量。1862 年英国皇家建筑师学会（The Royal Institute of British Architects，RIBA）发表声明支持由工料测量师确定工程量。1868 年 3 月成立了英国测量师学会，1878 年在英国颁布的《市政房屋管理条例（修正案）》中，测量师地位得到了法律承认。至此，工料测量师的地位和作用得到广泛的认可。1881 年维多利亚女王准予皇家注册，1921 年皇家赐予赞誉，1946 年启用"皇家特许测量师学会（RICS）"称号，一直沿用至今。

我国改革开放前，基本建设领域实行从苏联引进并消化吸收的工程概预算制度，概预算编制的依据是"量价合一"的概算、预算定额。与国外早期的建筑师主导模式相似，我国工程建设领域未能有效发挥工程造价专门机构和专业人员应有的积极作用。改革开放后，工程投资效益问题受到更多的重视。20 世纪 80 年代后期，基本建设体制发生重大变化，其中重要标志首先是投资主体多元化，国家已不再是唯一的投资主体；其次是大量乡镇企业和私营承包商队伍崛起，打破了原来单一全民所有制国家机构为业主、国有施工企业为承包商的格局，出现了业主和承包商价值、利益取向多元化的新局面。客观上要求明确工程概预算人员的中立、公正地位，以便不同利益群体对工程量和工程定额的认可。80 年代中期，黑龙江省率先开展工程概预算人员持证上岗制度，而后国内各省、自治区、直辖市和国务院各部委纷纷效仿。自 20 世纪 90 年代初，全国初步建立起条块分立、有限互认的工程概预算人员持证上岗制度，基本上确立了工程概预算人员在工程实施全过程中的地位和作用。

随着我国由有计划的商品经济向社会主义市场经济过渡，原有的工程概预算方法难以满足新形势下工程管理的要求。工程招投标制度、工程合同管理制度、建设监理制度、项目法人责任制等工程管理基本制度的确立，工程索赔、工程项目可行性研究、项目融资等新业务的出现，客观上需要一批同时具备工程计量与计价技能、通晓经济法与工程管理的人才协助业主在投资等经济领域进行专项管理。同时为了应对国际经济一体化以及我国加入 WTO 后，开放建筑市场面临的国外建筑业进入我国的竞争压力，要求工程造价人才具有外语交流能力和通晓国际惯例。在这种形势下，原建设部标准定额司和中国工程造价管理协会开始组织论证，在我国建立既能体现中国特色，又能与国际惯例接轨的造价工程师制度。

经过认真准备和充分论证,1996年年底公布了造价工程师考试大纲以及相应的准入制度等文件,1997年正式在全国九个省市试点举行造价工程师执业资格考试,1998年在全国实施造价工程师执业资格考试。1999年全国范围内造价工程师执业资格考试停考一年,以修订考试大纲和修改教材,2000年开始全面恢复造价工程师执业资格考试。

2018年8月,根据《国家职业资格目录》,为统一和规范造价工程师职业资格设置和管理,提高工程造价专业人员素质,提升建设工程造价管理水平,住房和城乡建设部、交通运输部、水利部、人力资源和社会保障部发布了《造价工程师职业资格制度规定》《造价工程师职业资格考试实施办法》。

2) 报考条件

(1) 一级造价工程师。

凡遵守中华人民共和国宪法、法律法规,具有良好的业务素质和道德品行,具备下列条件之一者,均可以申请参加一级造价工程师职业资格考试。

① 具有工程造价专业大学专科(或高等职业教育)学历,从事工程造价业务工作满5年;具有土木建筑、水利、装备制造、交通运输、电子信息、财经商贸大类大学专科(或高等职业教育)学历,从事工程造价业务工作满6年。

② 具有通过工程教育专业评估(认证)的工程管理、工程造价专业大学本科学历或学位,从事工程造价业务工作满4年;具有工学、管理学、经济学门类大学本科学历或学位,从事工程造价业务工作满5年。

③ 具有工学、管理学、经济学门类硕士学位或者第二学士学位,从事工程造价业务工作满3年。

④ 具有工学、管理学、经济学门类博士学位,从事工程造价业务工作满1年。

⑤ 具有其他专业相应学历或者学位的人员,从事工程造价业务工作年限相应增加1年。

(2) 二级造价工程师。

凡遵守中华人民共和国宪法、法律法规,具有良好的业务素质和道德品行,具备下列条件之一者,均可以申请参加二级造价工程师职业资格考试。

① 具有工程造价专业大学专科(或高等职业教育)学历,从事工程造价业务工作满2年;具有土木建筑、水利、装备制造、交通运输、电子信息、财经商贸大类大学专科(或高等职业教育)学历,从事工程造价业务工作满3年。

② 具有工程管理、工程造价专业大学本科及以上学历或学位,从事工程造价业务工作满1年;具有工学、管理学、经济学门类大学本科及以上学历或学位,从事工程造价业务工作满2年。

③ 具有其他专业相应学历或学位的人员,从事工程造价业务工作年限相应增加1年。

4. 注册房地产估价师

1) 概述

房地产估价师在国外已有几百年的历史,最早产生于英国,理论基础深厚,发展得比较成熟。1999年6月1日,我国房地产评估业第一部国家标准——《房地产估价规范》正式实施,对房地产估价原则、程序、方法、结果及评估师的职业道德都做了规范。1993年我国开始建立房地产估价师执业资格制度。根据原建设部、原人事部建房字〔1995〕147号《房地产估价师执业资格制度暂行规定》,房地产估价师是指经全国统一考试,取得房地产估价师执业资格证书,并注册登记后从事房地产估价活动的为人员。国家实行房地产估价人员执业资格认证和注册制度。凡从事房地产评估业务的单位,必须配备一定数量的房地产估价师。

国家住建部和人社部共同负责全国房地产估价师执业资格制度的政策制定、组织协调、考试、注册和监督管理工作,实行全国统考试制度,原则上每年举行一次。人社部负责审定考试科目、考试大纲和试题,会同住建部对考试进行检查、监督、指导和确定合格标准,组织实施各项考务工作。住建部负责组织考试大纲的权定、培训教材的编写和命题工作,统筹规划并会同人社部组织或授权组织考前培训等相关工作。

2) 报考条件

申请房地产估价师执业资格考试,需提供下列证明文件:房地产估价师执业资格考试报名申请表、学历证明和实践经历证明。

凡中华人民共和国公民,遵纪守法并具备以下条件之一者,可申请参加房地产估价师执业资格考试。

(1) 具备取得房地产估价相关学科(包括房地产经营、房地产经济、土地管理、城市规划等)中等专业学历,具有8年以上相关专业工作经历,其中从事房地产估价实务满5年。

(2) 取得房地产估价相关学科大专学历,具有6年以上相关专业工作经历,其中从事房地产估价实务满4年。

(3) 取得房地产估价相关学科学士学位具有4年以上相关专业工作经历,其中从事房地产估价实务满3年。

(4) 取得房地产估价相关学科硕士学位或第二学位、研究生班毕业,从事房地产估价实务满2年。

(5) 取得房地产估价相关博士学位的。

(6) 不具备上述规定学历,但通过国家统一组织的经济专业初级资格或审计、会计、统计专业助理级资格考试并取得相应资格,具有10年以上相关专业工作经历,其中从事房地产估价实务满6年,成绩特别突出的。

5. 注册咨询工程师

1) 概述

注册咨询工程师是指通过考试取得"中华人民共和国注册咨询工程师职业资格证书",经注册登记后,在经济建设中从事工程咨询业务的专业技术人员。咨询工程师业务能力强弱主要反映在完成客户或业主委托的任务中,在不同的工作阶段是否能够充分地运用各种有效的技能和方法,分析、解决工程实践中存在的各种问题,有效提高工作效率,以保证委托任务实现预定的目标。

注册咨询工程师职业资格实行全国统一考试制度,原则上每年举行一次。

2) 报考条件

凡中华人民共和国公民,遵纪守法并具备下列条件之一者,可报名参加注册咨询工程师(投资)执业资格考试。

(1) 工程技术类或工程经济类专业大学专科毕业后,从事工程咨询相关业务满8年。

(2) 工程技术类或工程经济类专业大学本科毕业后,从事工程咨询相关业务满6年。

（3）获工程技术类成工程经济类专业第二学士学位或研究生班毕业后，从事工程咨询相关业务满4年。

（4）获工程技术类或工程经济类专业硕士学位后，从事工程咨询相关业务满3年。

（5）获工程技术类或工程经济类专业博士学位后，从事工程咨询相关业务满2年。

（6）非工程技术类或工程经济类专业上述学历或学位人员，其从事工程咨询相关业务年限相应增加2年。

（7）人社部、国家发展计划委员会规定的其他条件。

8.2.2 国际工程管理界的执业资质制度和人员培训

1. 国际项目管理专业资格认证（IPMP）

国际项目管理专业资格认证（International Project Management Professional，IPMP）是国际项目管理协会（International Project Management Association，IPMA）在全球推行的四级项目管理专业资格认证体系的总称。

（1）A级（Level A）是国际特级项目经理（Certified Projects Director），通过认证的人员则有能力进行一个公司多项目的复杂规划，管理该组织的所有项目或者管理复杂的国际合作项目。基本程序如下。

① 自己提出申请，说明自己的履历，完成或参与项目的清单，以及证明材料，并对自己进行自我评估。

② 申请接受后提出项目群管理报告。

③ 由评估师进行面试。

④ 合格取得证书后，有效期为5年。

（2）B级（Level B）是国际高级项目经理（Certified Senior Project Manager）。可以管理大型复杂项目，或者管理国际合作项目。基本程序如下。

① 自己提出申请，说明自己的履历，完成或参与项目的清单及证明材料，并对自己进行自我评估。

② 申请接受后提出项目管理报告。

③ 由评估师进行面试。

④ 合格取得证书后，有效期5年。

（3）C级（Level C）是国际项目经理（Certified Project Manager）。能够管理一般复杂项目，也可以在所在项目管理中辅助高级项目经理工作。基本程序如下。

① 自己提出申请，说明自己的履历，完成或参与项目的清单及证明材料，并对自己进行自我评估。

② 申请接受后必须进行笔试。

③ 进行小组案例研讨，由评估师作出评价。

④ 由评估师进行面试。

⑤ 合格取得证书后，有效期5年。

（4）D级（Level D）是国际助理项目经理（Certified Project Management Associate）。具有项目管理从业的基本知识，并可以将它们应用于某些领域。基本程序如下。

① 自己提出申请,说明自己的履历,并对自己进行自我评估。
② 申请接受后参加项目管理知识的笔试。
③ 取得的证书无有效期限制。

中国项目管理研究委员会(PMRC)获得 IPMA 授权在中国进行 IPMP 的认证工作。认证学员参加 IPMP 培训与考试,由 PMRC 颁发 IPMP 课程进修结业证,通过认证将获得 IPMA 颁发的项目管理专业资格证书。

2. 美国项目管理师考试(PMP)

PMP 项目管理师考试是由美国项目管理协会(PMI)建立的对项目管理人员的职业资格认证考试。目前该项认证获得全球 150 多个国家的承认。PMP 考试认证对资历的要求。

(1) 具有大学学士及以上学位,或者同等学力。
(2) 至少要有 4500 小时的项目管理经验。
(3) 在申请之日前 6 年内,累计项目管理月数达到 36 个月。
(4) 申请者必须通过项目管理专家认证考试测试才能获得 PMP 证书。

PMP 认证考试为笔试,现在每年举行四次。PMP 的学员主要分布在 IT、信息、建筑、石油化工、金融、航天、能源、交通、流通等领域。

3. 英国工程管理领域的执业资格制度

1) 英国皇家特许建造师(CIOB)

英国皇家特许建造学会(The Chartered Institute of Building,CIOB)是一个由从事建筑管理的专业人员组织,涉及建设全过程管理的全球性专业学会。该学会成立于 1834 年,已经在全球 94 个国家中拥有会员,分别分布在计划、设计、施工、物业、测量以及相关工程服务的各个领域。

(1) CIOB 的执业范围。

会员侧重从事施工管理工作,也可以从事工程设计或工程建设全过程管理。必须具有对建设项目全过程进行管理的能力和经验,可从事建设领域不同的岗位,工作范围涉及工程建设各个过程和方面,如工程承包、业主的项目管理、工料测量、工程咨询、物业管理、建筑领域的研究以及政府职能管理等。

(2) CIOB 会员的层次划分和资格要求。

① 资深会员(FCIOB),资格条件:具有 5 年会员资格的从事高级管理职务的会员,或通过直接资深会员考试或特殊资深会员考试的申请者,可获得该资格。

② 正式会员(MCIOB),资格条件:相关专业大学本科毕业,在实际工作中通过 CIOB 制定的 PDP 训练评估和 NVQ4(英国国家职业资格第四级)的评估,或直接通过 NVQ5(英国国家职业资格第五级)的评估,并经过 CIOB 组织的专家面试合格。

③ 准会员,资格条件:助理会员通过 CIOB 的培训,满足一定的理论知识和实践能力的要求。

④ 助理会员(ACIOB),资格条件:对于从事建筑领域相关专业但不具备大学本科学历的申请者,可先申请助理会员。

⑤ 学生会员,这一层次主要针对在校的学生。

(3) CIOB 的执业资格认证。

CIOB 对会员制订了详细的资格标准、申请程序和监督制度。CIOB 具有"培训—考试—专业发展"认证体系,不同层次申请者参加不同类型的培训,针对工程类大学毕业生设计的培训计划被称为"职业发展计划"(PDP),针对项目经理资格申请者可以参加"建筑项目经理教育与培训计划"(SMETS)。CIOB 会员资格为终身制,CIOB 学会建立了终身职业发展制度——专业继续发展制度(CPD)。

2)英国的测量师

(1)皇家特许测量师学会(Royal Institution of Chartered Surveyors,RICS)下设 7 个专业分会:综合管理分会、工程预算分会、房屋测量分会、土地代理及农业分会、计划及发展分会、土地及水文测量分会、矿业测量分会。

(2)英国测量师有以下几种专业分类:①土地测量(land surveying);②产业测量(estate and valuation surveying)或称综合实务测量(general practice surveying);③建筑测量(building surveying);④工料测量(quantity surveying);⑤其他,包括矿业测量、农业测量、住宅、商业设施(购物中心)、海洋测量等。

(3)英国的工料测量师专门从事建筑造价管理,也称为预算师。其工作领域包括:房屋建筑工程、土木及结构工程、电力及机械工程、石油化工工程、矿业建设工程、一般工业生产、环保经济、城市发展规划、风景规划、室内设计等。工料测量师的服务范围包括以下几种。

① 初步费用估算(preliminary cost advice)。在项目规划阶段,为投资者、开发商提供投资估算。

② 成本规划(cost planning)。为委托单位编制一份供建筑师、工程师、装潢设计师合理使用建设投资的比例方案。

③ 承包合同文本(contract form)策划。

④ 招标代理(bid agency)。包括起草招标文件,计算工程量并提供工程量清单。

⑤ 造价控制(cost control)。在施工合同执行过程中,对造价进行动态控制。

⑥ 工程结算(valuation of construction work)。审定工程各种支出,如进度款、中间付款、保留金,调整账单、变更账单等。

⑦ 项目管理(project management)。业主可以聘请出任项目经理,独立地为其提供项目管理服务。

⑧ 其他服务。经过仲裁人资格审定,还可以提供建筑合同纠纷仲裁,以及保险损失估价等服务。

8.3 工程管理行业就业导向

8.3.1 施工企业相关职位

随着我国城市建设的不断升温,建筑行业对工程技术人才的需求也随之不断增长。2019 年年底,全社会就业人员总数 77471 万人,其中,建筑业从业人数 5427 万人,占全社会就业人员总数的 7.01%。2010—2019 年全社会就业人员总数、建筑业从业人数增长情况如图 8-1 所示。

图 8-1 2010—2019 年全社会就业人员总数、建筑业从业人数增长情况

建筑业企业单位数量增加,劳动生产率创历史新高。截至 2019 年年底,全国共有建筑业企业单位 103814 个,比上年增加 8414 个,增速为 8.82%,比上年增加了 0.5 个百分点,增速连续四年保持增长。2010—2019 年建筑企业数量及增速如图 8-2 所示。

图 8-2 2010—2019 年建筑企业数量及增速

建筑业企业是工程管理专业毕业生就业的主要渠道之一。在施工企业中毕业生较适合就职的岗位主要是从事施工管理、质量管理、安全管理、造价管理、材料管理,此外还可以从事投标等相关工作以及企业的日常管理工作。

1. 施工管理

施工管理的主要工作内容和程序是参加图纸预审;参与编制施工组织设计作业和指导书并组织实施,组织班组进行书面技术交底,随时解决施工过程中遇到的技术问题;根据生产作业计划签发《限额领料单》《施工任务书》;在每个分项工程施工前进行书面安全交底,并负责制定和实施各项规章制度,强调文明施工;对现场计量工作随时进行检查,发现问题及时进行整改;科学运用各种统计技术对施工进行连续监控;参与质量事故安全事故的调查及处理工作;按照程序文件要求制定成品、半成品保护措施,并监督落实,搞好用户回访工作,并做好原始资料的收集整理工作。

2. 质量管理

质量管理的主要工作内容和程序是参与施工组织设计、质量计划和特殊作业指导书的编写,使其能够满足国家及上级部门颁发的施工技术质量规范和验评标准;参加班组的自检、互检、交接及预检、隐蔽工程检验、工序交接检查；对现场原材料及混凝土、砂浆配合比计量随时核查，杜绝不合格材料投入使用；定期组织质量动态分析会，积极配合上级主管部门的质量检查工作，对核查出的质量问题监督整改；在项目经理主持下，对分项分部工程进行检验和核验；工程竣工后，协助填写有关质量资料，参加单位工程的预验与正式验收。质量管理人员应该充分利用自己的知识、经验，预见性地发现施工过程中会出现的质量问题，提出对策及解决方法，严格对人员、机械、材料、方法、环境这五个影响质量的关键因素进行控制，使工程能达到国家的施工验收规范和质量验收标准，以满足建筑的各种功能要求。

3. 安全管理

安全管理的主要工作内容和程序是加强自身安全素质的培养，掌握强制性行业标准；每月进行安全生产情况总结，并上报伤亡事故统计表；协助有关人员搞好安全内业管理资料；做好所有新人安全教育，签字齐全，存档备查；对调换工种人员要有培训教育记录；对兼职安全管理人员要定期进行培训、指导；监督特殊工种人员持证上岗，遵章守纪；参加项目部每月的安全检查，查出的问题要及时整改；每天进行巡检，有工作记录；对各种违章违纪、野蛮施工人员进行教育和经济处罚。

目前，部分单位和个人对安全管理工作的地位和作用尚存在一些错误认识，如认为安全管理人员可有可无，从事安全管理工作不需要专业知识等。施工过程中较为频繁出现的脚手架倒塌伤人事故，多数情况就是由于荷载过于集中、支撑不够或支撑结构不当造成的。如果安全管理人员具备严谨的工作态度和良好的专业素养，能够尽早发现并及时采取针对性的技术措施，完全可以避免此类事故的发生。况且安全知识还涉及电气、机械设备、爆破及建筑施工等相关技术知识，缺乏系统的专业训练，很难成为合格的安全管理人员。因此，我们必须大力普及安全知识，切实加强"三级安全教育"（即公司教育、项目部教育、班组教育），正确使用安全"四宝"（即安全帽、安全带、安全网、漏电保护器），做好"四口"（即楼梯口、电梯井口、通道口、预留洞口）防护，坚决执行"四不放过"（即麻痹思想不放过、事故苗头不放过、违章作业不放过、安全漏洞不放过）原则，把好安全生产"七关"（即教育关、措施关、交底关、防护关、文明关、验收关、检查关），制定切实可行的项目安全保证计划，采用经济合理的安全技术措施，加强对施工项目现场的管理，力争建立安全文明的施工现场。

4. 造价管理

造价管理的工作内容和程序是投标时，在经营开发部门的统一指挥下，参加标书答疑和投标预算的编制。中标后，在项目经理安排下，参加施工组织设计的编制、图纸会审、编制标书预算及各项经济指标的收集、整理、分析工作。并做好施工签证、洽商、设计变更、合同变更等资料的收集工作，据此做出调整预算，并报建设单位签认。对在建工程及时做出年终小结，并报建设单位签认。按合同约定时间及时报出竣工结算，并签认上报公司管理部门。

造价管理人员开展工作的过程中，一般要注意以下几个问题。

第一，材料预算价格，这是决定工程投资的最主要因素。造价管理人员应该深入工程所在地进行调查，收集材料的第一手资料，包括材料来源、运输渠道、价格等。

第二，结构方案比选和设计工作。造价管理者应该了解设计意图和工程全貌，充分熟悉图纸，对不同的结构方案和相应的施工方案进行经济比选，提出改进意见。

第三，熟悉工程现场。这要求造价管理者驻扎工地，深入项目，勘察了解地形、地质、地貌、水文、气象及施工水位等，取得第一手基础资料。

第四，选择合理的施工组织。造价管理者应根据结构构件的类型、数量、堆放场地、运输和安装，材料和机械进出场，机具、设备的摆放和生活区用地等因素，综合考虑，合理布局，为项目经理选择施工组织设计提供建议。

第五，合理选择施工方案。造价管理者在编制概预算时，重点对施工方案进行分析，判断其是否服从工期、质量、技术要求，是否能降低成本，并选择合理的施工方法、施工机械、施工顺序，组织流水施工。

第六，临时工程。临时工程需要造价管理者深入现场调查，向建设单位了解，确定其造价及对施工方案的影响。

第七，工程定额。套用定额时应正确选择子项目，不重复、不遗漏，核对工程内容，详细阅读定额和图纸的说明、小注，通过对工程实际的了解、工程现场条件的调查及有关政策性法规和规定的正确采用，正确计算工程量，严格按照编制办法的规定选用适当的费率，再合理套用定额，计算其他有关费用，编制出准确度高的概预算。

5. 材料管理

一般来说，材料费用占整个工程成本费用的 60%～70%，少数特殊工程所占比例还将增大。施工的过程也就是把建筑材料转化成建筑产品的过程，而这个过程的转变主要是在施工现场进行的。因此，现场材料管理就成为整个施工过程中的重要环节，直接影响到工程的进度与质量。一个工程项目的顺利实施还需要配置称职的材料管理人员。

材料管理主要工作内容程序是选择、评价合格供应商，建立合格供应商名册，建立合格供应商档案，按月做好材料的采购计划和用款计划，做好进场的验收工作，严格进场材料的验收手续，及时取样试验，保证质量和数量准确无误，坚持进场料具按平面布置堆放，砂石成堆堆放。用标识牌明确标识各自材料名称、规格、数量、产地、出厂日期、质量状况等，坚持收、发、领、回收、盘点制度，并做好各自材料的防火、防雨、防洪、防潮、防蛀等工作。按限额领料制度控制发料，实行节奖超罚制度，组织修旧利废，监督合理使用料具。正确填制收、发、领、退各自原始记录和凭证，建立各类台账，做好单位工程耗料核算，分析节超原因，编制统计报表并办理经济签证，及时整理并管好账单、报表资料、建立材料计划与实际耗用档案；负责对施工工具的收发、使用监督，按规格区域码放，建立周转材料的维护保养制度；做好年终清产工作，并及时、准确制表上报。材料管理是一项庞杂而烦琐的工作，它要求管理者具有很强的责任心和奉献精神，随着项目管理中分工的细化，成本控制的理念深入人心，材料管理工作将在工程管理中占据更加重要的位置。

现场的材料管理一般分为三个阶段。

第一，施工前的准备。在承担某项施工任务后，材料管理者要仔细阅读图纸、设计说明及其他相关文件，了解工程对所使用材料的性能及质量要求，并根据图纸制订总用料计划，根据施工进度计划制定分步用料计划；配合施工管理人员绘制施工总平面图；与施工管理人员一道勘察现场，对照施工总平面图，查看工地周围的交通状况及工地内的道路是否通达，堆放材料的场地是否平整。通过调查了解，对整个工地形成一个清晰的印象，以便后续工作的顺利开展。

第二，施工过程中的管理。施工前的各项准备工作就绪后，根据分步材料计划联系合格分供方组织各项材料入场，材料管理人员要严格按照施工要求及 ISO 9002 质量认证体系的要求，对其进行验收、记录、标识，并配合工地质检部门做好原材料的复检工作。使用规范、适用的票据对材料及其使用过程进行管理是至关重要的,如计划单、验收单、日记账、月末出库表、入库单、库房分类账、出库单、限额领料单、周转材料领用单、调拨单、工具领用卡、租赁合同、退换货单、退库单等,这些票据的有效使用,不仅使烦琐的工作条理化,也实现了对材料管理的可追溯性,对整个工程项目的规范化管理理也起到了促进作用。

第三,竣工后的管理。工程结束后,材料管理人员要对现场材料进行盘点清理,做盘点表,并对一些材料、机具的完好状态进行标识,最后分批退回材料总库,认真填写退库单,并与总库管员办理交接手续,对施工过程中的票据进行整理、编号、送交材料科存查。

为了更好地进行管理,有公司提出了"日审计、周巡查、旬包分析、月总结"的材料现场管理与控制方法,有效地杜绝了材料的浪费和丢失,实现了过程控制与事后考核的有机结合,为项目经济效益的提高起到了积极的促进作用。

6. 投标工作

为适应我国社会主义市场经济发展的需要,建立起市场竞争机制,促进建筑市场的进一步规范和开放,2001年1月1日起实施的《中华人民共和国招标投标法》规定对在国内进行的大型基础设施、公用事业、使用国家投资和外资的建设项目,从勘察、设计、施工、监理到主要设备、材料的采购,强制实行招标投标制度。施工单位承接工程项目,一般需要通过中标获得。为此,施工单位的投标人员在投标竞争过程中,编制高质量的投标文件是企业能否获得工程业务的关键。一份高质量的投标文件,必须满足严谨性、规范化和标准化等基本要求,应该对招标单位有足够的吸引力,还应使施工企业获得一定的利润。为此,编写投标此文件时,需要对一定的工程对象确定明确的投标目标和指导思想,并据此确定针对性的投标模式和技巧。建筑工程施工投标工作是一项系统工程,需要多部门、多专业协调配合,建立一个强有力的投标班子,才能取得良好的效果。

投标工作从业人员应具备以下素质:有较高的政治修养,事业心强;认真执行党和国家的方针、政策,遵守国家的法律和地方法规,自觉维护国家和企业利益,意志坚强、吃苦耐劳;知识渊博、经验丰富、视野广阔、认识超前,具备经营管理、施工技术、成本核算、施工预决算等领域的专业知识与技能,能全面系统地观察、分析和解决问题,具备较强的实际工作经验;对招投标工作应遵循的法律、规章制度有充分的了解,有丰富的阅历和较强的应变能力,能对可能出现的各种问题进行预测并采取相应措施;拥有较强的思维能力和社会活动能力,积极参加有关的社会活动,扩大信息交流,正确处理人际关系,不断吸收投标工作所必需的新知识及有关信息。

施工企业负责投标工作的相关部门及人员要搜集来自企业内部和外部与投标有关的经济、技术、社会、环境等方面的信息,并保证其正确性和真实性,做到知己知彼,为领导决策提供依据。投标过程中企业的内部信息和外部信息都是灵活多变的,只有把握住这些信息,才能最有希望在投标过程中取胜。企业内部对投标影响较大的信息因素是多方面的,主要有企业当前的施工任务情况,包括对施工技术、工艺掌握的熟练程度,后备物资的来源、供应情况,施工机械设备的型号、规格和数量等。外部信息的收集要求"快、全、准"。"快"为迅速及时,"全"为多多益善、系统积累,"准"为可靠性强,如哪里有招标项目、工程概况如何、什么日期开始招标等。要注意收集以下几个方面信息:当地建筑市场信息及投标工程项目的投标信息,如项目的规模、标段划分、主要工程量等,当地的经济发展水平和交通运输情况,招标单位的倾向性和当地的地方保护政策,了解潜在的可能投标竞争对手等。

施工企业得到招标文件后,要认真研究招标文件。参与此项工作的有关人员要精读全文,逐条认真研究招标文件内容,摸清招标人的要求及意图;与此同时也要全面了解招标文件中有关投标人(承包人)所应享受的权利和义务。在阅读招标文件、审核施工图纸、核实(算)工程量时,若发现有疑问之处,一般应要求招标方澄清勘误,并以书面形式为准。

投标策略制订是否科学、适用,对投标目标模式的实现非常关键。针对不同的投标目标模式,应该采用不同的投标技术手段,这主要基于投标者对招标文件的全面理解、对竞争对手实力的了解和把握。正确的投标策略主要来源于投标企业管理人员经验的长期积累,来源于对投标工作客观规律的认识和对实际情况的了解,来源于对竞争形势的调查、分析和研究,还取决于领导层的决策能力,做到"把握形势,以长胜短,掌握主动,随机应变"。总之,投标人员在参与投标时,应依据招标方项目要求和投标企业自身的目标,综合分析招投标工作所涉及的各方面因素,制定科学、合理、切合实际的投标策略,通过拟定高质量的投标文件和做好相关方面的工作,才能取得较理想的投标效果。

8.3.2 房地产企业相关职位

随着城市化进程的加快和住房建设投资的持续增加,我国房地产开发企业数和平均从业人数迅速增长。房地产业为工程管理专业毕业生提供了广阔的就业空间。目前,工程管理专业毕业生在房地产企业中主要从事策划、投融资、营销、估价、报建等工作。

1. 房地产项目策划

房地产项目策划指对开发商的建设项目从观念、设计、区位、环境、房型、价格、品牌、包装和推广上进行资源整合,合理确定房地产目标市场的实际需求,以开发商、消费者、社会三方共同利益为中心,通过市场调查、项目定位、推广策划、销售执行等营销过程的计划、组织和控制,为开发商规划出合理的建设取向,使产品及服务完全符合消费者的需要从而使开发商获得利益的程序化管理过程。

房地产项目策划人员通常具有以下职能。

(1)概念的规划设计。受房地产开发商委托,在了解项目所在地的区域规划、区域经济发展水平、居民收入、周边房地产业状况、区域人文地理环境、潜在消费者的生活习性等信息后,对所开发的项目进行详细的诊断分析,提出项目的概念设计定位,画出概念规划图。

(2)法律顾问职能。为了规范房地产市场,国家和地方政府颁布了各种与房地产建设有关的法律制度和相关法规条文。除此之外,房地产开发过程中如土地代征、房屋拆迁、工程建设过程对周边居住环境的影响(施工噪声、扬尘等)和城市规划、区域建筑物高度、道路宽度限制等方面还将涉及大量现行法律法规未能明确界定和规范的问题。策划人员必须全面掌握国家相关法律法规及相关所在地涉及建设的行政规章并能加以有效运用,才能合理规避各种可能的风险。

(3)投资理财职能。策划人员需要站在开发商的立场上确保资金的有效运用,通过对项目的全程策划,力争项目在完成后实现畅销,从而使投入项目的资金获得最大的投资收益。策划人员提高资金效率主要手段不是降低成本,而是通过资金的合理分配将资金投在能使项目增值的创意设计上。

（4）组织协调职能。策划人员是房地产开发商与工程设计单位、施工单位、销售公司、广告代理商、物业管理公司等有关单位和个人联系的桥梁和纽带，通过策划人员的组织与协调，将项目的概念定位演绎为成功的产品。

（5）过程监督职能。当项目的概念定位成为设计图、施工图后，设计理念由图纸准确转化为产品，其施工全过程必须有严格的监督。施工过程中出于各种缘故需要对设计进行调整，都必须经策划人员审定，只有这样才能保证项目概念设计能够准确定位。

（6）环境景观策划。这里所谓的环境景观主要指居住小区的环境美化，社区景观与周边街道环境、自然环境的协调问题。居住区的人性化，在很大程度取决于居住区景观设计。因此，居住区景观构成将极大地影响项目产品的未来销售，而景观风格定位及如何实现则取决于策划人员。

要完成房地产项目策划的六方面职能，称职的策划人员必须具备通用型、综合性的知识结构。一个房地产项目的全程策划常常不是一个或几个策划师或咨询顾问就可以完成的，往往需要策划团队才能够胜任。

2. 投融资

房地产投资主要来源于银行贷款、自有资金和其他融资方式获得的资金。从事房地产投融资工作，必须全面了解银行贷款、房地产信托、上市融资、海外房产基金、债券融资等投融资主要渠道，熟练掌握投融资运作的相关规则和技术方法，能够根据具体的项目制订不同的融资方案，计算融资成本，预测融资状况对项目的影响，并估计项目的赢利水平，为项目的投资决策以及项目实施过程的成本控制提供对策和依据。

3. 房地产中介

工程管理专业毕业生在房地产中介机构就任的职位和主要从事的工作有资产评估、置业顾问和中介经纪人等。

房地产经纪人是指依法取得"房地产执业资格证书"并申请执业，由有关主管部门注册登记后取得"房地产经纪人注册证"，在房地产经纪机构中能独立执行房地产经纪业务的人员和自行开业设立房地产经纪机构或经房地产经纪机构授权，独立开展经纪业务并承担责任的自然人。

资产评估是由专门的机构和人员依据国家有关法律、法规，国家和有关部门的相关政策以及工程项目的技术资料，针对特定的目的，遵循一定的原则、程序、标准，运用适当的方法确定资产价格的一项工作，是一种动态的、市场化的社会经济活动。

咨询机构中置业顾问与平常所说的"售楼员"有着很大的区别，它不但要求具备较高的文化素质，还需要对建筑产品的结构、材料、施工及使用功能有深入的了解和掌握，同时具有较强的金融和投资理财知识，能够给客户提供置业、择房、贷款等咨询服务。

8.3.3　咨询和监理单位相关职位

工程管理专业毕业生在工程咨询单位可以从事的职位包括投资决策分析、项目可行性分析研究、工程预决算、图纸及造价审查等。

可行性研究是建设前期工作的重要步骤，是进行项目决策以及编制建设项目设计任务书的依据。对建设项目进行可行性研究是工程管理中的一项重要基础工作，是保证建设项目以相对较少的投资换取相对最佳经济效果的科学方法,对项目投资决策和项目运作建设具有十分重要的作用。可行性研究是对拟建的工程项目进行系统分析和全面论证,以判断项目是否可行,是否具有投资价值,寻求最佳建设方案,避免项目方案的多变而造成的人力、物力、财力的巨大浪费和时间延误。这就需要严格可行性研究的审批制度,确保可行性研究报告的质量和深度。

监理单位是专业化、社会化的中介服务机构,受业主的委托,以自身的专业技术、管理技术有效地控制工程建设项目的进度、质量、投资,公正地管理合同,使工程建设项目的总目标得以最优实现。监理制度在西方已经有较长的历史,经过不断探索和改进已较为完善。我国自1988年开始在建设领域实行建设工程监理制度,目前此项制度已经纳入《中华人民共和国建筑法》的规定范畴。从总体上来看,我国的工程监理在不断取得发展的同时,仍存在定位不准、行为欠规范、高素质从业人员缺乏和监理取费标准比较低等问题。监理机构只有不断提升企业人才的素质,打造企业品牌,才能在竞争中立于不败之地。

近年来,我国工程监理行业发展十分迅速。工程监理企业也成为工程管理专业毕业生的主要就业去向之一。

工程管理专业毕业生在监理机构主要从事施工现场监理和参与监理企业日常管理工作。现场监理工作的中心是"三控制、两管理、一协调",即质量控制、进度控制、投资控制,合同管理、信息管理和协调参与建设各方的关系。投资控制主要是在建设前期进行可行性研究,协助业主正确地进行投资决策,控制好投资估算总额;在设计阶段对设计方案、设计标准、总概算(或修正总概算)进行审查;在建设准备阶段协助业主确定标底和合同造价;在施工阶段审核设计变更,核实已完工程量,进行工程进度款的签证和控制索赔;在工程竣工阶段审核工程结算。

进度控制首先要在建设前期通过周密的分析,确定合理的工期目标,并在施工前将工期要求纳入承包合同中;在建设实施期通过运筹学、网络计划技术等科学手段,审查、修改施工组织设计和进度计划,并在计划实施中紧密跟踪,做好协调和监督,排除干扰,使单项工程及其分阶段目标工期逐步实现,保证项目总工期的实现。

质量控制贯穿项目建设的全过程,包括可行性研究、设计、建设准备、施工、竣工及用后维修等各个环节。主要包括施工组织设计方案竞赛与评比,进行设计方案磋商及图纸审核,控制设计变更;在施工前通过审查承包人资质,检查建筑物所用材料、构配件、设备质量和审查施工组织设计等质量控制;在施工中通过主要技术复核、工序操作检查、隐蔽工程验收和工序成果检查,认证监督标准、规范的贯彻,以及通过阶段验收和竣工验收把好质量关。

合同管理是进行投资控制、工期控制和质量控制的手段,是现场监理人员站在公平的立场上,采取各种控制、协调和监督措施,履行纠纷调解职责的依据,也是实施工程目标控制的出发点和归宿。

信息管理要求建立反映整个工程建设过程的信息系统,监理工程师必须及时收集、分析信息,发现问题,提出对策和措施。

组织协调是监理人员通过与建设单位、施工单位、设计单位、材料供应部门、政府相关部门、金融部门等相关单位和个人加强联系、沟通、协调关系,以达到增进合作、减少矛盾的目的,促进参与工程各方共同为完成工程预定目标而努力。

8.3.4 其他机构相关职位

除上述介绍的主要就业去向外,工程管理专业的毕业生还可以在工程设计单位从事概预算、建筑设计、合同管理、招标投标及日常管理的工作,在项目业主单位作为甲方代表参与工程管理工作,在政府部门从事建设规划、工程审计、招标投标监督、项目申报审查、土地转让拍卖监督、房地产买卖监督等技术管理工作,在金融系统中从事建设项目的投融资工作,在教育机构从事工程管理及房地产相关专业的教学、科研和行政管理工作,在软件行业从事工程管理相关软件的开发及推广工作,在物业管理机构及企业从事物业管理相关工作。

思 考 题

1. 工程管理行业有哪些相关执业资格认证?
2. 我国社会经济的发展对工程管理专业人才提出了怎样的要求?
3. 工程管理专业的毕业生主要就业去向和工作内容是什么?
4. 为适应未来工作的需要,工程管理专业的学生应做好哪些准备?

第 9 章 工程管理发展前沿

学习目标

通过本章的学习,掌握绿色建筑和绿色施工的概念和原则、BIM 技术的概念及特点、装配式建筑的优势;了解国外和我国绿色建筑评价体系、BIM 技术的发展进程、装配式建筑的发展历程。

9.1 未来工程的主要领域

9.1.1 我国未来工程的主要领域

1. 房地产

房地产继续担当着建筑业的主体产品角色。城市化进程、大量的农民进城会带来住房需求的增加。会有一个十分庞大的住宅市场需求量和住宅工程的建设量。

2. 基础设施建设

我国基础设施,包括公路、城市道路、供水、供电、供气、供热、污水处理等仍然处于短缺状态,而且总体缺口较大。

1)公路工程

国务院审议通过《国家公路网规划(2013—2030 年)》。

2)铁路和高速铁路

2016 年《中长期铁路网规划》提出构建"八纵""八横"通道。到 2025 年,铁路网规模达到 17.5 万 km,其中高速铁路 3.8 万 km,到 2030 年,基本实现内外互联互通、区际多路畅通、省会高铁联通、地市快速通达、县域基本覆盖。

3)城市轨道交通工程

我国城市轨道交通运营里程的统计和预测见图 9-1。

4)港口工程

我国已经成为全球海运需求增长的主要动力来源。

5)水务业

据国家经济发展部门预测,我国水务市场从中长期来看,年增长率将维持在 15% 左右。由于我国水污染严重,所以污水处理设施建设仍有大量的需求。

6)城市地下管道系统

目前我国许多城市排水能力不足,一下雨就会出现道路、城区被水淹没的情况,必须通过工程解决这个问题。国家提出城市地下综合管廊、海绵城市建设,并进行试点。

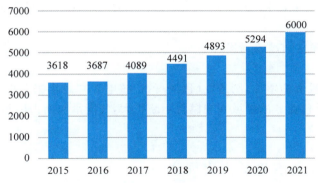

图 9-1　我国城市轨道交通运营里程的统计和预测

3．环境保护工程

（1）我国环境保护问题严重，如普遍性水污染和垃圾围城，需要大量的环保工程投资。

（2）各地对于污染治理的投资额一直呈现稳定上升的趋势。

（3）环境保护会带来工业结构调整的要求和新的投资需求。低碳减排要求执行巴黎协定，在电力行业、水泥行业、电石行业、纺织行业、钢铁行业、煤炭行业等领域，许多厂要撤并、投资改造、整体搬迁，或加大环保设施建设。

（4）我国现有建筑节能改造的投入不断加大。我国大量的在役建筑是高能耗的，需要进行节能改造。

4．工业建设需求情况

1）煤炭业

我国能源对煤炭的依赖性大，仍需要煤矿建设，但煤炭对环境污染（特别是雾霾）影响很大。

2）电力行业

电力需求增长很快，用电量继续保持快速增长。

3）电力相关配套设施投资

电力相关配套设施投资包括电站设备、输变电设备、电力环保设施。

5．新农村建设问题

（1）农业综合生产能力建设。

（2）农村的"水、气、路、电"工程。

（3）加快农村教育、卫生、文化事业的发展。

6．水利建设需求情况

水利工程是国家重点工程，投资都很大。

7．其他领域的工程

1）我国新的工程类型的发展

（1）信息基础设施建设。

（2）新型建筑材料，主要包括新型墙体材料、新型防水密封材料和新型建筑装饰装修材料等。

（3）新能源，涉及太阳能、风能、水能、垃圾能、地热能、海洋能等。相关的发电、储能及运输均面临更高的要求,相关的应用研究、技术开发与产品开发投资会带动相应的工程投资。

(4) 宇宙和未知空间领域工程。

2) 国际工程

随着我国对外投资的增加,制造业(包括高铁、核电等)"走出去",以及"一带一路"的实施,我国对外工程承包业务的领域和规模将不断扩大,我国承包商占国际工程承包市场的份额将稳步提高。

9.1.2 工程和工程管理的未来展望

1. 人与自然和谐的工程

(1) 我国"十四五"规划提出,国土空间开发保护格局得到优化,生产生活方式绿色转型成效显著,能源资源配置更加合理,利用效率大幅提高,主要污染物排放总量持续减少,生态环境持续改善,生态安全屏障更加牢固,城乡人居环境明显改善。

(2) 绿色工程和低碳建筑的要求,促进我国建筑节能和低碳设计、材料和施工工艺,建筑节水技术,绿色建材与建筑节材技术,环境保护技术,新型建筑结构技术等方面全面的发展。

(3) 环境工程成为各领域工程的一部分。同时,需要建设大量的污水处理设施、垃圾焚烧厂。

(4) 工程的生态化要求会带来更多的生态工艺、工法、生态还原,以及工程遗迹处理的研究、开发与应用。

(5) 建设经济、安全、适用、人性化的工程。

(6) 在建筑中注重与人文环境的协调,建筑应具有文化的继承性,有民族特色。

(7) 建筑方案更方便施工,降低施工过程的难度和减少资源消耗,推广建筑工业化方式。

(8) 工程结构的防灾减灾、结构耐久性与加固、维修和改扩建方面的新技术和新工艺的研究与应用。

2. 注重工程的社会责任和历史责任

(1) 工程建设和工程管理的人性化、法制化,使工程中的制约因素增加,复杂性加大,而导致工期将会延长,费用也会增加。

(2) 让公众更好地理解工程是我们面临的一项重大任务。

(3) 民生性质的工程,如保障房、养老设施、城市公共健康设施等进一步增加。

(4) 工程中,各个工程专业和工程管理高度结合,工程参与者(投资者、用户、工程承包企业、原居民)互相依存,需要发展资源共享、利益共享、风险共担、相互合作、相互信任的新型合作模式。

3. 新型建筑工业化

工程新型建筑工业化已上升成为国家战略。2014年住房和城乡建设部《关于推进建筑业发展和改革的若干意见》,全面推进建筑业发展方式转变,发展建筑工业化、绿色建筑、智能建筑。

国家鼓励建筑业产业化发展,2016年2月国务院颁发的《关于进一步加强城市规划建设管理工作的若干意见》指出:"大力推广装配式建筑,减少建筑垃圾和扬尘污染,缩短建造工期，提升工程质量。建设国家级装配式建筑生产基地。加大政策支持力度，力争用10年左右时间，使装配式建筑占新建建筑的比例达到30%。"

4. 计算机、现代信息技术和其他高科技应用

国家将"互联网+"提到国家战略高度，提出了"中国制造2025"行动计划。互联网、大数据、云计算、物联网、智能化技术在工程中应用，对建设工程项目管理、建筑业企业管理、工程施工、工程运行维护和健康管理、城市管理，以及相关的市场管理、社会管理等都会带来颠覆性的变化。

（1）运用现代信息技术、电子技术、生物技术、遥控技术在建筑信息化、智能化，以及温度、舒适度、日照控制、楼宇安保、设备遥控等方面创新，工程将进一步的智能化。

"数字城市"就需要"数字工程"作为基础，"智慧城市"需要"智慧工程"提供支撑。

（2）现代信息技术在工程全寿命期中应用，使工程更为优化。BIM、全球定位系统（GPS）、地理信息系统（GIS）、虚拟现实技术、图形处理技术、数据采集技术、物联网、云计算、大数据等现代信息技术，在工程决策、设计优化、施工和运维方面集成化应用，可以开发与应用工程全寿命期集成化信息平台。

9.2 绿 色 建 筑

9.2.1 绿色建筑的概念

绿色建筑是指在全寿命周期内，最大限度地节约资源（节能、节地、节水、节材），保护环境和减少污染，为人们提供健康、适用和高效的使用空间，与自然和谐共生的高质量建筑。

绿色建筑评价应遵循因地制宜的原则，结合建筑所在地域的气候、环境、资源、经济和文化等特点，对建筑全寿命期内的安全耐久、健康舒适、生活便利、资源节约、环境宜居5类指标的性能进行综合评价。

绿色建筑评价应以单栋建筑或建筑群为评价对象。评价对象应落实并深化上层规划及相关专项规划提出的绿色发展要求；涉及系统性、整体性的指标，应基于建筑所属工程项目的总体进行评价。绿色建筑评价应在建筑工程竣工后进行。在建筑工程施工图设计完成后，可进行预评价，等级划分由高到低划分为三星级、二星级、一星级和基本级4个等级。

绿色建筑的室内布局十分合理，尽量减少使用合成材料，充分利用阳光，节省能源，为居住者创造一种接近自然的感觉。以人、建筑和自然环境的协调发展为目标，在利用天然条件和人工手段创造良好、健康的居住环境的同时，尽可能地控制和减少对自然环境的使用和破坏，充分体现向大自然的索取和回报之间的平衡。

9.2.2 绿色建筑设计的意义和运用

1. 绿色建筑设计在建筑设计中的意义

1）降低建筑整体成本

建筑公司运营发展要能产生经济效益，同时还要兼顾社会效益。所以建筑设计必须要以这两点为前提,在保证建筑工程质量的基础上最大程度地盈利。想要提升经济效益,就要采取有效措施降低建筑整体成本,其中包括设计成本以及施工成本等。而绿色建筑设计应用于建筑设计中,能够保证建筑施工计划的科学性,积极引入绿色节能施工技术,控制工程施工周期,从而降低建筑成本。除此之外,绿色建筑设计理念符合国家节能减排要求,在实际的设计施工中能够获得国家政策的支持。

2)降低建筑行业能源消耗

绿色建筑设计应用于建筑设计中,就是应用各种节能环保技术开展施工,并且在施工工程中应用先进的绿色建筑施工材料。这样能够保证建筑的绿色环保性,减少建筑行业对能源、资源的消耗。以往未引入绿色建筑设计理念,建筑设计中的平面规划和建筑施工中的材料选择都存在一定的问题,会耗费一些不必要的能源。但是绿色建筑设计理念引入后,能够利用新型材料与先进技术对建筑资源和能源进行合理配置,在最大程度上降低能源消耗。这样不仅节能环保,还能够在一定程度上降低建筑成本,提升建筑工程的经济效益。

3)更好地满足用户需求

随着社会经济的不断发展,人们生活水平提升以后更加注重健康问题。但是传统的建筑设计和建筑理念比较落后,很多建筑材料中含有甲醛。所以新房装修好后都要空置一段时间之后再入住。绿色建筑设计理念的引入,能够满足用户对安全的要求,采用健康安全的建筑材料,为用户打造绿色健康的生活环境。除此之外,用户对住宅的要求也在不断提高,不仅要求住宅的健康环保,对小区配置、绿化设置、功能区划分等都有很高的要求。所以绿色建筑设计还要考虑以上问题,合理规划小区绿化,考虑花草种植品种,既要满足人们对绿化的需求,还要充分发挥绿化对净化空气、保护环境的作用,以此满足用户的实际需求,提升用户对建筑的整体满意度。

2. 绿色建筑设计理念在建筑设计中运用的要点

1)运用环保材料

建筑工程的施工质量与建筑材料选择有着密切的关联,比如,在我国绿色建筑中,万科中心在建筑设计中使用很多可再生能源及可回收能源,也尽量使用环保材料,如废水回收系统以及屋顶太阳能电池板等。在2008年北京"鸟巢"建筑中也运用整体自然通风系统以及雨水收集系统等,这些都充分体现了绿色环保的要求。

2)合理利用绿色能源

就目前我国发展模式来讲,过分开发能源对促进我国经济发展是非常不利的。在我国社会经济中风能与光能是可再生能源。因此,在建筑设计过程中要合理利用清洁能源。在绿色建筑能源设计中,绿色建筑理念得到有效的应用和实践。

3)布局设计

对于绿色建筑设计来说,最关键的环节是布局设计,其要求设计师应该从不同的角度来考察现场资源,而且采用适合的方法,充分利用现场资源,降低人工建造的痕迹,以免过度耗损可再生能源。并且在建筑布局设计过程中,应该将建筑工程的热能吸收控制在最小化。绿色建筑设计要从以下几点切入:第一,不仅要保持建筑功能可靠,而且要调整建筑类的空间布局,降低各项设施所产生的能源耗损,比如照明以及空调等;第二,需要充分掌握附近的环境特点,合理运用地理优势,实现资源的科学整合和利用;第三,确定建筑设计的要求,结合区域的特点,合理规划建筑工程和建筑布局,运用自然观来获得良好的室内照明效果,以免浪费不必要的非可再生资源;第四,需要对建筑间距进行科学规划,防止由于密集过度而影响建筑采光效果,浪费很多能源。

4) 整体设计

建筑工程的施工必须要满足人们的工作和生活需求,所以在建筑设计中,要合理规划设计内容,根据实际情况来完善整体内容。这就要求设计师应该对现场进行勘察,合理分析现场环境特点和地质条件,选择与标准要求相符的技术和材料,完善建筑设计,提高建筑工程的实用性和舒适。设计师必须要结合建筑工程所在位置的地理环境,全面探究建筑工程的类型和方位,对建筑工程的方位走向进行科学保护,并且将可再生资源运用在绿色建筑设计中,从而真正实现绿色建筑设计的根本目标。

9.2.3 绿色建筑案例分析

1. 绿地集团总部大楼

绿地集团总部大楼(见图 9-2)位于上海卢湾区南端黄浦江畔,占地面积 8681m²,大楼地上共 5 层,地下共 3 层,总建筑面积约 4 万 m²。地上建筑面积约 2 万 m²,1～3 层是百货,4～5 层是集团总部办公区域,是建筑艺术精品和环境友好型建筑,体现绿色建筑理念,分别于 2009 年和 2011 年获得绿色建筑三星级和 LEED-CS 金级认证。

建筑中的节能设计如下。

1) 断热铝合金低辐射中空玻璃

低辐射中空镀膜玻璃具有保温、避免反射光污染等诸多优点。夏季它能阻止室外地面、建筑物发出的热辐射进入室内,节约空调制冷费用,传热系数可达 2.0W/(m²·K)。

2) 综合建筑遮阳系统(见图 9-3)

建筑立面采用玻璃遮阳系统,玻璃材料透射率低,遮阳系数可达 0.3。中庭天窗采用活动外遮阳,西侧立面采用铝合金垂直外遮阳,根据太阳辐射调节百叶窗倾角,可大大降低太阳辐射。

图 9-2 绿地集团总部大楼

图 9-3 综合建筑遮阳系统

3) 高效地源热泵系统

建筑全部采用地源热泵作为项目空调冷热源,并采用高效冷水机组,综合 COP 值达 5.3 以上。

4) 采取雨水和中水收集处理

用于景观用水、绿化浇灌和冲厕。采用节水卫生器具,减少管网漏损。

5) 照明节能措施

采用高效的照明灯具,优化照明布置,增强个人照明,同时降低环境照明密度,办公楼照明能耗控制在 $12W/m^2$;设置人员传感器,实现人走灯灭,有效控制照明的能耗。

6) 透水地面

透水地面具有良好的透水、透气性能,可使雨水迅速渗入地下,补充土壤水和地下水,保持土壤湿度,改善城市地面植物和土壤微生物的生存条件。

7) 通风采光设计(见图 9-4)

在建筑平面设计时,利用 CFD 模拟建设通风洞口及位置,合理组织自然通风,采用自然通风和机械通风的形式,通风时间在晚上或夜间。晚间通风的应用必须与蓄冷结构结合,需要建筑的围护结构具有比较大的蓄冷能力。在夜间组织大量通风换气,利用温度比较低的室外空气(充分冷却室内空气)以及相应的围护结构等蓄冷结构,并将冷量蓄存于该结构中;到了白天,室外空气温度比室内高的时候,关闭通风系统,尽量减少建筑通过围护结构得热,依靠晚上蓄存的冷量抵消建筑白天的空调负荷。

8) 自动控制新风系统(见图 9-5)

大楼内设立空气污染监测器,可以随时保证室内空气的清新,自动将室外新鲜空气引入室内,排出室内陈旧空气的同时回收热能,以节省能源。

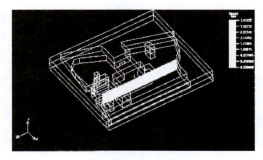

图 9-4　通风采光设计

图 9-5　自动控制新风系统

9) 高舒适节能空调系统

采用个性化的送风系统,节能舒适。

10) 花园

屋顶设置了室外绿化花园,美化环境,提供休闲活动和观赏浦江美景的场所。

11) 行为节能系统

对节能理念的宣传、对建筑使用者的行为进行引导和提示,包括室内遮阳、空调通风、照明启闭的提示。

12) 实时监测系统

完成建筑实时监测显示系统方案设计,包括室外气象数据采集装置配置、采集参数、数据传输系统、数据显示系统,在楼内显示室内外的温度、湿度、风速和能耗等指标。

2. 斯图加特 Sobek 别墅

斯图加特 Sobek 别墅(见图 9-6)是欧洲生态、零耗能住宅,具有九大技术要点。

(1) 钢结构全装配式结构,无任何污染;
(2) 建筑没有抹灰、砂浆,全部构件为可回收材料;
(3) 实现能源自给自足,零能耗、零排放;
(4) 高效保温防晒节能双腔 Pet-Low-E 玻璃外墙(见图 9-7);

图 9-6　斯图加特 Sobek 别墅

图 9-7　双腔 Pet-Low-E 玻璃外墙

(5) 自然通风及效率70%以上的热交换系统;
(6) 高效水源热泵与低温天花供冷制暖系统(见图 9-8 和图 9-9);

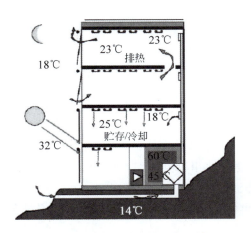

图 9-8　夏日建筑能量平衡设计

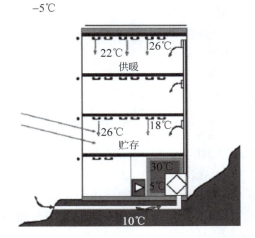

图 9-9　冬日建筑能量平衡设计

(7) 长效地下蓄热装置;
(8) 太阳能光伏发电设施,无损耗并网;
(9) 智能化自动感应控制体系,可从世界各地调控。

9.3 绿色施工

9.3.1 绿色施工的概念

绿色施工是指工程建设中,在保证质量、安全等基本要求的前提下,通过科学管理和技术进步,最大限度地节约资源与减少对环境负面影响的施工活动,实现"四节一环保"(节能、节地、节水、节材和环境保护)。

绿色施工作为建筑全寿命周期中的一个重要阶段,是实现建筑领域资源节约和节能减排的关键环节。实施绿色施工,应依据因地制宜的原则,贯彻执行国家、行业和地方相关的技术经济政策。绿色施工应是可持续发展理念在工程施工中全面应用的体现,绿色施工并不仅是指在工程施工中实施封闭施工,没有尘土飞扬,没有噪声扰民,在工地四周栽花、种草,实施定时洒水等这些内容,它涉及可持续发展的各个方面,如生态与环境保护、资源与能源利用、社会与经济的发展等内容。

9.3.2 绿色施工的要求与原则

1. 要求

(1) 在临时设施建设方面,现场搭建活动房屋之前,应按规划部门的要求取得相关手续。建设单位和施工单位应选用高效保温隔热、可拆卸循环使用的材料搭建施工现场临时设施,并取得产品合格证后方可投入使用。工程竣工后一个月内,选择有合法资质的拆除公司将临时设施拆除。

(2) 在限制施工降水方面,建设单位或者施工单位应当采取相应方法,隔断地下水进入施工区域。因地下结构、地层及地下水、施工条件和技术等原因,使采用帷幕隔水方法很难实施或者虽能实施,但增加的工程投资明显不合理的,施工降水方案经过专家评审并通过后,可以采用管井、井点等方法进行施工降水。

(3) 在控制施工扬尘方面,工程土方开挖前,施工单位应按《绿色施工规程》的要求,做好洗车池和冲洗设施、建筑垃圾和生活垃圾分类密闭存放装置、沙土覆盖、工地路面硬化和生活区绿化美化等工作。

(4) 在渣土绿色运输方面,施工单位应按照要求选用已办理"散装货物运输车辆准运证"的车辆,持"渣土消纳许可证"从事渣土运输作业。

(5) 在降低声、光排放方面,建设单位、施工单位在签订合同时,注意施工工期安排及已签合同中施工工期延长的调整,应尽量避免夜间施工。因特殊原因确需夜间施工的,必须到工程所在地区或县相关职能部门办理夜间施工许可证,施工时要采取封闭措施降低施工噪声,并尽可能减少强光对居民生活的干扰。

2. 原则

1) 减少场地干扰、尊重基地环境

绿色施工要减少场地干扰。工程施工过程会严重扰乱场地环境,这一点对于未开发区域的新建项目尤其严重。场地平整、土方开挖、施工降水、永久及临时设施建造、场地废弃物处理等均会对场地上现存的动植物资源、地形地貌、地下水位等造成影响;还会对场地内现存的文物、地方特色资源等带来破坏,影响当地文化的继承和发扬。因此,施工中减少场地干扰、尊重基地环境,对于保护生态环境,维持地方文化具有重要的意义。业主、设计单位和承包商应当识别场地内现有的自然、文化和构筑物特征,并通过合理的设计、施工和管理工作将这些特征保存下来。可持续的场地设计对于减少这种干扰具有重要的作用。就工程施工而言,承包商应结合业主、设计单位对使用场地的要求,制订满足这些要求的、能尽量减少场地干扰的场地使用计划。

计划中应明确以下几点。

(1) 场地内哪些区域将被保护,哪些植物将被保护,并明确保护的方法。

(2) 怎样在满足施工、设计和经济方面要求的前提下,尽量减少清理和扰动的区域面积,尽量减少临时设施、减少施工用管线。

(3) 场地内哪些区域将被用作仓储和临时设施建设,如何合理安排承包商、分包商及各工种对施工场地的使用,减少材料和设备的搬动。

(4) 各工种为了运送、安装和其他目的对场地通道的要求。

(5) 废弃物将如何处理和消除,如有废弃物回填或填埋,应分析其对场地生态、环境的影响。

(6) 怎样将场地与公众隔离。

2) 结合气候施工

承包商在选择施工方法、施工机械,安排施工顺序,布置施工场地时应结合气候特征。这可以减少因为气候原因而带来施工措施的增加,资源和能源用量的增加,有效地降低施工成本;可以减少因为额外措施对施工现场及环境的干扰;可以有利于施工现场环境质量品质的改善和工程质量的提高。

承包商要能做到结合气候施工,首先要了解现场所在地区的气象资料及特征,主要包括:降雨、降雪资料,如全年降雨量、降雪量、雨季起止日期、一日最大降雨量等;气温资料,如年平均气温、最高、最低气温及持续时间等;风的资料,如风速、风向和风的频率等。

3) 绿色施工要求节水、节电、环保

建设项目通常要使用大量的材料、能源和水资源。减少资源的消耗,节约能源,提高效益,保护水资源是可持续发展的基本观点。施工中资源(能源)的节约主要有以下几个方面的内容。

(1) 水资源的节约利用。通过监测水资源的使用,安装小流量的设备和器具,在可能的场所重新利用雨水或施工废水等措施来减少施工期间的用水量,降低用水费用。

(2) 节约电能。通过监测利用率,安装节能灯具和设备,利用声光传感器控制照明灯具,采用节电型施工机械,合理安排施工时间等,降低用电量,节约电能。

(3) 减少材料的损耗。通过更仔细地采购,合理地现场保管,减少材料的搬运次数,减少包装,完善操作工艺,增加摊销材料的周转次数等,降低材料在使用中的消耗,提高材料的使用效率。

(4) 可回收资源的利用。可回收资源的利用是节约资源的主要手段,也是当前应加强的方向,主要体现在两个方面:一是使用可再生的或含有可再生成分的产品和材料,这有助于将可回收部分从废弃物中分离出来,同时减少了原始材料的使用,即减少了自然资源的消耗;二是加大资源和材料的回收利用、循环利用,如在施工现场建立废弃物回收系统,再回收或重复利用在拆除时得到的材料,这可减少施工中材料的消耗量,或通过出售废弃物来增加企业的收入,也可降低企业运输或填埋垃圾的费用。

4) 减少环境污染,提高环境品质

绿色施工要求减少环境污染,工程施工中产生的大量灰尘、噪声、有毒有害气体、废弃物等会对环境品质造成严重的影响,也将损害现场工作人员、使用者以及公众的健康。因此,减少环境污染、提高环境品质也是绿色施工的基本原则。提高与施工有关的室内外空气品质是该原则的最主要内容。在施工过程中,扰动建筑材料和系统所产生的灰尘,从材料、产品、施工设备或施工过程中散发出来的挥发性有机化合物或微粒,均会引起室内外空气品质问题。这些挥发性有机化合物或微粒会对健康构成潜在的威胁和损害,需要特殊的安全防护。这些威胁和损害有些是长期的,甚至是致命的。而且在建造过程中,这些空气污染物也可能渗入邻近的建筑物,并在施工结束后继续留在建筑物内。这种影响,尤其对那些需要在房屋使用者在场的情况下进行施工的改建项目,更需引起重视。常用的提高施工场地空气品质的绿色施工技术措施可能有以下几点。

(1) 制订有关室内外空气品质的施工管理计划。

(2) 使用低挥发性的材料或产品。

(3) 安装局部临时排风或局部净化和过滤设备。

(4) 进行必要的绿化,经常洒水清扫,防止建筑垃圾堆积在建筑物内,储存好可能造成污染的材料。

(5) 采用更安全、健康的建筑机械或生产方式,如用商品混凝土代替现场混凝土搅拌,可大幅度消除粉尘污染。

(6) 合理安排施工顺序,尽量减少一些建筑材料,如地毯、顶棚饰面等对污染物的吸收。

(7) 对于施工时仍在使用的建筑物而言,应将有毒的工作安排在非工作时间进行,并与通风措施相结合,在进行有毒工作时及工作完成以后,对现场进行通风。

(8) 对于施工时仍在使用的建筑物而言,将施工区域保持负压或升高使用区域的气压,有助于防止空气污染物污染使用区域。

噪声的控制也是防止环境污染、提高环境品质的一个方面。当前我国已经出台了一些相应的规定对施工噪声进行限制。绿色施工也强调对施工噪声的控制,以防止施工扰民。合理安排施工时间,实施封闭式施工,采用现代化的隔离防护设备,采用低噪声、低振动的建筑机械,如无声振捣设备等是控制施工噪声的有效手段。

5) 实施科学管理,保证施工质量

实施绿色施工,必须要实施科学管理,提高企业管理水平,使企业从被动适应转变为主动响应,使企业实施绿色施工制度化、规范化。这将充分发挥绿色施工对促进可持续发展的作用,增加绿色施工的经济性效果,增加承包商采用绿色施工的积极性。企业通过 ISO 14001 认证是提高企业管理水平、实施科学管理的有效途径。

实施绿色施工,尽可能减少场地干扰,提高资源和材料利用效率,增加材料的回收利用等,但采用这些手段的前提是要确保工程质量。好的工程质量,可延长项目寿命,降低项目日常运行费用,有利于使用者的健康和安全,促进社会经济发展,这本身就是可持续发展的体现。

9.3.3　绿色施工措施与途径

（1）建设和施工单位要尽量选用高性能、低噪声、少污染的设备，采用机械化程度高的施工方式，减少使用污染排放高的各类车辆。

（2）施工区域与非施工区域间设置标准的分隔设施，做到连续、稳固、整洁、美观。硬质围栏/围挡的高度不得低于2.5m。

（3）易产生泥浆的施工，须实行硬地坪施工；所有土堆、料堆须采取加盖防止粉尘污染的遮盖物或喷洒覆盖剂等措施。

（4）施工现场使用的热水锅炉等必须使用清洁燃料。不得在施工现场熔融沥青或焚烧油毡、油漆及其他产生有毒、有害烟尘和恶臭气体的物质。

（5）建设工地应严格按照防汛要求，设置连续、通畅的排水设施和其他应急设施。

（6）市区（距居民区1000m范围内）禁用柴油冲击桩机、振动桩机、旋转桩机和柴油发电机，严禁敲打导管和钻杆，控制高噪声污染。

（7）施工单位须落实门前环境卫生责任制，并指定专人负责日常管理。施工现场应设密闭式垃圾站，施工垃圾、生活垃圾分类存放。

（8）生活区应设置封闭式垃圾容器，施工场地生活垃圾应实行袋装化，并委托环卫部门统一清运。

（9）鼓励建筑废料、渣土的综合利用。

（10）对危险废弃物必须设置统一的标识分类存放，收集到一定量后，交有资质的单位统一进行处置。

（11）合理、节约用水和电。大型照明灯须采用俯视角，避免光污染。

（12）加强绿化工作，搬迁树木须手续齐全；在绿化施工中科学、合理地使用与处置农药，尽量减少对环境的污染。

9.3.4　绿色施工案例分析

1. 济南恒隆广场

1）工程概况

济南恒隆广场发展项目地处济南市泉城路、榜棚街、黑虎泉西路与天地坛街所围地块内，是一大型综合商业设施，东接贵和购物中心，北至济南市黄金路段——泉城路，南望泉城广场，地理位置极其优越。本工程建筑总面积27.7万 m^2，占地面积5.23万 m^2，地下2层，地上7层。工程合同造价为19亿元人民币。钢筋混凝土结构、局部楼层为钢结构。工程建成后将以其新颖独特的外观设计、规模宏大的建筑体量和配套齐全的服务设施，成为济南的地标性建筑和最重要的商业中心。

2）绿色施工内容

（1）现场施工。

① 防止水土流失：对施工现场和生活区的不同区域进行绿化、硬化或覆盖等，以保证现场没有裸露的地表土，防止水土流失。

② 扬尘控制措施：
- 对砂、灰料堆场，按施工总平面布置堆放在规定的场所，按气候环境变化采取加盖措施，以防止大风引起扬尘。工人清理建筑垃圾时，首先要洒水，防止扬尘。
- 施工现场建筑垃圾设专门的垃圾存放棚，并将垃圾堆放区设置在避风处，以免产生扬尘，同时根据垃圾数量随时清运出施工现场，运垃圾的专用车每次装完后，用布盖好，避免途中遗洒和运输过程中造成扬尘。对于车辆运输易引起扬尘的场地，首先设限速区，然后派专人在施工道路上定时洒水清扫。五级风以上不得进行土方施工。
- 工程回填时运土车辆出入大门口处，马路上铺设棉毡，用于清扫轮胎上外带的土块，出入工地的车辆必须冲洗干净。现场车辆行驶过程中采取洒水压尘的措施。每天收车后，派专人清扫马路，制作专用洒水车，及时洒水降尘，达到绿色施工环保要求。

③ 噪声控制：土方施工作业时土方运输车辆进入现场后禁止鸣笛，以减少噪声。现场租用的塔式起重机、施工电梯、混凝土输送泵等大型机械设备，操作人员对有可能发出噪声的部位进行清理、润滑、保养，控制噪声的发生。对有可能发生尖锐噪声的小型电动工具，如冲击钻、手持电锯等，应严格控制使用时间、控制使用频次、设备数量，在夜间休息时不进行作业。在易发出声响的材料堆放作业时，采取轻取轻放，不得从高处抛丢，以免发出较大声响。

④ 光污染控制：合理安排施工作业时间，尽量避免在夜间施工。在保证满足施工要求的情况下，调整灯光的照射方向，减少对周围居民的影响。

⑤ 室内空气污染控制：有害物质不在楼层存放并注意通风。封闭房间内施工不使用燃油施工机械，防止废气污染。地下室等部位使用临时通风设施通风，防止有害气体聚集并造成污染。

(2) 材料、能源节约及新技术应用。

① 节约能源：施工现场办公和生活的临时设施均采用保温隔热性能良好的夹心泡沫彩钢板，其材料质量轻，隔热保温效果显著，降低能耗，节约能源。在安装过程中大量减少建设物的基础工程和结构工程费用，且能多次拆装，施工安装灵活方便。现场管理人员办公及宿舍均配置空调，建立办公室、宿舍用电制度，做到离开办公室、宿舍时关掉用电设备，按照温度要求开启采暖、降温设备。

现场钢筋连接大量采用直螺纹套筒，提高工作效率，减少焊接用电量，还能减少焊接对空气的污染，节约钢筋用量。

② 节约用地：工地开工前，项目管理人员在现场进行多次勘察测量，结合建筑红线与恒隆广场工程的现场条件对临时设施、材料、加工场地等占地面积进行详细规划，按照能满足施工所需的最低面积进行设计。平面布置合理、紧凑，在满足环境、职业健康与安全及文明施工要求的前提下，最大限度地减少临时设施占地面积。现场工作人员的车辆停放在停车场，减小现场场地压力。

③ 节约用水：施工前对参与施工的所有人员进行节能教育，树立节约能源的好习惯。现场供水管网根据恒隆广场工程的用水量进行设计布置，管径合理、管路简捷。生活用水采用计量管理，为防止资源浪费，在生活区洗漱间、食堂等设置明显的"节约用水"标识牌。混凝土养护采用覆盖塑料薄膜或外包的方式养护，养护用水采用基坑降水，减少施工用水。

④ 节约材料：施工过程中严格按照施工进度计划提出材料计划，要合理安排材料的采

购、进场时间和批次,减少库存。施工前对施工人员进行技术交底,明确具体做法,避免错误施工而出现浪费的现象。定期对工人进行岗位技术培训,提高工人技能,降低材料损耗率。工程选用耐用、维护与拆卸方便的周转材料,如采用工具式模板、钢制模板等,以提高模板、脚手架周转次数。结合现场状况合理划分施工段,提高材料的周转速度,以便减少周转材料的投入。现场所有临时用房均采用彩钢板,做到重复多次使用。

9.4 BIM 技 术

9.4.1 BIM 技术的概述

建筑行业的资源浪费现象严重,生产效率低下,技术水平和管理理念落后等问题,与建筑行业的信息化水平低存在必然的联系。随着信息化进程的不断加快,以及建筑行业规模的迅速发展,建筑行业信息化的应用和普及已经势在必行。BIM 技术在这种环境背景下应运而生,现代建筑项目的管理已经转换为以信息化管理为主的管理方式。

建筑信息模型(Building Information Modeling,BIM)是以建筑工程项目的各项相关信息数据作为基础,建立建筑模型并通过数字信息仿真模拟建筑物所具有的真实信息。BIM 不是简单地将数字信息进行集成而是一种数字信息的应用,并可以用于设计、建造、管理的数字化方法。该方法支持建筑工程的集成管理环境,使建筑工程在其整个进程中显著提高效率和质量、降低风险和费用等。

我国住房和城乡建设部对 BIM 技术做出了如下解释:BIM 技术是一种应用于工程设计、建造、管理的数据化工具,通过参数模型整合各种项目的相关信息,并将信息在项目策划、运行和维护的全生命周期中进行共享和传递(见图 9-10 和图 9-11),该技术是工程技术人员对各种建筑信息作出正确理解和高效应对,为设计团队以及包括建筑运营单位在内的各方建设主体提供协同工作的基础,在提高生产效率、节约成本、缩短工期等方面发挥着重要作用。

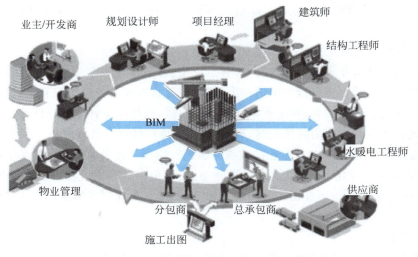

图 9-10 BIM 技术应用于工程项目全生命周期

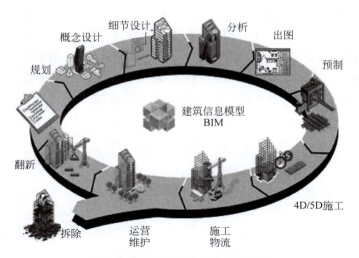

图 9-11　BIM 技术建造工程的流程

9.4.2　BIM 技术的特点

BIM 具有可视化、协调性、模拟性、优化性、可出图性、一体化性、参数化性以及信息完备性八大特点。

1. 可视化

可视化这一特点对于整个建筑行业来说作用巨大。例如，在施工图纸上采用线条绘制的方式表达各构件的二维信息，但其真正的构造形式只能依靠建筑业参与人员自行想象。BIM 提供了可视化的思路，将以往线条式的构件通过三维立体实物图形展示。在建筑设计过程中，效果图通常分包给专业的制作团队并通过线条式信息制作而成，该过程不是构件信息自动生成的过程，它缺少了各构件之间的互动性和反馈性，而 BIM 所具有的可视化是一种能使构件之间形成互动性和反馈性的表达结果。在 BIM 技术的应用中，全过程可视化的结果不仅可以应用于效果图的展示及报表的生成，还可应用于项目设计、施工和运营的全过程。

2. 协调性

协调性对于建筑业来说极其重要，不管是业主、施工单位还是设计单位，都需要充分协调和积极配合。在项目实施过程中遇到了问题，就要将各相关单位组织起来进行协调，找出原因并寻求解决办法。例如，在工程项目的设计阶段，往往由于各专业设计师之间的沟通不到位而出现各种专业之间的碰撞问题，利用 BIM 的协调性可以有效解决该问题，也就是说，BIM 可在建筑物建造前期对各专业的碰撞问题进行协调。此外，BIM 的协调作用不仅能解决各专业间的碰撞问题，还可以解决电梯井布置、其他设计布置及净空要求之间的协调问题、防火分区与其他设计布置之间的协调问题、地下排水布置与其他设计布置之间的协调问题等。

3. 模拟性

模拟性并非特指模拟设计的建筑物，还可以模拟无法在真实世界中进行操作的事物。

在设计阶段，BIM 可以对需要进行模拟的事物进行模拟实验，例如节能模拟、紧急疏散模拟、日照模拟、热能传导模拟等。在招标投标和施工阶段，基于 3D 建筑信息模型关联进度信息进行 4D 施工模拟，即根据施工组织设计模拟实际施工，从而不断优化并最终选择合理的施工方案。同时，在此基础上还可以继续关联成本信息进行 5D 模拟，以此来实现施工单位的成本控制。在运营阶段，BIM 技术可以进行日常紧急情况处理方式的模拟，例如地震人员逃生模拟以及消防人员疏散模拟等。

4. 优化性

工程项目的招标投标、设计、施工、运营等过程需要不断优化，优化主要受信息、复杂程度和时间的制约。没有准确的信息做不出合理的优化结果，BIM 模型提供了建筑物实际存在的信息，包括几何信息、物理信息和规则信息。当复杂性达到一定程度时，参与人员自身的能力无法掌握所有的信息，必须借助一定的科学技术和设备的帮助。现代建筑物的复杂程度大多超过参与人员本身的能力极限，BIM 技术及与其配套的各种优化工具提供了对复杂项目进行优化的可能。BIM 技术的优化性主要体现在以下两个方面。

（1）项目方案的优化。把项目设计和投资回报相结合，设计变化对投资回报的影响可以实时计算。因此，业主对设计方案的选择不会主要停留在对项目形状的评价上，而可以使得业主知道项目的哪种设计方案更有利于自身多角度的需求。

（2）特殊项目的设计优化。例如，幕墙、屋顶等看起来占整个建筑比例不大，却占投资和工程量比例较大，通常这些部位的施工难度也较大，施工问题较多，利用 BIM 技术可以优化这些内容的设计施工方案，从而缩短工期和降低成本。

5. 可出图性

可出图性并不是特指生成建筑设计图纸及部分构件的加工图纸，而是对建筑物进行可视化展示、协调、模拟和优化，从而帮助业主完成以下文档：

（1）综合管线图（经过碰撞检查、设计修改最终消除了相应错误以后）。

（2）综合结构留洞图（预埋套管图）。

（3）碰撞检查报告和建议改进方案。

6. 一体化性

基于 BIM 技术可进行工程项目全生命周期的一体化管理。BIM 技术的核心是一个由计算机三维模型所形成的数据库，它不仅包含建筑的设计信息，而且还容纳了从设计到建成使用的全过程信息。

7. 参数化性

参数化建模指的是通过参数而非数字的形式建立和分析模型。简单地改变模型中的参数值，就能建立和分析新的模型。BIM 中的图元是以构件的形式出现，而不同构件之间则是通过调整参数进行区分，参数保存了图元作为数字化建筑构件的所有信息。

8. 信息完备性

信息完备性体现在 BIM 技术可对工程对象进行 3D 几何信息、拓扑关系以及完整工程信息的描述。

9.4.3 BIM 技术的优势

在传统的项目管理中，二维 CAD 图纸图像性差，没有立体性，不方便各方直观观察所建项目和协调沟通，造成各方对项目的理解上有差异，信息不对称，不利于标准化管理。在成本管理方面，造价分析数据精细度不够，很难为各方提供准确信息，作出最合理决策，从而无法实现资源节约和利润最大化。在施工阶段，由于信息不对称而导致的材料使用不符合规范、不按设计意图施工、不能预知工程效果和各工种相互影响等因素都会对项目的成果产生消极影响，甚至造成损失。在信息管理方面，我国的项目管理还停留在比较粗放的阶段，许多信息资料都是人工处理，准确性差，效率低。在质量安全方面，在施工建造过程中对质量的控制大多数时候集中在同期控制和反馈控制，由于信息化程度有限，前馈控制较少。

1. 成本控制

在成本控制方面，利用 BIM 技术，项目中的工程量及价格等数据准确透明，能够帮助实现项目生命周期主体对资金的控制，即 BIM 的 5D 模拟。

根据项目的体量对材料筛选汇总，在建模完成后，可将材料明细表导出，能够进行资源优化配置，在进场时间进度上做好计划安排，把握好直接成本与间接成本的关系，使进度的优化在大概率情况下导向成本的优化。

BIM 建模软件绘制的 3D 数字模型保证了项目的数据动态调整，方便管理人员更新计划，统计和追溯资金使用情况。BIM 技术是高度信息化的技术，可以替代许多传统人力密集型工作，在这一方面便可以减少企业的人员冗余程度，降低人力成本。

2. 质量安全控制

在质量安全控制方面，虚拟建造技术即 BIM 的 4D 模拟，能够提前模拟并发现施工阶段可能出现的问题，然后制订解决方案并加以修改，使进度计划和施工方案最优。例如，在上海地铁某站风水电安装工程建设中采取的 BIM 碰撞检测技术，在设备安装之前就模拟检测出了管线碰撞问题上百处，实现了前馈控制。BIM 技术还可以对人员逃生模拟、消防疏散等紧急情况进行线路流量模拟。

3. 信息控制

在信息控制方面，BIM 技术能够做到对材料质量、构件质量等信息进行追踪，可以实现空间管理、建筑物分析，便于运营维护阶段的生产管理监督。例如，在建模过程中利用"房间"命令对建筑物中的房间区块进行划分、标注信息和计算面积，使用"导出"命令将房间/面积报表导出，对整个建筑物的面积、体积跟房间数等信息精确记录。当今是数据为王的时代，在前面提到的上海地铁案例中，该项目的所有信息全部都导入了计算机系统，以便查询管理，为以后的轨道交通项目施工提供了宝贵的经验，提高了城市交通建设效率。

BIM 技术还可以用于帮助保护修复古老建筑。2019 年 4 月 15 日，法国巴黎圣母院火灾成了全球焦点新闻，许多人担心人类文化瑰宝、历史遗产是否会毁于一旦。值得庆幸的是，巴黎圣母院的三维信息已被全面扫描，其信息模型已存档，用于修复重建这座历时一百八十多年建造而成并已经诞生了六百多年的哥特式建筑，相信现代科学技术一定会交给全世界人民一个满意的答卷。

4. 风险控制

工程项目的建设过程中存在着诸多风险，风险因素的存在极大地制约了建设工程项目目标的实现，风险大致可以归为两类：可规避风险和不可规避风险，而在建设工程中对项目起着决定性影响的便是可规避风险，它大致会包括技术风险、组织风险、管理风险。传统项目管理模式下，这些因素的规避是项目各参与方都需要慎重对待和积极促进的问题，但在实际的项目管理过程中,往往需要协调的并不只是单一一方的风险,而是各参与方的组合风险。如何让各方建立统一的共识,前提是建立在多方有效沟通的基础之上,而这也是传统项目管理模式下面临的主要问题和症结所在。

风险存在于项目的各个阶段,加强风险管理对实现项目目标的重要性不言自明,引入 BIM 技术,可以极大地增强风险管理的力度。在项目前期规划阶段引入 BIM,可以通过 BIM 本身包含的参数信息对项目环境指标进行模拟,将生态指标进行量化,并且当方案变动的时候,BIM 本身所具备的联动性和统计分析功能可以更好地解决计算过程的重复问题,加强项目前期的可行性分析;将 BIM 应用于设计阶段,在概念设计阶段,它可以对设计创意完美充分地体现,为建设方提供决策依据,在方案设计阶段,对于复杂造型的项目,可以起到设计优化的作用,应用于施工图设计中,BIM 可以高效、彻底解决大型项目和公共项目的管线布设,加强设计阶段的风险管理;在施工阶段,通过 BIM 技术可以进行施工进度模拟,从而对现场布置方案提供科学的依据,协调各专业之间的配合。通过 BIM 模型的建立,提前对施工中的危险源进行判断,并与施工作业结果进行比对,加强安全管理和现场质量管理,有利于施工中进行风险控制。BIM 技术在项目管理全阶段的应用,可以有效地降低建设工程中的不确定性,合理规避风险,为项目目标的实现保驾护航。

9.4.4 BIM 技术运用的相关案例

1. BIM 在复杂型建筑的应用

慈溪大剧院(图 9-12)立面造型新颖、线条流畅,晶莹剔透的幕墙与绵延弯曲的结构浑然一体,宛如一架水晶钢琴耸立在明月湖畔。该工程结构复杂,标高多、跨度大,错综交替的混凝土结构与曲折多姿的钢结构有机结合,使施工极具挑战性。项目部积极推动了 BIM 技术在工程中的应用,保证了项目的快速、高质量建设,在施工总承包管理中初具成效。

图 9-12 慈溪大剧院 BIM 的应用

慈溪大剧院项目结构复杂,总包管理难度大;工程专业分包多,包括土建、幕墙、钢结构、机电安装、弱电智能化、舞台机械设备、舞台声光电、外围景观及附属工程等,各专业工序交替施工,协调难度大。如何有效推动总承包管理朝向更精细化、信息化的施工主流模式,是一项重大难题。

慈溪大剧院项目利用 Revit 软件进行 BIM 建模,并经过对建筑、结构模型不断修改完善,指导现场施工。将传统设计的平面施工图纸,由 2D 的平面视图转化为可视化的 3D 模型。这种可视化的三维视图,不仅让管理人员快速了解项目的建筑功能、结构空间和设计意图,而且其任意的模型剖切及旋转使复杂工程的结构一目了然。在项目初期,能够快速实现对流程以及重难点的深入了解,为项目施工做好决策。

利用BIM软件平台的碰撞检测功能,实现了建筑与结构、结构与暖通、机电安装以及设备等不同专业图纸之间的碰撞,同时加快了各专业管理人员对图纸问题的解决效率。正是利用BIM软件平台这种功能,预先发现图纸问题,及时反馈给设计单位,避免后期因图纸问题带来的停工以及返工,提高了项目管理效率,也为现场施工及总承包管理打好了基础。在第一版BIM模型中,共发现图纸问题164处。

大剧院主舞台坑中坑位于潮间带冲淤积的海涂地,地下水系丰富,地质情况复杂,面积1400m^2,开挖深度达15m。针对这种特点,为确保基坑安全,项目部事先通过BIM技术的施工模拟,对多种方案进行分析比较,最终选用最优的支护体系。同时,通过相关的软件配合BIM模型,输出直观的施工方案模拟动画,对施工管理人员及操作人员进行视频交底,提高认知度,加快施工速度,提高效率。

慈溪大剧院功能特殊,设有众多的高大空间结构,其中主舞台高支模凌空高度达49.2m,凌空面积达1235m^2。支模架难以选择,项目创新性地选用西班牙屋玛T60塔式支架支撑体系之后,通过BIM技术分别对T60塔式支架及满堂脚手架进行建模并优化,精确地计算出各脚手架的用钢量,发现T60塔式支架总用钢量仅为普通钢管架的60%,仅此一项钢管用量就减少60t。大剧院结构复杂、标高多,项目部对混凝土工程量分别采取了手算及BIM计算,计算结果显示,两者工程量接近度为99%。

项目部通过对BIM模型整合,将钢结构与土建、机电、幕墙、装修等深化模型集成起来,进行多专业协调优化调整,并直观展示给各分包方,减少项目沟通时间,提高深化设计的准确性。利用高精度全站仪对主体关键部位点进行坐标测量,根据实际坐标点对BIM模型进行调整,然后再来调整钢结构、幕墙等构件的尺寸,最后输出精细的明细表及构件图、节点图和加工图,不仅使预制构件有据可依,而且保证了各个构件现场安装的高精度。

BIM给建筑施工企业带来的不仅是一个高效的工具,更多的是提供一种建筑施工的全新理念。综合BIM技术在慈溪大剧院项目应用情况及成果,其在总承包管理方面发挥着无可比拟的作用。随着对BIM技术不断地深入研发和应用,将更加凸显其巨大的作用,进一步提高项目管理的精细化水平,逐步实现项目管理信息化。

2. BIM在古建中的应用

何东夫人医局(见图9-13)始建于1932—1933年,并于1934年正式启用,主要服务附近金钱村及河上乡的居民,是成立最早的新界乡村医局之一。医局建筑独特,是两座中西合璧的单层建筑物,以西式工艺风格设计再配以中式瓦屋顶,这在我国香港相当罕见。

何东夫人医局是我国香港"第四期活化历史建筑伙伴计划"中四个建筑的其中之一,作为香港活化历史建筑伙伴计划中的一部分,需要的是完整、准确的数据,只有这样,历史建筑才得以原貌保留。因此,这个项目面临着一个最核心的问题,即历史建筑如何100%保留,同时准确记录信息。

传统的2D绘图存在着误差,这对历史建筑数据的采集很困难,既不准确,也不能复核,会导致设计的错误以及工期的延误。而在这个项目中,房屋署决定应用BIM技术,聘请独立第三方BIM顾问,把古建"活化"起来。

在这个项目中,应用三维相片测量技术与BIM技术,帮助建筑物出图,同时运用BIM

图 9-13　何东夫人医局 BIM 的应用

技术实现动画漫游,将建筑物呈现在众人的面前。如此一来,不仅加强了各方的沟通,提高了沟通效率,而且有助于记录历史建筑物。

"历史建筑信息是保育计划中不可或缺的一部分,即使在保育后仍必须维持长时间准确和更新。"建筑署高级建筑师李培基先生说。毫无疑问,如果缺乏对现场和历史建筑的深入了解,那么未来发展的时候就很有可能会损害用地,最终将会破坏建筑文物的价值和可持续性。

在考察历史建筑后,香港建筑署提供了一个互动的 3D 模型。"以 BIM 制作出来的模型不但可免除传统 2D 绘图的误差,进一步视像化,更可维持所需的标准,以加强建筑署与持份者之间的信息交流。"建筑署高级建筑师李培基先生介绍。

HIM 即历史信息模型,当三维照片测量技术和 BIM 技术相结合,就成为 HIM。将 BIM 的 B 改变为 H,这就意味着把历史建筑物的数据、大数据放在模型里面,从而方便出图和维护,有助于更好地保存历史建筑物的原貌。从 BIM 到 HIM,BIM 的应用不仅是新的建筑,也可以是历史建筑,采用 HIM 技术更有效地保护古建文物,从而将这些文物更好地传承给下一代。

何东夫人医局历史数字信息模型已于 2013 年 11 月顺利完成。

9.5　装配式建筑

9.5.1　装配式建筑的概念

1. 装配式建筑的基本概念

一般可以从狭义和广义两个不同角度来理解或定义。

(1) 狭义上:装配式建筑是指用预制部品和部件通过可靠的连接方式在工地装配而成的建筑。

(2) 广义上:装配式建筑是指用工业化建造方式建造的建筑,工业化建造方式应具有鲜明的工业化特征,各生产要素包括生产资料、劳动力、生产技术、组织管理、信息资源等,在生产方式上都能充分地体现专业化、集约化和社会化。

2. 装配式建筑系统构成

装配式建筑的系统构成与分类,按照系统工程理论,可将装配式建筑看作一个由若干子系统"集成"的复杂"系统",主要包括主体结构系统、外围护系统、内装修系统、机电设备系统四大系统(见图9-14)。

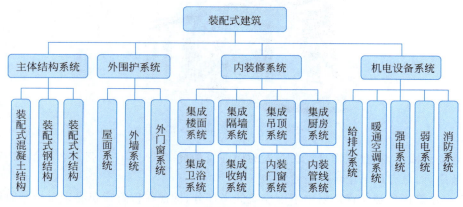

图 9-14 装配式建筑系统构成

3. 装配式建筑基本特征

装配式建筑基本特征主要体现在标准化设计、工厂化生产、装配化施工、一体化装修和信息化管理。

4. 常用的术语

(1) 装配率:是指装配式建筑中预制构件、建筑部品的数量(或面积)占同类构件或部品总数量(或面积)的比率。

(2) 预制率:预制率是指装配式建筑±0.000标高以上主体结构中预制部分的混凝土用量占对应构件混凝土用量的体积比。用于表征装配式建筑主体结构的装配化程度。预制率计算公式如下:

$$\rho_v = \frac{V_1}{V_1 + V_2} \times 100\%$$

式中:ρ_v——装配式建筑的预制率;

V_1——±0.000标高以上的主体结构和围护结构中,预制构件部分的混凝土用量(体积);

V_2——±0.000标高以上的主体结构和围护结构中,现浇混凝土用量(体积)。

(3) 建筑部品:主要由主体产品、配套产品、配套技术和专用设备四部分构成。

9.5.2 装配式建筑的内涵与发展历程

1. 装配式建筑的内涵

装配式建筑是以建筑为最终产品,强调标准化、工厂化和装配化,以及室内装修与主体结构一体化,具有系统化和集约化的显著特征。

2. 装配式建筑与传统建造方式的区别

装配式建筑与传统现浇式建筑的施工方式存在较大的差异,主要表现在设计、施工、装修、验收和管理这五个阶段,具体差异见表9-1。

表 9-1 传统建造方式与装配式建筑之间的区别

内容	传统建造方式	装配式建筑
设计阶段	不注重一体化设计	标准化、一体化设计
	设计专业协同性差	信息化技术协同设计
	设计与施工相脱节	设计与施工紧密结合
施工阶段	现场施工湿作业、手工操作为主	设计施工一体化、构件生产工厂化
	工人综合素质低、专业化程度低	现场施工装配化、施工队伍专业化
装修阶段	以毛坯房为主	集成定制化部品、现场快捷安装
	采用二次装修	装修与主体结构一体化设计、施工
验收阶段	竣工分部、分项抽检	全过程质量检验、验收
管理阶段	以包代管、专业化协同弱	工程总承包管理模式
	依赖农民工劳务市场分包	全过程的信息化管理
	追求设计与施工各自效益	项目整体效益最大化

3. 装配式建筑的发展历程

(1) 20 世纪 50 年代,出现装配式混凝土结构。
(2) 20 世纪 80 年代,预制构件的应用得到了长足发展。
(3) 20 世纪 90 年代初,装配式结构发展陷入停滞。
(4) 1999 年国务院发布了《关于推进住宅产业现代化提高住宅质量的若干意见》(国办发 72 号文件)。
(5) 2016 年至今我国装配式建筑进入了大发展时期。

9.5.3 装配式建筑的分类和作用

1. 装配式建筑的分类

1) 折叠砌块建筑

用预制的块状材料砌成墙体的装配式建筑,适用于建造 3~5 层建筑,如提高砌块强度或配置钢筋,还可适当增加层数。砌块建筑适应性强,生产工艺简单,施工简便,造价较低,还可利用地方材料和工业废料。建筑砌块有小型、中型、大型之分,小型砌块适于人工搬运和砌筑,工业化程度较低,灵活方便,使用较广;中型砌块可用小型机械吊装,可节省砌筑劳动力;大型砌块现已被预制大型板材所代替。

砌块有实心和空心两类,实心的较多采用轻质材料制成。砌块的接缝是保证砌体强度的重要环节,一般采用水泥砂浆砌筑,小型砌块还可用套接而不用砂浆的干砌法,可减少施工中的湿作业。有的砌块表面经过处理,可作清水墙。

2) 折叠板材建筑

由预制的大型内外墙板、楼板和屋面板等板材装配而成的建筑,又称大板建筑。它是工业化体系建筑中全装配式建筑的主要类型。板材建筑可以减轻结构重量,提高劳动生产率,扩大建筑的使用面积和防震能力。板材建筑的内墙板多为钢筋混凝土的实心板或空心板;外墙板多为带有保温层的钢筋混凝土复合板,也可用轻骨料混凝土、泡沫混凝土或大孔混凝土等制成带有外饰面的墙板。建筑内的设备常采用集中的室内管道配件或盒式卫生间等,以提高装配化的程度。大板建筑的关键问题是节点设计。在结构上应保证构件连接的整体性(板材之间的连接方法主要有焊接、螺栓连接和后浇混凝土整体连接)。在防水构造上要妥善解决外墙板接缝的防水,以及楼缝、角部的热工处理等问题。大板建筑的主要缺点是对建筑物造型和布局有较大的制约性;小开间横向承重的大板建筑内部分隔缺少灵活性(纵墙式、内柱式和大跨度楼板式的内部可灵活分隔)。

3) 折叠盒式建筑

折叠盒式建筑是从板材建筑的基础上发展起来的一种装配式建筑。这种建筑工厂化的程度很高,现场安装快。一般不但在工厂完成盒子的结构部分,而且内部装修和设备也都是安装好的,甚至连家具、地毯等都一概安装齐全。盒子吊装完成、接好管线后即可使用。盒式建筑的装配形式如下。

(1) 全盒式,完全由承重盒子重叠组成的建筑。

(2) 板材盒式,将小开间的厨房、卫生间或楼梯间等做成承重盒子,再与墙板和楼板等组成建筑。

(3) 核心体盒式,以承重的卫生间盒子作为核心体,四周再用楼板、墙板或骨架组成建筑。

(4) 骨架盒式,用轻质材料制成的许多住宅单元或单间式盒子,支承在承重骨架上形成建筑。也有用轻质材料制成包括设备和管道的卫生间盒子,安置在用其他结构形式的建筑内。盒子建筑工业化程度较高,但投资大,运输不便,且需用重型吊装设备,因此,发展受到了限制。

4) 骨架板材建筑

骨架板材建筑是由预制的骨架和板材组成。其承重结构一般有两种形式:一种是由柱、梁组成承重框架,再搁置楼板和非承重的内外墙板的框架结构体系;另一种是由柱子和楼板组成承重的板柱结构体系,内外墙板是非承重的。承重骨架一般多为重型的钢筋混凝土结构,也有采用钢和木做成的骨架和板材组合,常用于轻型装配式建筑中。骨架板材建筑结构合理,可以减轻建筑物的自重,内部分隔灵活,适用于多层和高层的建筑。

钢筋混凝土框架结构体系的骨架板材建筑有全装配式、预制和现浇相结合的装配整体式两种。保证这类建筑的结构具有足够的刚度和整体性的关键是构件连接。柱与基础、柱与梁、梁与梁、梁与板等的节点连接,应根据结构的需要和施工条件,通过计算进行设计和选择。节点连接的方法,常见的有榫接法、焊接法、牛腿搁置法和留筋现浇成整体的叠合法等。

板柱结构体系的骨架板材建筑是方形或接近方形的预制楼板同预制柱子组合的结构系统。楼板多数为四角支在柱子上;也有在楼板接缝处留槽,从柱子预留孔中穿钢筋,张拉后灌注混凝土。

5) 升板升层建筑

升板升层建筑是板柱结构体系的一种,但施工方法则有所不同。这种建筑是在底层混凝土地面上重复浇筑各层楼板和屋面板,竖立预制钢筋混凝土柱子,以柱为导杆,用放在柱子上的油压千斤顶把楼板和屋面板提升到设计高度,加以固定。外墙可用砖墙、砌块墙、预制外墙板、轻质组合墙板或幕墙等;也可以在提升楼板时提升滑动模板、浇筑外墙。升板建筑施工时,大量操作在地面上进行,减少高空作业和垂直运输,节约模板和脚手架,并可减少施工现场面积。升板建筑多采用无梁楼板或双向密肋楼板,楼板同柱子的连接节点常采用后浇柱帽或采用承重销、剪力块等无柱帽节点。升板建筑一般柱距较大,楼板承载力也较强,多用作商场、仓库、工场和多层车库等。

升层建筑是在每层的楼板还在地面时先安装好内外预制墙体,升层建筑可以加快施工速度,比较适用于场地受限制的地方。

2. 装配式建筑的作用和地位

(1) 是贯彻落实国家绿色发展理念的需要。
(2) 是促进建筑业向高质量发展的需要。
(3) 是促进建筑业与信息化、工业化深度融合的需要。
(4) 是供给侧结构性改革,培育新产业、新动能的需要。
(5) 是建筑业转型升级,实现建筑产业现代化的需要。

发展装配式建筑在国家经济社会发展中的重要作用,决定了在住房城乡建设领域中具有极为重要的地位,突出体现在行业发展中的先导性、基础性和支撑性地位。

9.5.4 装配式建筑的案例分析

1. 柏林 Tour Total 大楼

1) 案例概况

2012 年在柏林落成的 Tour Total 大厦,是德国预制混凝土装配式建筑非常有创意的一项工程。建筑面积约 28000m^2,高度 68m。建筑采用混凝土现浇核心筒、预制混凝土外墙密柱、现浇混凝土楼板(30cm 厚)的结构体系,形成楼层内部宽敞的无柱空间。结构柱外挂预制混凝土装饰构件,在结构柱与外观装饰构件之间是保温层和遮阳设施。外墙面积约 10000m^2,由 1395 个、200 多个不同种类、三维方向变化的预制混凝土构件装配而成。每个构件高度 7.35m,构件误差小于 3mm,安装缝误差小于 1.5mm。构件由白色混凝土加入石材粉末颗粒浇筑而成,精确、细致、三维方向微妙变化、富有雕塑感的预制件,使建筑显得光影丰富、精致耐看。Tour Total 大厦的远景与近景,如图 9-15 所示。

图 9-15　Tour Total 大厦的远景与近景

2)预制构件设计

为了形成动态的外观,建筑的外部承重表皮由具有不同刻面的预制混凝土构件组成。表皮格栅构造利用增加构件深度和雕塑感的方式来强调建筑的竖向线条。建筑的格栅交错生成,像一道厚帘幕包裹住整个建筑,也是内部私密空间与外部公共空间的过渡。外承重墙与内核心筒连接,在室内形成了无柱的开阔空间。图 9-16 和图 9-17 分别为 Tour Total 大厦预制构件的实景图和效果图。

图 9-16　预制构件的实景图

图 9-17　预制构件的效果图

3)工艺流程分析

该建筑的承重外墙由多种预制混凝土构件组成,给建筑缔造了一种不断变化的表皮样式。这不计其数的预制构件最终组合成了一个 T 字形的墙板,高达 7.35m,宽为 2.4m。这种混凝土材料具有高效的防火性能,这种巨大的优势使其能有效保护包裹在材料内的钢筋。图 9-18 为混凝土结构设计草图。

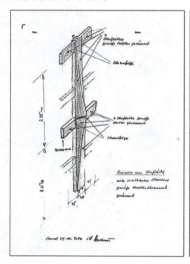 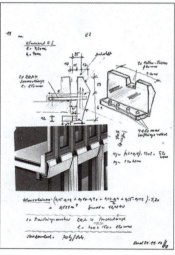

图 9-18　混凝土结构设计草图

2. 火神山医院

武汉火神山医院(图 9-19),是参照 2003 年抗击非典期间北京小汤山医院模式,在武汉职工疗养院建设的一座专门医院,集中收治新型冠状病毒患者。医院总建筑面积 3.39 万 m^2,编设床位 1000 张,开设重症监护病区、重症病区、普通病区,设置感染控制、检验、特诊、放射诊断等辅助科室,不设门诊。

火神山医院的建造时间短,任务重,采用了模块化建筑的形式,从火神山医院的局部平面图可以看出,整个建筑是由若干个 6m×3m 的模块,通过水平与垂直方向不同的组合方式形成了病房、卫生间、缓冲间、病人走廊、医护走廊等不同的功能分区,基本解决了传染病医院的流线及分区问题。

火神山医院严格按照《传染病医院建设标准》实施,铺设了 5 万 m^2 的防渗膜,覆盖整个院区,确保污染物不会渗透到土壤水体中,同时医院安装了雨水、污水处理系统,经过两次氯气消毒处理,达标后才可排入市政管网。医院每间病房均分别单独设置不循环利用的新风系统和排风系统,它们共同构成负压系统,使病房保持新鲜空气的持续供应,排出气体经消毒后才会排入空气中。在一号病房楼南侧设垃圾焚烧炉,固体废物集中焚毁,确保医院不造成环境污染。

此次建设充分发挥了模块建筑的优势,标准化是模块化建造的基础。模块的几何尺寸、连接方式、模块的组合形式、内部的部品部件、设备设施等标准化,是实现快速高质量建造的基础保障。所有的功能空间均由标准化程度极高的模块组合而成的,充分体现了标准化、集成化带来的速度优势,满足了应急医疗设施建设的需求。预制构件生产过程见图 9-20。

图 9-19　火神山医院的实景图

图 9-20　预制构件生产过程

在现场处理地坪的同时,模块在工厂内同步生产,工厂的环境及室内的施工条件将确保其质量更易控制及改善,减少缺陷,产品的可靠性提高,同时还有较高的生产效率。现场的施工周期非常短,除了地坪平整、基础处理等湿作业外,现场其他的部分,如设备管线安装、门窗安装、室内设施安装等完全是干法施工,各工种交叉作业,与传统建造方式相比,在节约时间的同时,还减少施工和装修垃圾约 70%。此次使用的装配式医疗病房是新型可周转材料,拼装速度快,保温隔热效果好。

装配式建筑模式凭借其效率高、成本低、污染少的优势正逐渐应用于建筑工程领域,在未来,装配式建筑或将成为建筑行业的主流模式。同时政府也在大力推进和引导装配式建筑以及全装修,同时将内装也纳入装配式模式中,能让居民享受到居住的品质提升,同时有利于国家层面尽快实现节能减排任务。据测算,相比传统装修,装配式装修可以节水 90%、降低能耗70%、节约材料20%,同时,家装场景由现场移至工厂,采用干法施工,可以避免涂料、溶剂等产生的甲醛、苯等有害物质。

思 考 题

1. 简述绿色建筑的特征,并列举与绿色建筑相关的行业。
2. 简述绿色施工的目标。
3. 除了BIM技术,还有哪些技术对工程建设行业有帮助呢?
4. 你还能列举一些装配式建筑的案例吗?

参 考 文 献

[1] 成虎.工程管理概论[M].3版.北京:中国建筑工业出版社,2017.
[2] 成虎.工程管理导论[M].北京:机械工业出版社,2018.
[3] 任宏,陈圆.工程管理概论[M].2版.北京:中国建筑工业出版社,2013.
[4] 陈俊,张国强,谢志秦.建筑工程项目管理[M].2版.北京:北京理工大学出版社,2014.
[5] 高等学校工程管理和工程造价学科专业指导委员会.高等学校工程管理本科指导性专业规范[M].北京:中国建筑工业出版社,2015.